普救含灵

韩德民口述自传

韩德民 口述
张建安 撰写

生活·讀書·新知 三联书店

Copyright © 2024 by SDX Joint Publishing Company.
All Rights Reserved.
本作品版权由生活·读书·新知三联书店所有。
未经许可，不得翻印。

图书在版编目（CIP）数据

普救含灵：韩德民口述自传/韩德民口述；张建安撰. —北京：生活·读书·新知三联书店，2024.8 （2024.9 重印）
ISBN 978-7-108-07794-3

Ⅰ.①普… Ⅱ.①韩… ②张… Ⅲ.①韩德民－自传 Ⅳ.① K826.2

中国国家版本馆 CIP 数据核字 (2024) 第 053595 号

责任编辑　唐明星
装帧设计　康　健
责任校对　曹秋月
责任印制　卢　岳

出版发行　生活·讀書·新知 三联书店
　　　　　（北京市东城区美术馆东街 22 号 100010）
网　　址　www.sdxjpc.com
经　　销　新华书店
制　　作　北京金舵手世纪图文设计有限公司
印　　刷　河北松源印刷有限公司
版　　次　2024 年 8 月北京第 1 版
　　　　　2024 年 9 月北京第 2 次印刷
开　　本　635 毫米 × 965 毫米　1/16　印张 23
字　　数　286 千字　图 32 幅
印　　数　10,001－15,000 册
定　　价　69.00 元

（印装查询：01064002715；邮购查询：01084010542）

目　录

少时苦与乐

1　　生命，从大连开始
4　　家　风
5　　家族脉络与我的名字
6　　祖辈的情况
7　　善待别人，善待自己
9　　父亲的苦难
12　　坎坷的童年
14　　初入校门
15　　孩子王
18　　从"荒蛮"到优秀
20　　苦难中成长
22　　悲惨的遭遇
23　　一道生死关
26　　残酷的武斗
28　　钓鱼·干农活
30　　天安门前当纠察

知青岁月

33　五十年再回首
35　主动选择
36　初到盘锦
38　住马棚的经历
39　冰冷刺骨的考验
41　入住青年点
42　第一次经历生死
43　又一次经历生死
45　坟场里与蛇决斗
47　水闸旁的一道"鬼影"
49　成为韩队长
50　制服"刺头"
53　让百姓得到益处
56　深沉的历练
58　回家探亲
60　戒　烟
62　做豆腐
64　上大学

名医摇篮

68　身入梦境
69　编写教材，闹剧乎
71　逼出来的学习方法
72　打下坚实的解剖基础
74　学军打靶与拉练

- 75　磨刀不误砍柴工
- 77　在炕头上做手术
- 78　落入"深潭峡谷"?
- 81　终生难忘的雨夜
- 83　学好五官科解剖
- 84　夜半停尸房
- 85　醍醐灌顶
- 87　做好重症抢救手术
- 89　喉癌研究室
- 91　寻找喉癌研究的杀手锏
- 92　100例喉癌全喉连续切片
- 94　"医生侦探"——随访第100位喉癌病人
- 97　红红火火的教研室
- 99　将传说变为现实——鼓膜修复术
- 101　再造外耳、中耳
- 103　购买先进设备
- 104　有付出,就有收获
- 106　懂得服务,办好全国性会议

留学往事

- 109　金泽医科大学
- 110　手术事件
- 112　新的奋斗历程
- 112　为什么要学哲学?
- 113　医学哲学课
- 115　凡事都有内在的真谛
- 116　花是什么?从哪里来?

118	哲学思想的引领
119	为何端盘子刷碗？
120	广交朋友
122	又一次抉择
124	形象是你自己的镜子
124	独特的尊重方式
125	凡事相反相成

辛勤耕耘

129	初到同仁
130	三位博士后导师
132	"沉寂"后的收获
135	肥沃的土地
137	空鼻症是病吗？
140	一支内镜打天下
143	"科技新宠"
145	鼻窦炎、鼻息肉的诊治研究
146	难治性鼻-鼻窦炎？
148	鼻腔扩容术是如何诞生的？
151	学术进步中的新旧矛盾
153	在患者的生死面前
155	有效消除分歧与隔阂
156	成功抢救颈总动脉破裂病人
157	第一例喉癌激光手术
158	医者的本分
161	"韩氏手术"的由来
163	铁树开花，哑巴说话

165	中国听力学教育
166	第一例儿童人工耳蜗植入手术
169	梦雯的成长
170	央视直播人工耳蜗手术
175	西藏第一例人工耳蜗手术
176	绝望与希望
179	打开天窗
180	40亿开启15000个有声世界
184	规范与标准
185	实践·理论·推广
188	多项专利

院长十二年

190	意外的任命
195	新官上任
198	第一把火——人才激励
199	第二把火——解决卡脖子问题
201	第三把火——重点学科建设
203	对管理干部的要求
205	未曾有过的人事改革
208	医院是战场吗？
214	本土人才队伍建设
217	一石激起千层浪
219	如何应对故意曲解？
221	人为什么活着？
224	挂号大厅的故事
227	抓住双赢机会

229	遗憾与收获
233	"人使气，吾以理屈之"
238	那一段时光很有感觉
239	又到了风口浪尖
243	梦想成真
245	升华金字品牌
247	那一年，人们的眼光看得更远了
249	功过是非
251	肺腑之言

北京"非典"救治总指挥

252	临危受命
256	战斗的第一回合
260	高效有序的指挥中心
262	军心稳，泰山移
266	瞬息万变的复杂战况
268	必须直视现实
270	重大转折
272	史诗般的转运
275	指挥部·老房东·拍板人
278	捐助物资管理
278	中医的作用
279	疫区解禁前的谈判
282	寄语：身负重任前行
283	共和国第一部重大传染病应急预案
285	"非典"后的思考与期盼

"光明行"与中国防盲、治盲工作

287　引子：有个地方
288　启动"青藏高原光明行动"
293　青海班玛行
297　西藏行
300　西路的故事
304　对于生命的爱
305　通往世界的光明大道
308　更加蓬勃的"光明事业"

家园与未来

311　新生命·新使命
314　中国医促会的改革发展
316　华佗工程——解除困扰医改的瓶颈
320　接受挑战
322　探索医学人工智能服务
324　AI时代的现在与未来
325　防聋治聋，是我的一项重要任务
326　"铁树开花"的"七彩梦"
327　促进自主研发人工耳蜗
328　"听觉技术"中的康复工作
329　新生儿听力与耳聋基因芯片筛查
333　建立国家防聋治聋体系
335　该领域最重要的一次大会
336　中国防聋治聋工作对人类的贡献

我的生活

338　我的选择
341　远离精致的利己主义设计
344　崇尚伟大的人生
345　生活中有诗有远方
349　对美的追求
350　期　盼

后记　无尽的依恋

少时苦与乐

生命，从大连开始

1951年5月，我出生在大连的一个知识分子家庭。父亲是慈父，但很早就重病缠身；母亲对我们要求很严，立下许多规矩。

小时候的我，很顽皮，时常瞒着母亲带着一群孩子去水库里游泳，去日伪时期留下的山洞里探险……母亲每次知道后，恨铁不成钢，但又打骂不得，常常以泪洗面。

后来，像所有同龄人一样，经历了三年困难时期、"文化大革命"、改革开放……在不同时期品尝了种种酸甜苦辣，经历着千姿百态的风云变幻。

我眷恋着这片生我养我的土地。她，给予我生命，给我留下了童年美好的回忆。她，也见证了我经历过的不少苦难与逐步成长的历程。

1968年底，戴着"可以教育好的子女"的帽子，为摆脱"狗崽子"的命运，我主动选择下乡去盘锦当知青。

由此，我的生命历程发生了巨大变化：上山下乡的知识青年、工农兵大学生、农村医疗队的工作者、中国医科大学的大夫、再次应试考硕读博、赴东瀛留学、回国后到北京工作；之后的三十多年，在耳鼻咽喉头颈外科领域、在北京同仁医院的发展过程中，一路风雨兼程，留下了很多难忘的记忆……

生命赋予我很多机缘，也赋予我厚重的责任。

蓦然回首，感慨万千：我这一生，如果没有传承，没有一路上数不清的人们热情的帮助教育，就不可能有能力为社会做这么多有益的工作。

由感恩之心，到逐渐孕育而生的社会责任感、历史使命感、家国情怀，由此，我逐渐懂得了珍惜，不轻言放弃，努力寻找并不放弃任何努力进取的机会。

锲而不舍的精神，引领我闯过了一道又一道似乎不可能逾越的坎儿。

2003年春天，"非典"肆虐，我临危受命，担任北京市抗击"非典"指挥中心医疗救治总指挥。那是一场用生命与病魔殊死搏斗的生物战争。在国务院、北京市防治"非典"工作领导小组的指挥下，北京汇集了来自全国各地的医务人员，不惧危险，逆行一线，出生入死，昼夜兼程，终于完胜"非典"。

如果患得患失，只顾个人荣辱安危，我可能无法推动央视直播人工耳蜗植入手术，使其成为推动中国耳聋康复事业发展的大事件。

如果只局限于自己的领域、缺少社会责任意识，我也可能无法坚持十几年，不懈地整合中国眼科的专家资源，主持"光明行"活动，将光明送到了青藏高原、老少边穷地区、中国的邻邦，乃至非洲、南美洲。

如果没有老骥伏枥、自强不息的人文情怀，我也不可能在卸任同仁医院院长后，仍然全身心地投入到"华佗工程"和创建全民医疗健康服务新模式的事业中……

我参与、经历过不少事，虽然坎坎坷坷，但每到关键节点，几乎都能在大家的支持下取得成功。

经历得多了，感悟也就多了。

回想这一切，追根溯源，家乡的文化、家庭的责任应该是我的原动力。

2019年3月17日，为参加大连知青上山下乡五十周年纪念活动，我再次回到大连，见到阔别多年的老同学，探视亲朋好友，饱览故乡美景。几十年前很多很多的往事又一次浮现在脑海里，感慨之余，情不自禁地作了一首名为《归乡》的散文诗。

归乡

大连，
美丽的家乡，
生我养我的土地。
挥之不去的乡愁，
一次又一次带我踏上
人生最为眷恋的故土。

时过境迁，
未曾模糊儿提时的记忆：
高天之下，大海之滨，
东山西山水源地，
古城堡、土炮台、山神庙，
古色古香的风土人情，
是思绪传承的印记。

清明时节，
内心涌动着霜露之思，
脚踏破土欲出的青草，
沿蜿蜒崎岖东山路而上，

缅怀故人的期盼，
家国情怀于心，
生息不止致远。
一代天骄，
弯弓大雕。

家　风

那次回乡，已近清明，在弟弟妹妹的陪同下，家乡的堂弟德华带着我们一起去牧城驿的东山，祭奠爷爷、奶奶等家族长辈，给去世多年的父亲扫墓。

我是这个家族的长孙，有责任传承好的家风。

清理墓地，敬献花篮，洒酒敬天，我在父亲的墓前说道：

每每扫墓，祭奠先哲的时候，我们就会想到家族传承。

家风，就是这一传承的重要内容。

我们家有非常好的家风：

忍辱负重，自强不息，宁可身上受苦，不能脸上受热；

只要想好干事儿，就会不惜一切代价，把事干成。

这些非常好的家族文化，不仅在我们这一代，在下一代也要很好地传承下去。

心系家国，情怀于身，做任何一件事，首先想到的是他人、是国家，最后才是自己。所以我为人人，才有人人为我。没有国，哪有家？

爸爸就是这样。他有口酒舍不得喝，客人来了才拿出来；他有口饭舍不得吃，哪怕在最困难的时候都要留给我们。在他清醒的时候，永远如此，永远把家国利益放在第一位，永远心系他人。

父亲的精神情感永存。

家族脉络与我的名字

说起来，我们家也算是书香门第。

我们家有一个宗谱，这个宗谱是我的伯父韩树英组织编写的。他担任过中共中央党校的常务副校长，也是韩氏同乡会的会长。

我关注家谱，是到了一定年龄之后才开始的。你回首往事，会很想知道你是从哪儿来的，脉络是什么。这是一种很自然的寻根欲望。年轻的时候体会不到，到我现在这个年龄就有体会了。

谈到家谱，我的伯父韩树英对我还是有很大影响的。他早年留学日本，就读于日本第一高等学校，开始接受马克思主义思想，回国后成为延安的红色青年。1946年加入中国共产党，任大连市民主政府的教育局长。1954年调至中央党校工作。伯父一生致力于马克思主义哲学的中国化研究，取得许多重要成果。他虚怀若谷，学识渊博，德高望重，在党内外有很大声望。

在同伯父的多次交流中，我对韩氏家族逐渐有了了解。

韩姓是一个大姓，起源很早，距今有三千多年了，相传为周武王的后代。按照周武王的姓，应该是姬姓，但后来以分封的国名或邑名为姓氏。韩国是周朝的一个诸侯国，也就从那个时候有了韩姓，一直绵延至今。

我的先祖，大连韩氏是从山东文登过来的。为这个事，我还访过祖，找到文登的韩家屯。那个村子还在，房子都破败了，也没人住。据说，因为在山区，山高路陡，缺乏水资源，整个村落就都搬到了平坦地带。

明朝末年，我们的始祖韩召为避战乱，就从山东文登渡海来到大连的广鹿岛。清朝初年，我们的第三代祖先由广鹿岛迁至金州，开始分为大、小韩，我家属于小韩族系。此后随着时代的变迁，家族的人又陆续迁移到牧城驿、营城子、水师营、普兰店、瓦房店……有些还远赴黑龙江双城、拜泉、宝清以及吉林东辽、东丰等地。

历史上，我们家族出过二十六七位将校，有当过知府、知州的，也有走错路，跟错帮，被发配到新疆伊犁的。

家族谱系传承主要体现在每个人名字中间的那个字上，都是祖先早已定下来的。比如，我的这几代排序是：恒、玉、树、德、嘉、基。我祖父是"玉"字辈，我父亲是"树"字辈，我是德字辈。

我名字"德民"中的"民"，是父母起的。

有德应益于民，他们对我的期望很高，要我做一个有道德的人，对人民有益的人。

祖辈的情况

我的曾祖父是教书匠，在当地开私塾，还做过小官吏。他重视教育，我爷爷辈的三兄弟都有文化。

曾祖父的大儿子是我的大爷爷，民国初年搞运输，大连的交通运输都由他管。那时候不像现在这样的交通，没有多少汽车，以马拉车为主。大爷爷在大连的白山路有挺大的一栋三层楼房，是当时的标志性建筑，前后面都有花园、松柏树林。我出生在那里。

记忆中我小时候家境比较富裕。因为是长孙，被宠爱着，到哪儿都有人哄着。据母亲说，我三岁的时候回牧城驿老家，杀猪过年，因奶奶娇惯，我吃了很多猪肉，口渴难忍喝凉水，反食呕吐，从此见了猪肉就恶心，闻到猪肉味道都受不了，直到下乡做知青，饥寒交迫中，才开始吃猪肉，但肥肉还是不能吃。

我爷爷排行老二，曾在伪满洲国当过差。据伯父介绍，爷爷为人谦和，朋友不少，有些威望，与当时北满的中共地下党有过不少联系，帮助过不少进步青年，留下很好的口碑。为此，伪满洲国垮台后直到解放前都没有受到冲击。

我三爷爷在银行做事,后来经商。

这就是我祖辈的情况。

善待别人,善待自己

我七岁的时候,因为父亲被恶意误治失去自理能力。母亲无力抚养我,把我寄放在牧城驿奶奶家。

按照当时的说法,因为曾在伪满洲国当过差,我爷爷被划定为"历史反革命"。在我的记忆中,他一直在劳动改造中,规规矩矩,从来不多言多语。因为在日本人殖民奴役下当差,是段耻辱的经历。因此,爷爷从来不愿意谈往事。

我年龄稍大点儿的时候,见过爷爷年轻时的照片。记得有一次我奶奶正坐在土炕上,把藏着的一些照片拿出来看。我正调皮捣蛋呢,跑过去凑热闹。奶奶并没有马上就收起来,指着照片中一个官员模样的人,说这是你爷爷,并递给我看。这一眼,我印象极其深刻。

那是我爷爷当差时的照片,有些全家照,还有家里其他人的照片。奶奶跟我说:看看你爷爷什么样,你爸爸什么样。我当时看不懂,根本不懂什么意思。现在一想呢,那个瞬间,一幕幕的,还会清晰地再现。

看过以后,奶奶就拉住我说:"小瘪犊子,你可千万不能出去胡说,谁问也不能说。"你看,奶奶那时候的警觉性还是挺高的。

那些照片,是爷爷奶奶年轻时候照的,奶奶东藏西藏地舍不得扔。后来我钻柴垛玩耍的时候猛然间也见过那个藏蓝色的包裹,等后来,"文革"抄家的时候,就什么都没有了。一切一切,包括家里清代、民国的书、画、瓷瓶,打的打,砸的砸,留下的也都拉走了。

韩德民幼时（前排右一）与祖父、祖母、父亲（后排右三）、母亲（后排右五）等人的合影

    我爷爷不管多苦多累，见了我都会笑眯眯的。由于被管制的原因，他从来不多言多语。

    在我的记忆中，爷爷是个老好人，很有文化，文笔不错，字也写得好，经常有人要求帮助写信，过年帮写对联。只要有街坊邻里请他帮忙，他就会戴上老花镜，摆上小桌子，认认真真地去写，人们一拨儿一拨儿地等着。我呢，屋里屋外欢跳着。

    后来从伯父那里知道，以爷爷在旧社会做的差事，如果不是帮助过很多人，其中不乏正路朋友，在那兵荒马乱的年月，肯定会被处决的。

    听奶奶说，爷爷为人好，当地朋友多，还和共产党打过交道，做过不少好事，才活了下来。

    在我记忆中，爷爷空闲时常会在我耳边说些什么，我年龄小，大部分听不懂，也没能准确记下来。有几句说多了，印象很深，什么"多做好事，少惹人，老实常常在"；"做事要善待别人，不要做伤天害理的事，得饶人处且饶人"，等等。

    我奶奶是虔诚的佛教徒，有空就会拜佛。后来"文革"来了，佛也没有了，没得拜了，但只要有机会就打坐，哼哼唧唧说些什么,我完全听不懂。

那个时候,奶奶家的日子很苦,没有什么吃的。不懂事的我,天天喊着要吃的。奶奶没有办法,时不时地看着鸡窝,有个蛋就赶紧拿出来,在灶坑点把火,用那个大铁勺,里面倒点儿油,鸡蛋在大铁勺里嗞嗞响,两面煎成黄黄脆皮,香得很,现在一想起来,还忘不了。

父亲的苦难

我父亲韩树杰生于1925年,在大连老家读过伪满殖民统治时期日本人办的高中。

1945年初苏联红军出兵东北,日本关东军大败,大连获得解放。十九岁的父亲因为有文化,被选为大连民主政府在牧城驿地区的代理乡长。

伪满洲国垮台后,部分高官被正法,还有一部分摇身一变成为国民党官员。我爷爷带着一家人逃到内蒙古赤峰下边的一个旗,在朋友家避难。后来日子不好过,一家人搬到长春。

我爷爷有七个子女,大姑那时候已经出嫁,身边还有六个子女。我父亲觉得家乡解放了,共产党领导的民主政府治理得很好,就想把爷爷奶奶一家人接回大连,于是去了长春。到了长春,赶上四野围困,城里面的人生活十分艰难,这是一段很残酷的历史。

爷爷把所有的东西都变卖完了,还是不行,实在没办法了。

那时候国民党还没有失败,在所谓"国统区"招募青年干部,只要考上了国民党的"官办学校",一家人的生活就有着落了。年轻的父亲参加了考试。

和他一起被录取的,还有一个韩姓同乡。

1949年年初,蒋介石下野,李宗仁接任。我父亲就是在那个时候考上的。

他把这段历史记得很清楚,在世的时候,想起来就跟我讲他的经历,最多的一句话就是:"一失足竟成千古恨!"

2016年我去过他所在的那个学校,现在是南京军区总院的行政楼。就在那个地方我看过他们的院史展览,有张国民党青年干部自治班的照片,那里好像还有我父亲。

父亲到了南京,家眷就有口粮吃了,不至于饿死。后来长春一解放,爷爷就带着家人回了大连。

我父亲在南京就读期间,国民党已接近全面崩溃,他深刻体会到国民党的腐败无能,看不到希望,思恋家乡不想去台湾。

大连解放后,民主政府把我伯父韩树英从陕北召回,任大连市第一任教育局局长,他托信要我父亲回大连跟着共产党干。信中说:"共产党是民族希望,国民党支撑不了这个国家。"

当时国共两党正处在胶着状态,我父亲也确实觉得国民党没希望了,不能救中国。所以马上回应:"回大连,跟共产党干。"

于是,在国民党的溃乱中,他逃离南京赶回大连。其间赶上淮海战役,途中因躲避战争,走了一个多月才回到大连口岸。

后来"文化大革命"期间,我家被查被封,才知道那个时候我父亲已经被授衔上尉军官。由于这个原因,他刚到大连解放区的口岸,就被抓起来了。他说自己是奔着共产党来的。可是空口无凭,谁信他的话?国民党淮海战役失败之后,留了很多特务到处窜。这些特务一批一批地被抓捕,如果够线就会被枪毙。

我父亲被抓捕后,受了不少拷打审问,最后让他陪刑。处决前核实名单时,有人发现:"内线联系有这么个人。"然后向上反映,才和我伯父接上了头。

即便如此,他仍然受到各种审查,因为国民党青年干部自治班有些影响,出了不少高官。而且,也很难说清楚他是不是国民党潜伏的特务。虽然有伯父证实父亲是投奔新中国的,各种苛刻的审查还是接连不断。

没多久，中央党校成立，伯父被调哲学教研室任教。那时候交通不方便，联系不上。父亲又重新开始被审查，把他作为国民党军官、国民党特务反复审讯，翻来覆去地打、翻来覆去地折腾，把他搞得精神恍惚、错乱，直至完全失常了。

为了验证他精神错乱是真是假，又把他送到大连马兰子苏联红军的精神病医院做脊髓电休克治疗。这是一种很残酷的治疗，"精神病"治没治好不知道，能见到的结果是：下肢瘫痪，不能动了，大小便失禁。

因为复杂的历史问题，父亲没人愿意管，交给我母亲。

1945年大连和平解放，共产党组织成立了民主政府，母亲做了教师。后来因为父亲的问题，也被反复审查隔离。母亲说，因为巨大的精神和生活压力，她曾多次想寻短见，但因为我们几个孩子，她坚持活了下来。

我幼小的时候，有点印象：就是父亲一到家，没两天就被一群人拉走；没两天又被另一群人拉走了；刚一垂头丧气地回来，见见面又被拉走了。来的人也是特别凶的状态，抓人嘛。

当我有些懂事的时候，父亲就瘫痪了，不能动了，大小便失禁，床上被单臭得不得了。为减轻母亲的负担，我给父亲喂饭喂药，接屎接尿，洗床单。后来，他慢慢可以自己拄着棍子站起来了，能上厕所了，我的负担一下子减轻不少。

在我童年成长过程中，父亲被折磨得太厉害了，精神恍惚，反复无常。可是，虽然那样，他一点儿也不说共产党不好，总是说共产党好。他说有些人对他粗暴，那不是真正的共产党员，他们是封建主义的残余分子。

别人说他是国民党，可是他一直认为自己是共产党。或许，这就是他的信仰。

我年幼的时候，他总讲共产党、苏维埃、马克思列宁主义。

我一直不明白：他是国民党呢，还是共产党？

后来疑惑实在是太大了，我问父亲："您经历过这么多苦难，怎么就不恨共产党呢？"

我父亲回答："我恨不起来。我觉得是共产党救了中国。只有共产党才能治理这个国家，国民党不行。""可惜啊！一失足竟成千古恨！"我不知父亲在痴呆状态中说了多少遍，他对国民党太失望了！

可能他在南京的那一段时间里看到太多国民党的腐败现象，让他彻底失望了。可是他回到解放区，回到家乡，却被搞成这个样子。

他清醒的时候，曾多次告诉我：那些整他的人都不代表共产党，都是披着共产党外衣的阶级异己分子，代表反动阶级，迫害革命进步青年。

现在想想，战争年代，在政权更迭的腥风血雨之中，多少有志青年空怀报国之志，经历的生死苦难是令人难以想象的。没有比较就没有认知，和平年代是多么值得珍惜。

坎坷的童年

我童年的大部分时间住在大连白山路的老家里，后来房产被没收了，整个家族也被遣散了。我们一家被安排到大连市拥警街的一处小房子里，那是栋日本人留下的旧房子，楼下住一家，楼上住两家，算是公租房，是按照教师待遇分给我妈的房子。

我们住在二楼西侧的一间偏房里。楼上正房住的是大连海港一位吊车驾驶员。我们家成分不好，就住在后面。房间很小，20多平方米。大家共用一个厨房、一个厕所。

家里非常困难：爸爸天天在屋里躺着；妈妈上班，管不了我。

与弟弟合影

没办法,有一段时间把我送到农村奶奶家去了。

那时候弟弟妹妹还小,这个家太苦了,同邻居家比,缺吃少穿,吃不饱饭是经常的,人前人后总被人们指责着什么。

大人的事儿跟孩子有什么关系?

大环境不饶人,你处在一种躲不了的挤压中。

俗话说,穷人的孩子早当家,在这个家里应验到我身上了。家境变得贫寒,我也成熟得很早,变得能吃苦。不是选择吃苦,是没有选择,没有路可以走。

与同楼邻居孩子比,我在各方面都是优秀的。可是吃、穿、用都不如人家啊,更是缺少优越感。我心里不服气,可是没有办法,年龄小,没力量。我就盼望,哪天长大了……

低人一等的处境中,我期盼着有一天通过自己的努力超过他们。

一股自强不息的劲头在我幼小的心里升腾着,从没有停息过。

现在想想,宝剑锋从磨砺出,从小经受的苦难,对成长是有帮助的。

不过也很怪，我从骨子里有股不服输、什么也不怵的劲头。这些东西，是磨砺出来的，还是教育出来的？我想这两方面可能都有，但又不全是。有些性格，可能还受遗传因素的影响，骨子里就有股倔强劲。

我小时候被周围的孩子逼急了也会打架，吃不饱也会去拼命。慢慢地，在孩子群里有了威信。

初入校门

年幼成长中，家庭教育和影响是很重要的。我的父亲对历史了解很多，从小我就从他那儿听到很多历史典故。

小的时候，家里有很多线装书，一箱一箱搁着，很多都是清朝的。还有些古画呀，瓷器呀，家具呀……我最喜欢的还是翻弄那些古书，有时候会一个人关在家里看得津津有味，不知时光流转，一天很快就过去了。

男孩子总是对军事、战争、枪枪炮炮等知识有着浓厚的兴趣，我也一样，而且比较深入。包括清军入关时每一个战役怎么打的，吴三桂当年如何引清兵入关，又如何在云南贵州一带立藩为王……

这些历史故事，最早是父亲说的，后来又看书加深了了解。

年幼时对书中的插图感兴趣，有新鲜感。不理解插图的含义时，就看文字，想办法查字典，了解文字的含义。这样一点点就看进去了，不知不觉认字就多了，历史也了解多了，很有意思。那本《新华字典》一直伴随了我很多年，直到下乡做知青还带在身边。

那时候，我虽然也喜欢跑出去玩，但回家以后，很多时间都在书堆里,把所有的书拿过来看。养成这种习惯是潜移默化地受我父亲的影响。

我父亲时常处于精神不正常的状态,但只要静下来总在看书习字。有些书也不知他从哪儿弄来的,即便后来被抄家了,家里也总是有书。

我三四岁起,父亲一有空就会教我背唐诗宋词,什么"葡萄美酒夜光杯,欲饮琵琶马上催",这样的诗句很快就记熟了。

父亲的钢笔字写得很漂亮。他有时糊涂有时明白,明白的时候,就天天写他的自传。

孩子王

在我印象中,母亲每天总是忙忙碌碌。她上班,教书,挣钱,养家糊口。她是一位模范教师,是旅大市(大连市的前身)的先进工作者,先在小学教书,后到中学担任教务主任。她的责任心很强,晚上回家后也总要花很多时间备课,挑灯批阅学生的作业。

母亲对我们非常严厉,笑的时候很少。她希望我们的言行举止每个动作都要规范,包括吃饭时坐姿都要很端正。要求吃完饭把自己的碗筷收拾好,不要依靠别人。我当哥哥的要做好表率,帮助弟弟妹妹先收拾好,把碗洗刷干净。衣服脏了,要自己洗,洗好了晾起来就会受到表扬;如果随便一扔,母亲就非常不高兴,就会说:"那不是你应该乱放的地方,把它捡回来。"就这么点事儿,也是很严格的。

在母亲的严格管教下,我们在家里还是很乖的,可到了外面就是另一回事儿了,淘气得很。

我十几岁的时候,在街坊邻居的孩子中已经有了些影响力,常常领一群淘气的孩子一起爬山探险。

大连的白云山,当年我们叫南山,山洞里有日伪时期的火药库。废弃的山洞全都开放着,里面很深,据说经常有抢劫、杀人、闹鬼啊这些事。大人们会把这些告诉小孩,警告他们不要去。可是孩子们有一种很强的猎奇心理,越是有危险的地方,就越想看个究竟。

所以,我们常常领一群孩子偷人家搭在小棚子上防雨用的油毡纸,卷起来做成火把,去探山洞的时候点燃照明。有些山洞很恐怖,有一次还真发现一具尸体,蓬头垢面,也没看清男女,一群孩子吓得"哇"的一声作鸟兽散。

另外还发现过蛇,还有其他一些小狐狸、野兔什么的,每一次都吓得毛骨悚然,事后没几天,为了逞强,还会去。

有的时候,我也会领着一群孩子到星海广场、黑石礁、香炉礁的海里去游泳,或是到西山水库游泳。西山水库不仅浮力大,而且长了很多水草,经常传出有孩子被淹死的消息。

这样的地方,大人们绝对不允许孩子去游泳的。可是,越是这种危险的地方,我们这群孩子越是觉得可以表现出勇敢,很想去试试。

我每一次野游都能被母亲发现。为什么?弟弟经常告状,说你看我哥又领我们上哪儿去了。母亲简直快气疯了,气到一定程度就不吃饭了,只是哭。

我最怕我母亲哭,知道自己犯错误了,就赶紧承认错误。她不搭理我,只是让我面壁,我就感觉很紧张。

慢慢长大了,就知道母亲养活一家人有多辛苦。母亲对我们是恨铁不成钢,有很多要求,希望我们各个都能够健康成长,不要走弯路。

牧城驿是韩姓家族集中的一个地方,位于大连市甘井子区西北部、营城子镇的东边。牧城驿包括前、后牧城驿两个大的行政村，分界线是东西通行的旅顺北线公路。路南边是前牧城驿村，简称前牧村；路北边是后牧城驿村，简称后牧村。我奶奶家住在前牧古城内东侧。

我是学龄前被送到奶奶家的，因为家里有了妹妹，妈妈管不过来。

在农村上小学一年级的时候，每天放学回家后就调皮捣蛋。奶奶要抓我回去做作业，我根本不听，到处跑。奶奶脚小，追不上，根本管不住我。不喊还好，一喊我就像猴子一样，爬树上去了。她得给一家人做饭，还得养鸡喂猪，有很多事，也真是没有工夫管我。

"文革"前奶奶家的房子很大，在古城墙旁边。古城墙很高，大约有十来米，上面是很硬的夯土，密密麻麻地长了一些枣树。枣树又细又高，是一道很美的风景。可是，孩子们不去欣赏风景，只想着如何玩耍。

看见上面有枣，我就上树打枣。那是很危险的事情，要先爬上城墙，再爬上细长的枣树，一不小心就可能摔下来。如果摔下来，不摔死也肯定腿断胳膊折。唉，真是淘得不知天高地厚！

奶奶又是担心，又气得没办法，就坐在地上哭着骂："要作死呀，你给我下来！"

她哭，我也不下来，还觉得好玩。

正好老叔回来了，一看也吓坏了，朝我喊："小兔崽子，你下来！"

看他那么凶，我扑腾一声就下来了，然后就想跑。可哪能跑得了？三步两步就被老叔追回去了。他气不打一处来，一脚就把我从小路的一边踹到另一边儿。一来真的，我就老实了。

后来，每当奶奶管不住我的时候，就说老叔来了，我就会收敛。

老叔是爷爷最小的儿子，那时在村里上初中。幸亏老叔管着点，不管，更无法无天了。

那段时间，在农村闯荡，在田里玩，到小溪里捉青蛙，到水库钓鱼，开心得很。

从"荒蛮"到优秀

小学二年级时，母亲看我在农村荒蛮无忌，实在不像样子了，就把我接回大连家里。

到城里，我跟周围的孩子们时不时就会打起架来。为什么呢？因为他们说我爸爸是瘸子。家里没有个强大的爸爸支撑，孩子们也瞧不起你。时常气急之下、叫骂之中，我们就会打起来，一通拳脚，头破血流。

今天打，明天打。跟小的打，也跟大的打。打过别人，自己也被打过。后来慢慢就豁出去了，不怕打架了。

刚到城里学校的时候，老师教的，我会的不多。我母亲是学校的高年级老师，后来又当教导主任，管不少老师。结果自己的儿子调皮捣蛋，上课不认真听，作业本上写一个字，歪歪扭扭抄上，后面画一横线，就算做完了，一篇作业上会画很多横线。

母亲白天上班，没时间管我；晚上回家一看，气得躺在床上哭，不吃饭。我们也不敢吃饭，家里氛围低沉得很。

母亲哭完了，简单做点饭，饭后就备课批学生作业。我在旁边陪着，做作业，补课。弟弟还没上学，我看他在睡觉我在补课，便受到影响了，也想睡觉。开始的时候，母亲拿着东西敲一敲，可是敲也不行，我实在是太困了，后来她气得没办法，就揪着我胳膊掐。这样的情况可能有多半年吧。我是被掐过来的。

对我而言，那段日子是挺苦的。除了母亲教，还有老师盯着。只要一上学，班主任就盯着我。因为我基础差，别的同学在操场

上小学时

上玩，我却天天被老师盯着补课。亏得那个时候补，不补还不知道后来怎么样呢。

那些老师也很认真，想起来挺感谢他们的。人家上完课，该休息了，却给我单独上"小灶"，哪里不懂讲哪里。刚回到城里时，我都不会拿笔，像拿柴火棍儿一样，随便画。老师就教我写字，包括拿笔姿势。

后来，我就慢慢跟上了，功课也补起来了，各方面功课也比较顺畅了。三年级的时候，我当上了班里的小干部——小队长。以后又开始当学习委员、生活委员、劳动委员，还当过副班长。到五六年级的时候，我已经做得很好了。

我生性有些好强，理解妈妈的艰难，很想努力把学习搞好。实因家境困难，弟弟妹妹年幼，父亲那个状况，要花很多时间照顾他，还要煮饭洗衣服。

全身心学习的童年，对我来说是奢侈的。

小学就这样过来了，那时候是20世纪60年代。

苦难中成长

大约到小学四年级的时候,那个时候学校半天上学,每天放学后,我就赶紧回家打扫卫生,准备做晚饭。

我八岁的时候,因为爸爸腿脚不灵便,妈妈上班回来很晚,家里没人管,就开始在家带弟弟做饭管家了。妹妹出生后,还是我去给她办的户口。

我最早学做饭是从做苞米面粥开始,先烧开水,烧开以后,慢慢一点一点地搅,也煳过锅,慢慢就总结出经验来了。

发粮票肉票的年代,被逼无奈的我也学会了买东西。有机会买猪肉的时候,尽管我不能吃肥肉,也尽可能买肥的。一赶上有卖肥肉的时候,我就排队;轮到我的时候,如果看见是瘦肉,就会放弃,重新再排一次,一定要买点肥肉。因为肥肉可以炼油,炒菜时,每一顿就可以有一小勺猪油。如果买瘦肉,很快吃完了,再想有点油水也办不到了。

俗话说,穷人的孩子早当家,我的体会是很深的。

1962年以后,有很长一段时间是粮食供给制,蔬菜副食很少,经常要吃树叶子做的代食品。中午放学后没吃的,经常会饿肚子,就会随着大一点儿的孩子去海里捞海带,希望能给家里弄点吃的充饥。

我们家离海也不算太近,得走一个来小时。我没有钱坐车,来回都是走。到了海边,先捞一把生海带吃着,觉得肚子里有点东西了,再去捞。如果能找到海蛎子,也赶紧吃一点,是生吃。饿得没有东西吃呀。现在觉得不可思议,那个年代就那样。

捞海带也要看时间,赶上落潮,能捞很多。捞起来后,摊在海滩上晒。晒海带的时候,我们便游泳,在海滩上玩,身上都是盐,被晒得黑黑的。到了下午,海带晒得半干的时候,觉得差不多了，便拿麻袋一装，往身上一背，兴高采烈地往回走。

回家以后又不敢说。因为这种行为是危险的，弄不好会被淹死的。那时候，几乎隔几天就会听到有孩子被淹死的消息。因为各家都很困难，孩子们都到海边捞海带找吃的。家长们上班，孩子们基本上都是散养的，不像现在，上学送，放学接。孩子们不好控制，死人的事儿是经常的，大人每天都提心吊胆。

我的胆子本来就大，家里又没什么吃的，也没什么菜，所以经常去捞海带。我自己制作铁丝钩子，是捞海带的一种工具，像船锚一样，有根长绳子，落潮后可以扔到礁石缝隙里面捞海带，每次还真能捞到。

按理说，家里有了海带菜，总能吃几顿吧。如果再放点面做成粥，就觉得非常好了。你看，我这是不是有功？给自己家带回点东西吃有什么不好？可是，妈妈担心了，去了淹死了怎么办？然后就问。三言两语后，我弟弟就交代："上海边了，弄海带了。"妈妈又问："海带在哪儿？"弟弟就进一步交代。妈妈更生气了。可是，想想孩子也不容易，难过得一头又倒床上哭去了。

每当这个时候，我就不知道该怎么办了。

过了良久，我开始行动起来，熬点粥，煮点海带，把饭做好了，喊："妈妈，咱们吃饭吧。"

妈妈哭完了，情绪释放出去了，也就起来吃饭。吃完了，又开始备课了。

我和弟弟分工，他扫地，我刷碗。妹妹还小，唧唧哇哇，唧唧哇哇，一会儿困了，睡觉去了。

那个年代，生活就是这样，有的时候捞海带，有的时候到海里钓鱼，也有不少时候到山里玩，大家都一样。不像现在，条件太优越了，孩子们变得娇气。

磨难中的孩子，成长得快。

悲惨的遭遇

1966年"文化大革命"来了。那时候我是大连四中初二的学生。我母亲调到另一所中学当教导主任，和我不在一个学校。

"文化大革命"爆发初期，学校成立红卫兵组织。我以为自己各方面优秀，肯定能当红卫兵，结果呢，红卫兵组织不知道从哪里知道我爸爸曾经是国民党军官、爷爷是"历史反革命"，我瞬间就成了"黑五类子弟"。

本来就贫困潦倒的落魄家庭，这一下更惨了。

那时候年幼无知的我，实在无法理解，不知为什么，转眼间德高望重的老师们成了"牛鬼蛇神"。语文老师、数学老师、班主任、教导主任、校长、书记几乎都有了历史问题，或者是修正主义教育路线问题，成了"牛鬼蛇神"。剩下几个没有历史问题、工农出身的老师成立了造反队，什么革联派、主义派，还有工联派的……整天给"牛鬼蛇神"挂牌子，游街，开批斗会，喊着震天响的口号。

班里的很多同学戴上红袖标，成了红卫兵。像我这样出身不好的，班里有七八个，成了"牛鬼蛇神"的"狗崽子"、"可以教育好的子女"，每天和"牛鬼蛇神"老师们一块劳动，打扫卫生，刷厕所、扫操场。"牛鬼蛇神"老师们在一边，我们在另一边。

我觉得不可思议，在班里学习好好的，怎么一转眼我就成了"狗崽子"？

回家一看，母亲被当成"走资派"抓走了。因为学校没有校长，是教导主任负责，所以我妈首当其冲成了"第一号走资派"。学校标语漫天遍地，"资本主义道路当权派""反动的学术权威"，矛头都指向了她。她被关进牛棚，被学生斗，被老师斗。

红卫兵到我们家抄家，掀翻桌子，锅碗瓢盆砸碎了，散落一地，玻璃也被打破了。把我半瘫痪的父亲从床上拉下来，一顿棒子打得"鬼哭狼嚎"，然后也被拖走了。

我们家还有点古书，分家时带来的一些家具杂物等，一股脑儿，能拿走的东西都被红卫兵拿走了。

我很愤恨，产生了强烈的逆反心理。这太不公平了！真想拿两把板斧，打破这难以忍受的世道。可是我实在太弱小了，无能为力。

我妈被抓起来，家里就麻烦了。本来经济就困难，现在工资也没有了，家里没钱买粮了。抄家后更是什么都没有了。

弟弟妹妹还小，抓走了大人，家里剩下我们兄妹三个孩子。

头几天，家里还有点余粮，苞米面什么的吃一吃。没过多久粮食口袋空了，没有任何吃的了。饿得眼冒金星，没有任何办法，怎么办呢？

迫不得已，我想起城里的亲戚们，想去要点吃的，可是他们都躲得远远的。几个最近的亲戚，要不然不见，要不然捞点咸菜打发我们。这让我看到了人性的另一面。

当年他们年幼被困长春的时候，是我爸爸救的他们。要不然，我爸也不会去上什么国民党的学校。可是当我们家落难的时候，他们却这样。我一咬牙，什么也不说，就带着弟弟离开了。

此后，我再也不想见他们。

后来实在活不下去了，我就带着弟弟妹妹，去农村的奶奶、姥姥家，想着能不能弄点吃的。

一道生死关

我领着弟弟、妹妹先去前牧城驿村奶奶家。

去了一看，更惨。

爷爷戴着"历史反革命分子"大帽子，被批斗。奶奶也给抓起来了。我老叔也劳动改造了。我老婶出身贫农，还可以自由活动。

我一看，开批斗会，没法去找他们了。而奶奶家被抄了，贴着封条，进不去。也不知我老叔他们搬哪儿去了。

天色已经晚了，谁都找不着，没地方待，没地方睡，后来就跑到一个玉米秆搭的柴火垛里躲起来。

再后来，我老叔的儿子、我的堂弟韩德华突然跑出来了，他大约六七岁的样子，一看我们饿得已经没有气力了，跑到家里告诉他妈。老婶知道了，从家里拿了两个玉米面饽饽偷偷地塞给我们。我们就这样吃了点儿东西，没饿死。

第二天早上从柴火垛里爬出来，还是没办法想。走吧，我领着弟弟妹妹去姥姥家，希望能寻点儿生机。

1966年后半年，我十五岁，弟弟比我稍微小点；妹妹七岁，饿得天天哭，眼睛肿成了一对大水泡。我背着她走路，根本就背不动，所以走得特别慢。

一步一步，好不容易到了奶奶家的自留地，拔个青萝卜吃。萝卜还没长熟，辣得很。可是饿得实在不行了，还得吃。吃完后肚子就疼得不得了，兄妹仨都忍不住叫开了。怎么办呢？叫也没用，还得往姥姥家走。

从奶奶家到姥姥家，有二十来里路。我们没钱坐车，又因为营养不良，走得很吃力。走了快一天了，天已经黑下来，还没走到姥姥家，实在是走不动了。

弟弟也没劲了，哭。妹妹开始还哭，后来就没声了。我也完全走不动了，就带着弟弟妹妹到马路边一个草窝里面，打算缓一缓，暖和暖和再走。可是在草丛里一待，就感觉全身没有了一点儿力气，听天由命吧。

那天晚上要是没有人管，可能不是饿死，也得冻死。

不知过了多久，一辆马车经过这里，马车夫发现路边草堆里面有人,觉得很奇怪。过来一看,是几个孩子,便问我是谁家的孩子。我说是双台沟韩行思家的外甥。这个人是我姥姥家生产队的马车夫,二话没说,拉我们上了马车,还用大羊皮袄给我们盖上,没一会儿就到了姥姥家。

大难不死,直到今天,我一直很感谢那个人。那时候真是天灾人祸的时代,经常能看到死人,有饿死的,还有上吊自杀的。

到了姥姥家,姥姥、姥爷蒙了。大半夜的,这是怎么回事呀?这是从哪来的?一看孩子们快没气了,可把姥姥、姥爷心疼坏了,赶紧去做饭。煮点粥,贴上玉米面饽饽,蒸些地瓜。

饭好了,我们狼吞虎咽,一会儿吃饱了——真是太香了。

可是,太饿了,吃得太猛,肚子胀得不行,疼得厉害,只好去卫生站。

那时候暴饮暴食,胃穿孔的很多。我们没到那个程度,到了卫生站,吐了出来。一顿折腾,回来就睡了。

总算又过了一关。

在姥姥家待了几天,算是缓过来了。那时候是分配制,姥姥家也没多少粮食,吃糠咽菜的,一下子多了三口人,日子没法过。

不行,还得回去。

姥爷给我们弄了路费,又拿了点干菜、咸鱼、几个玉米面饽饽和两棵大白菜,送我们坐火车回城。

回到家一看,还是什么都没有。妈妈没回来,爸爸也不知道被关在哪儿了。

那个时候,我是一家之主,得想办法渡过难关。于是,我去妈妈学校要工资,学校不给,倒是把一大堆乱七八糟的脏衣服拿了回来。

吃饭仍然没着落。

没办法,当生活的重压来临时,你不得不想尽一切办法——怎么样也要生存下来。

最后，我们只好到处要饭，找远点的亲戚、认识的熟人与母亲的学生们，有时候到海里捞海菜……

我说要过饭，你可能理解不了。怎么会要饭呢？

不要饭就没办法活下来了。

那段经历，太惨了。当时我也无法理解，为什么要经历那么多苦难？

也许是苦其心志，劳其筋骨吧。那时候还小，想不了太多，只想着能活下来。

一天，家里突然接到一张汇款单，写着妈妈的名字，落款是韩树涛。这是长春二叔的名字。我喜出望外，找了妈妈的印章，到邮局取出二十元人民币。心里激动啊，终于有了钱，可以买粮食，可以活下来了。

在以后的三年时间里，二叔每月准时寄来二十块钱。在那动荡不安的日子里，为我们带来了希望和保障，不需要讨饭了。

后来，我们也能领到母亲的部分工资了，情况有了转机。

残酷的武斗

"文革"初期，"黑五类"子弟是没有资格当红卫兵的。

后来有一天，突然有人把我们召集起来，说是可以作为红卫兵"革联派"的外围，去参加一项重要活动，要用实际行动、用鲜血和生命保卫党中央、保卫毛主席。

当时有两个派别的红卫兵，"主义派"和"革联派"。驻地在我们家附近的大连市卫生学校里，他们几乎每天都互相打架、辩论、放枪、武斗，一片混乱。

打斗的程度也是越来越激烈，规模越来越大，几乎每天都有死亡者的"烈士"通告。两派红卫兵都想要壮大自己的力量，不断去抢解放军的武器库,甚至把装甲车、坦克、大炮都抢回来武斗。

我,被边缘化压得喘不过气来,听说是保卫毛主席,走吧!

到了学校聚集地,先发吃的——面包和香肠。吃完后,一两百人的队伍就出发了,前往山里的军火库,在黑石礁的下一站凌水桥。

到了现场才知道,是到军火库抢枪。

这事是不能干的!拔腿想跑时,发现后面站着持枪的红卫兵。

看守军火库的解放军自然不让进。这帮人就放枪,叫喊着往前涌。按照事先策划好的,女同学先往上涌。

冲开解放军的防守后,就拿着大铁锤把仓库门砸开,冲了进去。

仓库里面有枪、手榴弹、子弹,各种武器都有。大家就开始抢,很快,我的手里也有了枪和手榴弹。想想真危险,以前看过,真没有拿过枪,这可是真枪啊!

一群中学生,抢了枪,披挂起来往回走。途经大连海运学院主楼前面的马路,那是必经之路,是"主义派"红卫兵的地盘。

离得还很远,就能听到主楼顶高音喇叭喊话:"革联的同学们,不要受蒙蔽了,放下武器,回头是岸!"

开始,用高射机枪向天上射击,进行警示,枪声叭叭响得震耳欲聋。

组织队伍的同学高呼:"要勇敢向前,绝不能停下来!"我们的队伍显然慢了下来,前面领队的红卫兵同学开始向对方射击。见我们这边的队伍还没有停下来,对方急了,直接朝着前面的学生射击。叭、叭、叭,转眼间前面的同学被打倒几个,吓倒了一片,受伤的同学哭天喊地,乱作一团。大家一看,人倒了,血流出来了,真死人了!

那时候哪有什么纪律?瞬间,大家把手里的东西都扔了,作鸟兽散。

为了躲避"主义派"红卫兵的关卡,我和另外一个失魂落魄

少时苦与乐

的同学先是抄小路跑到村子里，然后过了山沟，慢慢转道回城。

回到家，满脑子都是同学们死伤的惨状，我有如惊弓之鸟，每日惶恐不安。

有了这次参加抢枪的经历，以后就再也不敢去了。

可是十四五岁的孩子，在家里哪能待得住呢。一有武斗就会成群结队去看热闹。天天都有人被打死，天天街上都有布告，宣传不同派别的红卫兵"英勇牺牲"的事迹。

有些红卫兵扎着武装带，带着子弹匣，把枪一背，威武得不得了。他们开着吉普车横冲直撞，眼瞅着把人轧死了，局面真是混乱。

怎么办呢？因为觉得到了红卫兵的队伍里，有个组织，是个进步的机会。我就想着还是勇敢点，去看看吧。去了以后，正赶上两派红卫兵大打出手，野战炮都搞出来了，坦克也开出来了，大连卫校主楼的正面瞬间被炸出几个大窟窿，斗争非常残酷。

我母亲见到这种形势，又很难管住我，把我强行送到姥姥家干农活去了。

钓鱼·干农活

我姥姥家在渤海湾的海边上，村子不大，有几十户人家。姥姥家住在离海边最近的地方，涨满潮的时候，海水离家只有五六十米。海湾没有几户人家，全是大海，景色很美。

在那儿，我学会了钓鱼技巧。姥爷给我制造了一个小帆船，上面有一个主帆、两个副帆。根据不同的风，调不同的帆。主帆顶风，副帆迎风，风向调好了，就是逆风，小船也能够开到大海里面。

小帆船开进海里，把钓鱼的底线也拉进去了，上面的一串串鱼钩挂着鱼饵。

那个时候的鱼可真多，随着底线深入海里，鱼儿就不断地开始咬钩，几乎每个钩都有鱼，整条线都在抖，愈来愈重。

风吹着小帆船在使劲地拉着鱼线，上钩的鱼儿也在挣扎，也死劲儿地拉着鱼线，真担心线断了，前功尽弃。

为节省体力，我在岸边插了根木桩，将鱼线缠到木桩上，用一块大石头顶着木桩。

钓的鱼太多了，吃不完，腌成咸鱼，晾干了拿回城里给全家人充饥。

晚间，生产队组织全村人拉大网捕鱼，就更热闹了。大网是白天放到海里的。晚间上灯时分开始拉网，拉网是大人们的事，小孩们就是凑热闹。

人们喊着号子，背着网纤绳，在沙滩上循环拉着大网的钢绳，网兜越来越近，鱼儿在海面上跳，银光闪闪。

大网拉上来了，那鱼儿多得就像丰收的蔬菜一样，花一点钱就能买很多。

其实我们也不需要买，大网两侧漏掉不少鱼，孩子们就拿着筐捞。问题是鱼太多了，没有太大力量搬运回家。

在姥爷的带领下，我逐渐学会了干各种农活。挑水、翻地、除草、翻红薯，什么活都干。

海边没那么多烧草，割草要到山上去。第一天割很多草，晾那儿。第二天晾干了，用扁担担回来。很快，姥姥家就有了冬天煮饭用的"小草垛"。那是我干的事，邻居们见了很羡慕，一通夸。我享受着劳动的喜悦，心里美滋滋的。

翻红薯要力气和耐力，是个技术活儿。生产队收割完之后，孩子呼朋唤友，每天背个口袋拿个镐，到地里翻找红薯。

我几乎每天都背回两袋子红薯，晒成红薯干，磨成粉，慢慢吃。

就这样，我在姥姥家生活了一年多，各种农活学会了不少。

钓鱼方面就更有学问了。每次回城里，会带回很多好吃的东西，家里的生活也就算维持下来了。

现在回想起来，还十分留恋那段田园诗般的劳动生活。

天安门前当纠察

1968年春节，我回到大连城里，红卫兵全国大串联开始了。我母亲已经解放了，可以参加串联了。我也想参加，可是按照当时的规定，串联时不能带家属。母亲只好随学校的老师们先走了。

我到学校报了名、登记，袖章一戴，就是红卫兵啦，然后跟着队伍就上了火车。

车站上人山人海，挤上了闷罐火车，到哪儿去，依然不知。

上车以后，每人发一份吃的，有香肠、鸡蛋和面包，还有一套旧军装，打扮起来就是红卫兵了。

大约第二天晚上八点的时候，火车到站了，要求所有人下车，只听说是永定门，是北京还是上海，完全不知道。

车站周围灯光昏暗，到处都挤满了红卫兵，熙熙攘攘。一会儿，原来的队伍就被挤散了，我的几个同学也不知去了哪里，越找越没影儿。后来，听说换车去了上海。

正在六神无主的时候，解放军来了，走散的人们被重新分成不同的队伍。有的队伍上了车，想必是去很远的地方。

我所在的队伍没有上车。我个头高，在前面领队，在解放军战士的引领下开始步行军。穿过大街进小巷，估计一个小时光景，到了东城区东交民巷，被安排到一个称作"紫金饭店"的住处。据说以前是外国使馆，当时由解放军管着。

哎哟，一到了那个地方，真是比家里好太多了。

房间里窗明几净的，整齐干净的单人床。每个人管一顿饭，有俩馒头、一份菜,菜里面还有不少肉片。

幸福啊,解放军真好!

东交民巷离天安门很近。一位解放军指导员管理着我们,上操练队形,走正步,讲课,整个队伍军事化管理。休整没几天,我们成建制地转成了红卫兵纠察队。

真是应了那句俗语:屎壳郎子成知了——一步登天。

纠察队有严明的纪律。每天跑步、上早操,军营般生活。

毛主席接见红卫兵的时候,我们就参加纠察活动,没活动时就进行训练,学习毛主席语录,听指导员讲革命历史,讲长征故事……

大家都是红卫兵,没有人检查你什么身份呀,什么背景的。因为我个子高,在农村干了一段农活,身体壮,所以很受重视,当上了班长。

想想看,之前被边缘化,被人家瞧不起,现在是红卫兵纠察队的班长,大家尊重你,可以挺起腰杆儿做人了。激动啊,幸福从天而降。

那时候,我表现得特别好,起早贪黑地学习、训练,严格遵守纪律,特别勤快、懂事,积极主动、以身作则地做好每件事儿。

红卫兵纠察队的主要任务是在毛主席接见红卫兵的时候,去布岗维持秩序。来自全国各地大串联的红卫兵,毛主席接见八次,我参加了一多半。

纠察队先去站岗,三步一岗,五步一哨,戴着纠察队的袖标,在天安门那儿维持秩序……我心情激动,胸中涌动着自豪之情。

前后三个月时间,没有任何包袱,人人平等,一下子找到了感觉。做毛主席的红卫兵,有了自信。毛主席就是我们心中的红太阳。

我和北京同仁医院也是那个时候结缘的。同仁医院当时叫工农兵医院,在我们住处东边不远的地方,高大的病房,前面的门诊部像教堂。

我曾带几个人拿着介绍信去那儿看过病。当时怎么也想不到我以后会当医生，做梦也想不到会到北京同仁医院工作。

人生很多时候，旅程好像是被事先安排好的，走在一条你未曾设计的路线上。

1968年深秋，大串联结束了，我被安排经天津坐轮渡回到家乡大连。

1968年底，12月22日，毛主席发出号召："知识青年到农村去，接受贫下中农的再教育，很有必要。"

毫不迟疑，生命历程中，我有了做知青的难忘岁月。

知青岁月

五十年再回首

作为几乎与新中国同龄的一代人,我经历过"大跃进"、"文化大革命"、大串联。

从1969年3月到1973年8月,四年半的知青生活,我经历了一生中农村最底层最艰难的生活锤炼,其间还有多达五次生离死别的考验。

在白花花的盐碱地上,用双手,用劳动,在饥寒交迫中开垦出一片片绿油油的稻田。

知青生活本来就苦,我和一般的知青相比,由于出身不好,承受了更多的压力与苦难。

要想摆脱低人一等的命运,你需要更加坚强。脏活、累活、苦活,事事抢在前头,还必须比常人干得更好,要付出更多的心血和汗水。

内心要懂得时刻把当地农民的利益放在第一位,关键时刻敢作敢为,为百姓谋利益,甚至不惧生死。这样,才能为绝大多数人所信服,成为大家舍不得离开的主心骨!

在艰苦劳动的磨砺中,我看到了希望、看到了光明,从人生

盘锦太平农场,我曾经奋战过的地方

太平农场,冬日里的稻田

迷茫的低谷中走了出来。

可以说，没有上山下乡的锻炼，没有对中国社会最底层的深刻了解，我就不可能一路坚忍不拔克服各种困难走到今天。

对于知青岁月，我是充满感情的。

2019年3月17日，老同学们在大连聚会，纪念上山下乡50周年。大家推举我发言，感慨万千的我，说：

> 五十年前的知青岁月，留下了我们青春的痕迹，在那个特殊的年代，我们承担了一种巨大的责任。
>
> 共和国成长过程中，经历过大步向前，经历过惊涛骇浪，经历过"文化大革命"。"文革"后期的社会转型，百废待兴，是个极其特殊的时期。
>
> 有艰辛，有成长，有代价，有骄傲。
>
> 每个时代都有属于自己的特点，都会涌现出具有时代特点的代表人物。
>
> 正是这段史诗般的历练，成就了我们生生不息的50年。
>
> 50年后再相聚，我们用青春和热血铸就了共和国的辉煌。
>
> 我们是值得骄傲、值得自豪的一代人。

主动选择

我是大连地区第一批报名上山下乡的知青。

那时候，上山下乡是件很光荣又充满迷茫的事儿，也有人走后门，当兵、留城。我作为"可以教育好的子女"，自然没有任何奢求。

我非常迫切地想到农村广阔天地干一番事业，改变自己的命运。心想：低人一等的思想压力不能再继续了，绝不能再背这包褥了。

我本来是有着强烈的家国情怀的热血青年,却被戴上"地富反坏右""可教育好的子女"的帽子进行改造,心里不服啊!我一直觉得城里的环境对我不公平。

我渴望有一个新的环境检验我的存在,验证我的理想抱负。

面对突如其来的城市青年上山下乡浪潮,天天是报告会、动员会,不知所措的知青们,哭哭啼啼者到处可见。

我呢,悲喜交织。

母亲知道我报名下乡,心里舍不得,流着泪给我拆洗被褥,整理行囊。家里没有现成的东西,母亲把家里的旧棉被拆了,浆洗干净,一针一线重新做成新被褥。

母亲说那个旧的蓝花被面,还是我父母结婚时留下来的,我一直保存着。但后来,我出国前后多次搬家,搬来搬去竟不知丢到了哪里,真是可惜。

初到盘锦

最初通知我们1968年底去盘锦,后来又说知青们住的房子因为天冷没有完工,拖延了一段时间。

1969年3月16日,我们坐着货运闷罐火车出发了。车厢是封闭的,没窗户,一片漆黑。一个班五六十个人在一个车厢。因为闭塞,车厢里的空气不好,混合着腐朽的气味,让人感觉不爽。

哐当哐当,哐当哐当……黑色的货用列车行驶得很慢,从大连到盘锦,现在两小时就到了,那时候绕道沈阳,走一天也没到。

第一站停到了大石桥。不知停多长时间,列车又出发了,先到沈阳,再转到沟帮子,然后才到盘锦。

我记得整整走了近两天,第二天傍晚才到盘锦曙光农场车站。

下了火车，满眼的荒凉，没有商店，没有房子，甚至连树木都看不到……只有一片片白花花的盐碱地。

那时候的口号是"扎根农村"，意味着这儿就是我们的家，我们将在这片盐碱滩度过一生。大家都是十几岁的城里孩子，哪会想到是这样呀？

女同学哇的就哭成了一大片，男同学也是面面相觑，陷入尴尬境地。

我也感到迷茫，心想：这就是我今后奋斗的地方？路在哪儿呢？

满腔热情来到农村广阔天地，是要和农民们一起战天斗地的。一眼看不到尽头的盐碱滩，似当头一棒。

串联去北京的经历给了我巨大的希望，而这儿，瞬间给我的是迷茫，反差太大了。

周围的人一哭，我的情绪也难以控制，感到失望。可是转念一想，自己不就是要到这里开创新天地的吗？好好干就是了！这样一想，信念就坚定起来。

过了一阵，生产队的马车过来了，大家的心里才有了些着落。我们被分别拉到不同的生产小队。我们班的一部分同学分到孙家大队六队，我和另外一些同学到了孙家大队七队。

"一会儿就到。"车把式这样说。

泥土路，几乎没有沙石，坑坑洼洼，马车咕噜咕噜地响，颠得我双手紧紧地把着车沿儿，生怕跌落下来。

到了生产队，我们发现那儿的房子跟城里的完全不一样。从后面看，都是土包子；从前面看，是往下刨的地窝子，房屋的一半在地下。心想：我们要住在这些房子里吗？

下车开始分住处了。同学们大都分到贫下中农家庭里，和村里的人结伴走了。我呢，因为是"可以教育好的子女""狗崽子"，和另外一位同样身份的同学一起，被分配住马棚。

住马棚的经历

马棚，当地的称呼是牲口圈。

我们是傍晚上灯的时候到生产队的，远远看去，朦朦胧胧有些灯光。

到了马棚，我的个天，前面是开放的，后面有个土窗口，用一块塑料布堵着，塑料布被风吹得哗啦哗啦地响。这哪是住人的地方！

没办法，住吧。我打开行李，取出被褥，铺在饲养员的土炕上。

饲养员李大爷是位热心肠的老爷子，嘴里叼了根旱烟杆，忙前忙后。浓烈的烟草味儿，是盘锦当地独有的特点，臭臭的一股味，呛得我喘不上气来，想捂住鼻子，又觉得不妥。

不一会儿，还是被李大爷的热情感化了，住了下来。饲养员住的地方本来只能住一个人，加上我们两个，躺下几乎翻不了身。

刚躺下的时候，土炕很热，感觉很舒服，因为连日的疲劳，很快就入睡了。到了夜里，马棚外面风很大，头被冻得没办法，不戴帽子睡不了觉。到了后半夜，炕又凉了，我那个褥子薄，被子也不厚，脚底冷，头上也冷，缩成一团熬着。

第二天早上天还没亮，下地干活的哨子声响起来了。我习惯地想洗洗脸，一看，水缸表面已经结冰了，好不容易破了冰，一伸手，水透心地凉。我胡乱洗了把脸，赶去集合点干活儿。

盘锦农村冬日里一天两顿饭，初春时节仍然如此。天亮起床不吃饭，先上工干活，两个小时后，九点左右回到生产队的队部，在临时食堂吃早饭。

同学们带着准备好的挑土工具去到田里。因为新鲜，多数同学开始还是很热情的，摆出大干一场的样子。可是一干活就完蛋了，地里的土被冻得结结实实的，捅锹下去，根本就铲不动。

我还好，因为在老家农村干过活儿，干得还有些模样。老乡们眼睛一亮，原来知青也有会干活的，对我有了好感。

农民没那么复杂，只要你努力干好活，就不会把知青分成三六九等。什么"黑五类"出身呀，"狗崽子"的，朴实的农民们不论这些。

我的机会来了，积极性瞬间提升，干什么活儿都十分勤快，入门也很快，也很卖力气，农民们开始喜欢我。

我住在马棚里，晚上多数时间有空没空地帮饲养员李大爷铡马草、切玉米秆、切豆饼、拌草料……所有的活都帮他干，一来二去，我们俩的关系就非常好了。

他也是想着各种办法照顾我。刚开始的时候，我铺不好稻草垫，他就帮我把垫子铺得厚厚的，下面就暖和了；他还从家里拿了张羊皮垫在我的褥子下面。早上起来，他帮我弄点热水洗洗脸；肚子饿得不行的时候，他切块豆饼儿给我吃。我们处得像爷孙俩……

冰冷刺骨的考验

盘锦现在是鱼米之乡了。当时不行，天气很冷，风很大，卷起黄土遮天蔽日，睁不开眼睛。老乡们开玩笑说，盘锦一年两次风，一次刮半年。

3月初的盘锦，风很大，冰封的大地还没有开化。为了保暖防风，在大面积的水田中央选择一块土地肥沃之处，四周围上芦苇墙，作为水稻育苗基地，称之为"育苗田"。为了保持苗田水平一致，平整苗床要在水里进行。

灌上水的育苗田夜里会结冰，第二天上午十点左右开始整理苗床的时候，水面上的冰层还没有融化，要敲碎才可以平整苗床。

第一次报名参加育苗的经历仍然历历在目。

那时候没有什么机器，全部是人工劳作。每一个参加育苗的社员，可得八两酒票，作为御寒的待遇。

动员会上，如同征战前线的勇士，年轻力壮的社员开始报名。激动之下，不知深浅的我代表知青报了名。

育苗田里实在太冷，水底下还冻着呢。当地的社员有水靴，还要穿上厚袜子。我当时没钱买靴子，就找了块塑料布，上面裹到膝盖，下面勒在脚脖子上，如同掩耳盗铃一般。下水前，先喝口酒，然后光着脚下到水田里。

站在冰水里，顿时感到冰冷刺骨。育苗田里除了冰冷的泥水，还有乱七八糟的杂草杂物，真是太危险了。不一会儿，脚已经麻木了。

第一天还行。第二天，北风吹得腿上裂了数不清的小口子。第三天、第四天裂口子的地方开始肿胀。没几天脚上长了冻疮，开始流水、溃烂，疼得厉害，痒得钻心，真的苦啊！

我当时想，这还不如隋炀帝修大运河呢。修大运河起码是在夏天，没这么冷。

我憋足了一口气，咬牙发誓，只要人不倒下，就一定要坚持到底。

社员们看着冻得麻木的我，眼光不一样了，觉得这孩子太强大了，又觉得怎么会这样呢？

真诚的农村大嫂送午饭到田里，看到腿上裹着塑料布没有穿水靴的我，看到脚脖子上的冻疮，就扯开嗓子开骂："你们还是人吗？让这么小的孩子冻成这样！干这么苦的活！"接着又是问寒又是问暖，感动得我像个七八岁的孩子，眼泪在眼眶里滚动。

生产队领导开始检讨自己，我的情况也慢慢发生了变化，被调去跟马车干活儿。

入住青年点

过了一段时间，天热了起来，马棚里住不了人了，生产队安排我住到村里的一户人家里去。

当时知青住到贫下中农家里是件光荣的事儿，我当然想去贫农家住，可是到了那户人家，发现怪怪的，没有一般社员家里的那份热情。这家有三个儿子挤在一起住，老大已经四十多岁了，进出门里门外竟没有一句话。没几天我了解到，那家的成分是富农。

当时的生产队长是个年轻人。我呢，虽然干活好，和一些老乡也处得挺好，但在有些人心目中还是"狗崽子"，时不时被另眼看待，无奈中的我也只有听从安排的份儿了。

富农家里的三个儿子因为成分不好，都没结婚，天天耷拉着脑袋。那家的老太太有文化，识文断字，是个大家闺秀，待我也很好。

我每天都很早起来扫院子、挑水……反正力所能及的活儿，我都是主动去干。

老太太心疼我，虽然她家的孩子也没有多少饭可吃，看到我饿得慌，就时不时地给我留碗菜粥。

几个月后，青年点建好了。我的住处也发生了变化。

青年点的房子质量不算好，知青们在一起蹦蹦跳跳，不到十天半个月，砖炕就塌了，烧不了火，也没人管，只能自己想办法，在下面铺上稻草，再把被褥放在稻草上。稻草很潮，被褥自然也潮得不得了，过两天就得晒，不然潮湿得无法入睡。

耐不住艰苦的煎熬，没过多久，不少知青开始陆续请假回家。

我呢，是没有资格请假的。

那时候除了劳动辛苦，就是肚子饿。因为分配的口粮少，又没有副食补充，几乎没有吃饱饭的时候，在饥饿中咬着牙坚持干繁重的农活儿，几乎每天都在煎熬。

我手上有个刀痕，是割水稻时弄出来的。当时因为体力不好，也没有力气，一刀就割到手上了，那是第一次割水稻……

不叫苦、不叫累，咬紧牙关坚持干，绝不退缩。农民对我的看法也就变得相当好了。

第一次经历生死

跟马车是个力气活，要拉粮、拉各种农具、拉柴火……那一大车的东西都需要跟车的人扛上去，没有力气，眼里没有活儿，根本就干不了。我个子高，有力气，具备了跟大车的这个条件，这是其一；其二呢，因为大车所拉的，往往是粮食之类的重要物品，所以农民信不过的人，也不会让他跟车。让我跟车，说明我得到了老乡们的信任。有了这份信任，我就不再被边缘化了，干活的积极性也就更高了，总感到有股使不完的力气。

可是没想到的是，有一天我差点因为跟马车而丧命。

生产队有块饲料田种玉米，在农场北边约二十公里有个称为"大荒儿"的旱田区。秋天苞米下田后，我们要赶着马车到地里把玉米和玉米秆拉回来。

那时候盘锦水稻产区的土路，因为低洼泥泞，载重马车走不了。我们只能选择走太子河的堤坝上的砂石路。那堤坝高约二十米，路面很窄，两边没有栏杆，下面是泥泞河沟。马车、汽车、拖拉机都在上面走，挤在一起的时候就需要错开。

那一天，我们的马车用绳子捆好了一大车苞米秆，行走在大堤坝上面。我坐在马车里高高堆起的苞米秆上，享受劳动后的休息时光。对面来了一辆拖拉机，双方都过不去。为了避让，我们的车便偏停到路边上，让拖拉机先过去。可是那个拖拉机发动的时候，发动机的巨响突然惊到了我们的马。这可糟了，马一惊，什么都顾不上了，方向也不管了，使劲往前一拉。结果，大车的辋辘一下子到了路的边缘，轰的一声，整个车都倒翻了过来，扣到堤坝的斜坡上。我还没反应过来，被扣到玉米秆最下面，无法动弹。沉重的玉米秆压得我喘不上气来，有种濒死的窒息感，天旋地转，眼看就要被憋死了。

当时脑海中闪过一个念头："死了！就这样死了！"

我不甘心，心里面这样想，但喊不出来。

车把式李洪歧是解放军四野锦州攻坚战的支前模范，短粗壮的身材，很有力气，反应很快，他用马刀割断套缰，先把四脚朝天的马卸下来，然后把绑苞米秆的绳子割开。

绳子一开，苞米秆散开了。这样一来，我身上的"大山"顿时瓦解，这口气才算喘过来了。

紧接着，李洪歧迅速把苞米秆扒开，将我拽了出来。我大半天才慢慢地缓过气来，脑袋嗡嗡作响。

朦胧中我真正感觉到了生命的无常，说死就死了。

也是从那次开始，我知道生死是什么样的了。

后来一段时间，一种巨大的恐惧压迫着我，总是做噩梦，总想着生离死别。

当然，我不会因此消沉下去。

我跟马车跟了小一年，打结呀，捆呀，上车呀，搬运呀，干什么都利索，都很在行。这样一来，老乡们就更喜欢我了，选我做了水稻技术员。

又一次经历生死

粮食是老百姓的命根子，所以他们会选最信得过的人去当水稻技术员。

当了水稻技术员,我的干劲更足了,内心很自然地多了一种责任感,没早没晚地干活,搞试验田。

水稻生长期长,北方无霜期短,需要提前育苗避开霜冻,才能有收获。为此,春天需要提前用加热的方法催芽,长出稻苗来,才能按节气及时插秧。用塑料棚(尼龙房)加温进行水稻育苗是当时最先进的技术。干这个事,在盘锦我是最早的。以前也有人想在生产队推广,只是没有人敢于去尝试。

我有些文化,一学就会了,按照书中的技术设计做塑料大棚,做好后开始烧火。没想到又经历了一次劫难。

初春的一个晚上,塑料大棚里很潮。烧完火以后,烟闷在育苗大棚里面,很难往外冒。我心里面着急,又没有经验,不知道想办法把烟放出去,还是继续烧。烧着烧着,感觉很困,就倒下了。

结果是一氧化碳中毒,晕过去了。

幸亏接班的人来了,一看,怎么没有人呢?打开那个大棚,里面全是烟,往里一喊,没声,再往里一看,人躺在地上了,就赶紧把我拉出来。

怎么晕过去的,我一点都不知道。不知不觉就没有意识了,他喊我的时候,我也不知道。

接着,我就被放在外面了。接班的人大喊:"熏死人了,德民熏死了!"

人们从四面八方跑过来,喊我的名字。喊着喊着,我似乎觉得有声音了,很远很远,慢慢地,慢慢地,风一吹,醒过来了。

刚醒过来的时候,我的身体根本无法动弹,一点力气也没有。休息了一天,缓过来了,接着又去调理育苗大棚。

那时候的农村,谁还把病当回事呀!你自己要坚强。

因为有了那一次的危险,再去做就知道防范了。留个口,把烟放出来。

过一段时间，稻苗育出来了，绿油油，长得很好，像一群不会说话的孩子。

我们有五六个不同的稻种，全都用上了。分别标上锦西一号、锦西二号……

稻苗育好后，不同的地，插不同品种的秧。

为了清晰地了解不同品种水稻的生长情况，我做了一块方方正正的实验田。不同品种的水稻，每种插五垄，水稻生长过程一目了然，不同品种的分蘖特点、耐倒伏情况、颗粒重等清晰可见。

那个期间还经历过一次险情。

4月底的一天，我去把育苗田里的苇帐从黑泥水中拔出来，捆成百十斤一捆，扛在肩上，在泥浆中深一脚浅一脚的，准备送到河堤上晾干备用。由于饥饿和营养不良，每扛起一捆苇帐，就会感到眼前冒金星。近中午时分，突然一阵咳嗽，吐出一口口鲜血，人瘫软在泥水中。

醒来的时候已经躺在农场卫生院的病床上，老队长守在床边，床头上放着老乡们舍不得吃的红糖和鸡蛋。

是盘锦朴实的农民又一次救了我。

坟场里与蛇决斗

我当知青的那个地方，原来是张作霖的部下王大麻子的老家，土匪很多。村子的南北和西边都有一些坟场。民国时期，共产党来了杀国民党，国民党来了杀共产党；土匪来了杀富裕户，富裕户报仇又把土匪杀了……没完没了地打仗，周边就有了很多坟场闹鬼的传说。

我管理的水田在村子西边。当地的村民们宁愿到远的地方也不愿意到那儿去。为什么呢？因为那儿原来是一个坟场，"文革"

中又有不少棺椁被挖出来，棺材板到处都是，经常能看到暴露在外面的人骨头、漂浮的随葬物品，没人敢去。那块地的看水任务分给了我，我天天都要到那里，真是瘆得慌。

白天到那里都瘆得慌。野草丛中时不时蹦出个野兔来，吓你一跳。蛇呀什么的，也常常聚集在那儿。说来也怪，人越不敢去的地方，野生小动物越多。

有一条两米多长的水绿蛇，非常讨厌，总喜欢爬到闸门旁边，盘在那里晒太阳，正好挡在我的必经之路——两块水田的入口处。那个东西花花绿绿的，据说毒很大。我每次把它赶走，一转身，它又回来了，就挡在你的路上，弄得你后脑勺发麻，起鸡皮疙瘩，别扭得很。

我找人过来帮忙想除掉它，可是人找来了，它不在了。等我一人来的时候，它又盘在那儿，好像就是要跟我作对。我跟看水员朋友们讲，我说那条蛇怎么怎么的，他们感到害怕，再也没有人陪我去除蛇了。

百般无奈，我想，这个坎儿必须过。冤家路窄，我得一拼，不是你死就是我活。那时候也年轻，二十来岁，脑袋里没那么多杂念，也生猛，拿定主意后，提着捅锹就去找那条蛇决斗去了。

到了闸门口，那蛇果然在。我拿着捅锹，一步步轻轻走过去，打算一锹就铲住它的头，防止它缠住咬我。结果我刚过去，那条蛇的速度飞快，扑通一声就钻到水里面，不见了。

我一看，这不行，今天非解决这个问题不可！就紧跟过去。那条蛇在水底游着，不时冒出一串气泡儿。我走走停停，跟到了一个地方，那蛇终于露出头来了。我马上抓住机会，一锹下去，蛇的脑袋一下子被摁到水下泥里去了。这下子，估计它活不了了。

没想到，蛇头虽然被铲下去，两米多长的蛇身却唰一下顺着捅锹的把子缠到我胳膊上来，可吓死宝宝了。我跑都跑不了，那个时候也没有要跑的概念，必须你死我活。

我就继续用桶锹使劲把蛇头往下面摁，好一会儿，蛇身终于松软了下来。

见巨蛇已经死了，我就把蛇拉过来。蛇的身上没毒，头已经被我弄得耷拉着了。我就用锹，啪一下想铲掉蛇头。可就这么一下子，哇，一瞬间，蛇好像又活了，身子又动了起来，着实又吓了我一跳。

动一会儿，那条蛇终于再没动静了。可是，它还睁着眼睛看着我，好像死不瞑目。

我说："兄弟，实在对不起了，不是我有意要杀你，是你每天拦着我的路，我提心吊胆的，没法干活儿。抱歉啦，是你无理在前啊。"

为了表示仗义，我在水田旁的坟圈子里挖个坑，把蛇埋了，说道："兄弟，一路走好，以后有什么事咱再商量。"

事后，我很是后怕。斗争那一瞬间，什么都没想，可是真的把蛇杀了，感到毛骨悚然。加上那些迷信传说，一连几天做噩梦，一想到那地方就起鸡皮疙瘩。

几天后，我把这事讲给一个当年的五七战士听。没想到他这样说："在哪呢？挖出来吃啊。"你看，还有更胆大的。哈哈。

我说："埋了，没法吃了。"这件事就此罢休。

后来平整水田，挖到那块坟圈地。我又找到那个地方，挖开土，看到蛇还趴在里面，已经烂了，剩下一堆骨头。我说："兄弟呀，对不起，不要记恨我。"

水闸旁的一道"鬼影"

水稻技术员在当时称看水员。看水是个技术活，非常重要的任务是管理灌溉稻田，根据水稻不同的生长阶段，灌溉的水量和保持的深度是很有讲究的。

因为有时候大水渠里的水流很大，有时候又很小，不规律，所以，每天都要到水田里看管水，要疏通和控制水流。

大水渠涨水的时候，你得看好，要让水流慢一些，要是看不好，水太大，稻苗就会被冲跑。水太小，水田还没灌满，大水渠水流没了，炎热的太阳底下，水田里没水，这可是要稻苗命的事儿……

为了学好这门技术，我可是下了很多功夫，看了不少书。有位老看水员很有经验，只是轻易不向别人传授。我看准了，就主动接近他，拜他为师，久而久之得到他的信任，他的经验也就倾囊而出了。

我十分敬重他，学得也快，将稻田管得有模有样。

我管理的水田在两条主干线的交汇处，水闸的内侧是一大片坟地。天阴下雨的时候，每当夜幕降临，那里就会出现磷火，老百姓们远远地看着，更远远地躲着，绝对不敢去。

可是我不能不去，因为雨水似肥水，有益于稻苗生长。为此，下雨前要把水田里的陈水放掉，把水豁口都堵上，接满雨水，为稻苗生长创造最好条件。无论敢不敢，你必须去。

一天晚上，天突然下起了大雨，我急忙赶去关闸门。要是不及时，大水可能漫灌所有的稻苗，甚至冲开堤堰，冲跑稻苗。

那时候的闸门都是农村最古老的那种，木头修的，埋在大水渠内侧。不像现在都是水泥做的，坚固耐用。

我找到水闸门，习惯地一放。不想，闸门经过水泡，胀了，不容易平放下去。又因为天黑着急，闸门槽放偏了，挡不住水。

雨下得更大了，天也黑下来，周围黑乎乎的，几乎什么也看不见。大雨落在我简陋的塑料雨衣上，啪啪作响，不断从脸上流下来。我也更着急了，使劲把闸门拔出来，想准备好再放。

就在这个时候，突然有一个黑影轰一下冲了过来，把我撞到了大水渠里面。我一下子蒙了,胆子再大,也被吓得心惊肉跳,真的以为撞到鬼了。

老天爷也凑热闹,伴随一道闪电,轰隆一下打了个响雷。我心里一激灵,本能地爬起来,泥水也顾不上了。再一看,那个"鬼影"一般撞我的东西,竟是一头老母猪,在闪电中愣愣地看着我。

我心里那个气呀,真想抡起闸门猛劈上去。

这样的事经历过多次以后,我就越来越明确地意识到鬼是不存在的,胆子也越来越大了。后来学医时一个人在晚上解剖尸体,心里也不觉得有什么可害怕的。

成为韩队长

经过一番辛苦劳作,生产队的水稻丰收了。

我们所在的农场有十几个生产大队,数不清的生产队。生产队的人们去农场的时候都要经过我管理的水田,看到水稻长得好,纷纷驻足夸赞。

农场书记路过时一打听,知道我是位知青,夸赞说:"这个孩子真是了不起!"进一步了解后,我在全农场就有了名气,成为模范人物。我的积极性更高了,有了归属感,在农场的表彰大会上坚定地表示:"要扎根农村60年不动摇。"

我的身体素质不错,再加上热情高涨、心念专一,每天都有使不完的力气,跟马车的时候,愣是能把180斤重的麻袋一举过肩。

好胜心也很强,在农场修大堤比赛时从不落后。有一次比赛,我抡起18磅的大锤,一口气就抡了180次,拿到全农场的冠军。

不知不觉中,我就像一个地道的农民,对土地有了深厚的感情!地耙得平,秧也插得好。毛主席1958年提出来的"农业八字宪法",我现在还背得滚瓜烂熟——"土、肥、水、种、密、保、管、工"。

当然，磨炼中危险无处不在。1971年深冬，我出工参加大清河筑堤劳动，用土车装满河泥向大堤上搬运。几百斤重的土车，从十来米高的大堤上向下倒土的瞬间，一下子将我从土车后面悬空甩起来，像过山车般摔到大堤下。好在新倒的河泥还没有冻实，只伤及皮毛，帮我又躲过一劫。

经历过许多危险以后，我心变得坦荡，遇到重活儿、险活儿，从来不皱眉头，能够勇往直前。

到了年底，生产队开始选干部了。我因为出身不好，从来没想过要当什么干部。

老百姓心里有杆秤，群众的眼睛是雪亮的。时间一长，我的人品和能力被大家看好，百姓们的心里对我产生了信任，觉得我是那个可以带领他们致富的最佳人选，异口同声地选我当主管生产的副队长，全村的生产劳动都交由我来安排。

我开始布置生产，带领大家翻地、插秧、干农活……

人们好像完全摆脱了固定思维，"可以教育好的子女"的限定不翼而飞。

制服"刺头"

当了这副队长，我的责任可比以前大多了，要处理各种各样的事情。

秋中时节，生产队的大部分水稻已收割完毕，成片的公共草场正在等待划片分给社员们收割，用于冬季做烧柴。

一位二十多岁贫农出身的复员兵公开违背生产队的规定，私自挑好的地段开始砍柴，人们对此敢怒不敢言。

生产队大部分土地都是水田，找柴火造厨煮饭不容易，社员们要等公共草场的柴火长成，割下来，晒干按人头分配，平时不能随便乱割。那位复员兵，却仗着自己成分好、力气大，十分霸道，根本不顾生产队的规定，私自割草给自家用。

老队长因为常年患病，又同复员兵有家族关系，就睁一只眼闭一只眼。

人们有很多意见，不断反映到我这个副队长这儿来。

我心想："这是要分给大家的柴火，凭什么你割呀？复员军人就了不起了呀？贫下中农子弟要带头维护集体利益，干好事才对呀！"

我有责任维护大家的利益。如果我不敢管，老百姓都看在眼里，以后集体利益就没有人维护了，那还不乱了生产队的阵脚！

于是，我下定决心，要管管这个刺头。

一天傍晚，复员兵将割完晒干的草装满平车，准备往自家拉。

我得知消息后，带领一群知青到大水渠的干线上拦他。

他也毫不客气地推着草车冲着我们，双方剑拔弩张。

我平静地对他说："今天咱把话挑明白了，你割的草，是生产队的，是大家的财产，这个草你不能往自家拉，因为你没资格搞特殊。"

他似乎很理直气壮，说："我是复员兵。"

我气不打一处来，强压怒火，说："生产队还没开始划片分草田，复员兵也没有权利先割！"

他继续给我耍横，说："你管不了我，我想割就割。"

看他这样，我也就直接亮出态度："对不起，今天，本队长就管你了。"

这家伙"唰"地一下就把大扇刀拿出来了。那是一种锋利的大圆刀，在水里割水草用的，木柄就有三米长，一刀下去可以割一大片。

跟我一起的知青们一看，也毫不含糊，全都把捅锹端起来。

那种捅锹是盘锦特有的,长约一米二三,前面雪亮雪亮的,像刀一样。

我也拿起一个大扁担,向前一步,威逼着他说:"今天咱俩做个了断。你呢,拖家带口;我呢,腿肚子上贴灶王爷,一人吃饱全家不饿。你呢,在破坏生产队的公共秩序;我呢,在维护生产队利益。于情于理,你都在干坏事。你敢动我一下,看到没,我的这些弟兄们就会打断你的腿!"

他很健壮,我也不差。我这脾气不怕他,而且做好了充分准备。

他不服气,作势要用大圆刀砍我。

我毫不惧怕,抡起大扁担就要和他干架。

说话间就要打起来了。

那小子一看,我是真跟他干。要是真打起来,不用说对付一群知青,对付我一个都够呛,他肯定没好果子吃。

见势不妙,他终于妥协了,举起的胳膊软绵绵地放了下来,说:"那你说咋办?"

我说:"你把这些柴火送到生产队,以后不准再干这种事。"

又说:"你家里的草就算了。咱说话算数,要不然没完。"

我还是给了他点退路。

他一想,这账还可以,就老老实实地把草送到生产队。

这以后,生产队再也没人敢横行霸道了。

我跟任何人没有私怨,讲的是一个公理。那个事情过后没多久,下起了大雨,复员兵的土房子不怎么样,漏了。我带着生产队的知青、民兵挨家挨户到处堵漏。一看他家这样,先上房,把塑料布一铺,压上,屋子就不漏雨了。这一下把他感动坏了,扑通一下就跪在地上,说:"我是王八蛋,我确实不是人。今天老天有眼,天打五雷轰。"我赶紧把他扶起来。

后来,我们竟成了很好的兄弟,真是不打不成交啊!

这样的例子还是蛮多的。

让百姓得到益处

那时候,盘锦的土地很多,因为"割资本主义尾巴"极左思想的影响,规定外的土地不能耕种。

一方面,老百姓饿得要死;另一方面,却是大片土地荒芜着,不允许耕种。老百姓吃粮库储存多年的发霉苞米,头疼、拉肚子是经常的事儿,日子实在不好过。

面对极左思想的影响,你能否把老百姓的疾苦寒暖放在第一位,是否敢于冲破束缚,挺身而出,承担责任,对于基层干部而言是个严峻的考验。

我们老队长是当地农民,参加过土地革命,没文化,有肺结核,干不了体力活,没法下地。我虽然是副队长,却是实际管事的,见大家过着苦日子,心里想:"老百姓快要饿死了,那么多土地不能开垦,这是什么道理?"

我手里有管理权,没有理由捧着金饭碗等着挨饿,于是开始琢磨在土地上做文章。

那时候,都是农场分配拖拉机给生产队耕地,根据每个生产队的耕地面积不同,固定可用二到三天。一般情况下,拖拉机白天和前半夜工作,后半夜休息。因为时间限制,几乎没有时间耕更多的土地。

可是我想,如果拖拉机司机愿意把休息的时间也用上,那就好办了。想到这些,我就安排人到盘山县城买肉买菜,包饺子,做小鸡炖蘑菇、韭菜炒鸡蛋,再弄点白酒,把那个拖拉机驾驶员伺候得好好的。

驾驶员开心得很,干活也十分卖力气,晚上的时间也利用了起来。头半夜由驾驶员助手开,后半夜由知青陪着驾驶员继续干。

几天下来,不仅耕地质量好,还多耕出一两百亩地。

我又积极组织社员们扩边展沿,填沟补坑,规划整理土地,形成标准化条田。黑油油的土地一眼望不到边，心里的富足感油然而生。

合理选择水稻成熟期很有学问，在最好的地里最早插秧，种上早熟水稻。

刚一立秋，稍微有点凉意，那里的水稻就熟了。我们组织少数人马静悄悄地开镰收割，晒干后就地打成稻谷，每个劳动人口分五十斤。

同时要求他们一个星期必须吃完，吃不完就不再分了。而且告诉大家，要绝对保密。

没有办法啊，按当时的政策规定，交公粮前不能分粮食。

农民们没有粮食，天天吃糠咽菜，耷拉着脑袋，没力气干活，不分粮真的饿疯了。

这个时候，家家都能吃上顿大米干饭，几乎转瞬间就成神仙了。几天下来，脸上就开始放光啦。知青也吃上米饭了，再干起活来，那劲头可就大了，脚底下像是踩着风。

收割水稻的时候到了。男女社员各排成一行，百米长的条田，男社员头围白毛巾，虎背熊腰；女社员杨柳细腰，巾帼不让须眉。哨声一响，人们弯腰，两腿叉开，齐刷刷地开始割水稻。

速度那个快啊，几乎一口气割到头，站在长垄的尽头，左手叉着腰，右手用羊肚子白毛巾擦着脸上的汗水。那个帅啊，就别提啦。

稍微喘口气，再跑到相好的垄头上，结成对子，刷刷地开始帮扶。眼热看热闹的人们也真不少！欢声笑语，一片丰收的喜悦。

别的生产队可就比不了。他们感觉很奇怪，为什么七队干活热火朝天，时不时地大老远就能闻到饭香？

直到十几年过去了，他们才知道我们吃上了新大米。

农民那时候发毒誓：绝不允许任何人走漏消息，谁要走漏消息，就把他孩子扔到枯井里。

百姓们形成了共同利益，大家要多团结就有多团结，还真没有人泄密。

那个秋天，称得上稻谷飘香，鸡肥马壮，一派喜人景象。

交公粮的时候到了，因为有足够的粮食储备，我们总是选好上等稻谷，绝不掺杂使假。

装满粮食的马车，马配红花，车上锦旗招展，组成车队，锣鼓喧天，浩浩荡荡地将首批公粮交到国库。抽查检验，全是籽粒饱满的上等好谷。

农场的领导高兴啊，人们纷纷跷起大拇指，大家看的是实打实的业绩。

我还会安排把多余的粮食送到青年点。那时候没法告诉人们为什么会有这么多水稻。只要放开肚皮有大米干饭吃，知青们幸福感满满的，也不会多问，到处是欢声笑语。

荒地变良田，家家户户有饭吃了。我又带领大家开展多种经营，养猪、养鸡、种菜、编苇席、搞副业。生活质量高了，收入也高了不少。

那时候，凤凰牌自行车、上海牌手表是富裕身份的象征。生产队不少小伙子买自行车，买表。有了上海手表，年轻小伙子们袖子永远挽到胳膊肘上面……

有自行车的小伙子们又在车把子上面弄个响铃，再用彩色胶布把自行车打扮得十分耀眼。放工了，洗把脸，有事没事在大干线（水渠）上骑车、遛风……

没过多久，队里的光棍找上对象了，迎新娘喝喜酒，天天像过年。大家对我就更是没得说了，拥护加拥戴。先进生产队总是榜上有名。

深沉的历练

自强不息是我的家训。这种潜移默化的影响,使我身上总有股劲头儿在追求完美,什么事儿都想要做到最好。

面对苦难的历练,不屈服于命运的摆布,敢于舍弃一切,去拼搏,对于一个人的成功很有意义。

今天回头看看,成功路上,每一个阶段都会面临考验,经历磨炼,躲和不躲,你都不会错过。

下乡的动力,是为了摆脱一直纠缠不休困惑身心的"出身包袱"。

为此,我什么苦都吃了,什么别人不愿意干的活我都干了,直至把生死置之度外。拼搏,迎来了机遇,赢得了尊重。

为什么安排你跟大车呢?

为什么选你当水稻技术员?

为什么选你当生产队长?

为什么那么多人关心你?

为什么把几百号人的生死命脉都放在你身上?

……

现在回想起来,每一个阶段都是机遇、都是考验,更是历练。

艰苦生活的磨炼,使我身心变得结实,对人生、对社会都有了更深的认识。

在这里,我逐渐感悟到,身上承担着一份沉甸甸的责任。

战天斗地,从种水稻开始,养鱼、种菜、养猪……我总是领着大家一起干。

不少人在优越感的簇拥下,很难再接受艰苦的历练,在养尊处优中丢掉了进步的机会。

看到别人进步了,他们在抱怨。可是从来没有认真想想,人生的每一段时光,自己都干了些什么呢?

最苦、最累、最精细的活，在别处都是被压制着去干的，这些人却不需要去动员，不需要监工，会主动去干，会干得很好。

人前被批得抬不起头，只有埋头苦干，用知识干，动脑子干。干得好活来，求得洗清"心底的罪恶"。

种地，地种得好；养鱼，鱼养得好；养猪，也是肥猪满圈……

到了秋天，泡子里的鱼、白虾收获了，先给农场送去，感恩图报。

人们开心啊，换来的是更多的支持。

没多久，报纸、电台刊登出我们的模范人物，刊登出我们的新鲜治理经验。然后，我就到整个盘锦地区去宣讲，宣传如何精耕细作，怎样科学种田，提高单位面积稻谷产量，同时控制最低亩成本，增加收益。

一时间，各个农场都知道有这么一位"韩队长"。

那个时候，也许是同病相怜，我似乎有些偏袒"五七干部"。他们心里念着我的好，并在很多关键的岗位上默默地支持我的工作。

当然，也包括他们会善意地提醒我，指点我学会组织群众，带动群众。有位被割"资产阶级尾巴"的"五七干部"，曾是《辽宁日报》的总编辑，平常总是低眉顺眼，很少抬头正面说话。

其实他受过很好的教育，有思想，有见识。他见到不少知青被招工回城，而我却要扎根农村六十年，特地找了个机会提醒我："你该回城了，总待在这儿会耽误你的前程。"说这些话的时候，他不再是平常见到的样子，而是眼睛里灼灼有光。

我看到了他的真诚，更是为他感到惋惜，时代的局限性，不是"天生我材必有用"啊。

我点了点头，用无语回答了他。

回家探亲

知青期间每年春节前后有一次回家探亲的假期，大约一个月左右。

1969年是下乡的第一年，因为没有经验，插秧延迟，6月初才完成全部插秧任务。

北方的无霜期本来就短，很少有的一次寒流，9月底突袭辽河平原，带来了一场霜冻。绿油油的水稻还没有灌浆，就被冻成了一片干草，一年的辛勤劳动白费了。看着大面积的水稻绝收，人们心如刀绞，欲哭无泪。

总结经验吧。第二年，也就是1970年，3月初我们早早开始了用塑料棚和田间塑料薄膜压床育苗，迎来了大丰收。

寒假到了，生产队给每位知青分了五十斤新大米，加上假期口粮，每人可以分到七八十斤大米。

人们开心得很，因为那个时期粮食紧缺，按粮票供应。大米是细粮，自然就成了紧缺物资，是稀罕物。

回城探亲，背上个百八十斤大米，如同英雄归来一般。

1969年春天，我到盘锦大约两个月后，母亲带着病中的父亲，拉扯着弟弟妹妹走"五七道路"，落户大连新金县徐大屯公社杜沟生产队。

那个时候交通不便，我回家探亲的路同回大连的同学比起来变得十分漫长。

因为家里粮食不多，很少有细粮，食粮多是玉米面、地瓜土豆什么的。

为孝敬父母，每次回家我都会尽可能多背些大米回去。

新金县当地不出产水稻，村子里的农民们平时没有大米之类的细粮。当人们知道我回家带了大米，便时不时地有人因为生病或生孩子，或是红白喜事儿，跑到我家讨借大米。

听母亲说,背回去的大米舍不得吃,没多久也会被人们借食一空。

村里的人们听说我回家过春节,纷纷送来土特产,鸡鸭鹅蛋、花生、小米,有时候还有些新鲜的羊肉什么的,很是热闹。

我蒙在鼓里,实在搞不清楚人们为什么如此热情,后来母亲告诉我,大部分都是借食大米的回赠。

人们有困难的时候相互接济,有来有往,这里的民风还真是淳朴。

1971年春节前我又一次回家探亲,生产队水稻大丰收。我费了些心思,除劳动所得外,还用粮票兑换了些大米,合起来有二百五六十斤的样子。

我将大米分成一百多斤一袋,装了两个麻袋,生产队的马车顺利地帮我送上火车。

列车几经周转到了大连瓦房店车站。下了火车可就麻烦了,我需要背起一袋子大约一百多斤的大米走五十米放下,再回去背另一袋,来回背到汽车站,在那里等第二天开往徐大屯的汽车。

到了吃晚饭时分,我远远离开放大米的地方,观察着是否有人注意。那个时候人们出行都会带很多行李,大包小裹熙熙攘攘拥挤着坐在一起,很少有人住旅店。

因为要等到第二天早晨才有公共汽车去徐大屯,人们大多都是等车的,流动性不大。当我观察到没有任何人关注我的大米,便起身放心大胆地到瓦房店镇里逛逛街,吃顿饭,顺便买些年货带回来。

回到车站一看,大米麻袋毫发未损,安全得很。

第二天下起大雪,因为大米太多,不能占座位,我在乘务员的帮助下,费了很大力气将麻袋拖到汽车顶盖上,补交了一份半价车票。汽车开动了,我的心也算踏实了。

因为下雪,又是砂石路,一百多里路,汽车慢慢吞吞开了近一个上午。

终于到了徐大屯车站,弟弟牵着从生产队借来的毛驴,早已等在那里了。时隔一年,兄弟俩见了面,很是开心。

从车站到杜沟村大约还有十几里山路,我们顾不得吃饭,想着趁早赶回家。谁料想,把大米麻袋往驴背上一放,第一袋还好,放第二袋的时候,毛驴瞬间被压倒在雪地里。无论怎样抽打,说什么也不站起来。

这下可难坏我们哥俩了。

万般无奈,我敲开了车站附近一家农户的门,一位老奶奶迎了出来。说明来意,我们想把一袋大米先寄放在她家,老人满口答应。我舀出一瓢大米表示酬谢,老人说什么也不要,推来推去。老奶奶说,我们家里有小米,还你们一瓢吧。

第二年我们又找到老奶奶家,正巧赶上她的儿子和媳妇也在家,一家人热情地请我们吃了顿饭,像多年不见的老朋友。

戒　烟

记得知青时代第一次回家过年的时候,是在新金县徐大屯公社的杜沟生产队(现在称杜沟),家里走"五七道路"到了那里。

因为偏僻,交通不便,农村的农历新年人们外出的很少。

看到小山村家家户户贴春联,修整门前的栅栏,平时很少有人顾及的村子当中的土路,也被勤劳的老人起早扫得干干净净,孩子们换上久违了的花衣,在土路上跑来跑去,扔着小鞭炮儿,狗子们翘着尾巴欢跳着。

日子过得还好的农户们忙碌着备年货,年轻媳妇们扎着花围裙,在生产队附近的公共碾盘旁赶着毛驴碾黄米,时不时传来打情斗俏的阵阵喧闹声……

家家户户开始杀年猪了，猪被捆绑时发生的尖叫，撕破小山村上空的宁静，反反复复宣示着年关的到来。空气中飘散着大铁锅炒猪肉的喷香味儿，过年的感觉真好。

我们家初来乍到，没有亲戚朋友，与村里人走动不多，显得有些冷清。

因为没有多少自家做的年货，我和弟弟一大早起来，赶往十几里路外，去逛当年人民公社的农贸大集。

大集上人山人海，当地土特产应有尽有，没多久，采购的年货已经够我们兄弟俩肩扛手拎的了。

满心欢喜地回到家里，见到母亲，想报报功，却看她一脸的不愉快。我们都不说话了，不知道发生了什么事儿。

母亲把我叫到房间里，表情平静，看出内心里十分严肃，说："你大了，一个人在外面，我管不了你，我希望你不要吸烟！"

说完，她把脸背过去，泪水瞬间流淌在清瘦的脸庞上。

从小时候始，我最怕的是妈妈伤心流泪，那是她内心巨大压抑的无奈表露。我慢慢长大了，懂得了孝敬，总是想多做些让母亲引以为荣的事儿，不可以做任何让她感到伤心的事儿。

事情的起因是这样的，1969年初春开始的知青生活，最难熬的时间就是傍晚掌灯的时候，一天两顿饭，尚未填饱的肚子已经开始咕咕叫了。人们被集中在生产队队部的大土炕上学《毛选》。

东北农民们的传统习惯是吸土烟，烟袋锅子是标志，当地的年轻人带着烟袋锅子感觉不方便，常常用废弃的报纸卷烟抽。好些的，用小学生用过的田字格本纸卷土烟叶。

没有发酵过的土烟，盘锦当地称蛤蟆癞，带有一种浓烈的臭味儿，有人形容像"老太太的后脚跟儿"。

满屋子的浓烟呛得人睁不开眼睛，臭烟味令人窒息。男知青们为混个人熟，挤在土炕上社员的堆儿里，女知青们只好蹲在队部的门口躲避着。

饥饿难忍的知青们开始同社员们蹭烟儿,吸一口,咳嗽半天,呛得鼻涕眼泪的,没多久,也就有些习惯了。

农民们也都是自家自留地种几垄烟叶,收获有限。烟叶收成少的人家,还常常在土烟叶里掺些干白菜叶,土烟很是珍贵。

腰间别个装烟叶的小羊皮口袋,劳动之余,卷根烟儿,吸上一口,那可是个有身份的人的标志。

没有办法,我利用各种业余时间帮助社员家打土墙,或干些力所能及的家务活。作为回赠,我慢慢地有了一个装烟叶的小羊皮口袋,开始了吸烟历程。

还别说,饿得发慌的时候,困得难受的时候,吸上一口烟,还真是有点儿飘飘欲仙的感觉。

问题出来了,带了一小口袋烟叶回到家里,忍不住的时候,得空儿就会到外面吸上一口。因为在家里还是感觉有些忌惮,不敢面对。

浓重的烟味早已被母亲觉察到了,哪里能瞒得住呢!

我觉得无奈,无地自容,愧对母亲的期望。

经过一番痛苦的思考,我做出了选择,对母亲说:"今后,我如果再吸烟就不是您的儿子!"

几十年过去了,我真的不再吸烟。

做豆腐

第二年回家探亲的时候,我们家已成了小山村里的一员,生产队按人口分了各种杂粮,有绿豆、红豆、大黄豆。

眼见春节在即,村里的人们开始做豆腐,我们家也不例外。我开始学着做豆腐,先是观摩,看看别人家如何做豆腐,再学着把大豆用井水泡胀开。泡胀的豆子圆鼓鼓的像是要发芽儿,三四十斤的大豆泡了两大水桶，再到碾子上反复碾碎成糨糊状。

回到家里，用三根木桩支起架子，开始滤豆浆。那是个技术活儿，水多了费工费时不出豆腐，水少了豆浆太浓，容易煳锅，豆腐掺杂着煳锅味儿，会失去鲜美。

为了确保成功，我试着先烧开一小锅豆浆，品品豆浆的美味。再用卤水点成一盆豆腐脑儿。然后再点卤水，渐渐浓缩成团块状，倒入豆包里，固定压平。约莫一个多小时的样子，水不再被挤压出来，打开豆包，鲜嫩的豆腐就成形了。

依此法儿，我开始了大锅煮豆浆，关键是要烧开豆浆而又不能煳锅，火候很重要。火太旺，难免煳锅，火太弱，煮不开豆浆，时间太长，豆腐的鲜美味儿会大打折扣。

琢磨好这一切，在弟弟的帮助下，我们选好了上等的果树木头做烧柴，火很旺，又不失温和。或许是心理作用，烧开的豆浆似乎还真的有些果品的香味儿。

豆腐做得了，满满的两大屉，百十多斤，算是高产。

接下来，家里又是炖豆腐，又是炸丸子，还做了不少冻豆腐。留下的豆渣，也加上酱曲，打成坨儿，阴干待春天发酵做豆渣面酱。

按当地习俗，做好豆腐，邻里要相互馈赠一块，互相品味，交流感受。

我的豆腐，又白又嫩，软硬适口，人们交口称赞。

第二年，我成了豆腐坊里的小师傅，家家你请我请的，忙得不可开交。

再后来，我到中国医科大学读书，成了大学生，不仅是做豆腐，还成了家家户户的好大夫，看病、把脉、针灸、治疗腰腿痛……

缺医少药的小山村，我成了最受欢迎的人。

村里的人们口快，没多久，邻近的十里八村也有不少人赶来寻医问药，我成了香饽饽。

一天夜里,我被突然喊醒,临近村里的产妇难产,慌乱中我被请去接生。好在大学里还真学过。经过一番辅助,接生了个胖娃娃,母子平安。

我要开学了,那家人还专门赶来,一直把我送到车站。

上大学

1973年之前,我已经五次放弃离开农村的机会。五次招工招生,我都首先被推选,可是最后都没去。为什么呢?农民们舍不得我。

工厂一招工,大家就选我;大学一招生,大家也选我。每次真的选上了,感觉真的要走了,农民兄弟们又哭成一片,希望我和他们在一起。

每次都是一跺脚:"不走了!"然后表态:"继续和大家一起战天斗地。"大家一听,高兴啊,使劲鼓掌。

我也知道,他们心里是矛盾的,一方面想让我留下来,一方面又都在为我的前途着想。一段时间后,知青们走了一批又一批,很多人都在为我考虑出路。

1973年夏天,我应邀报名参加了招生考试。

我的功课一直没丢。下乡时,我母亲曾反复叮嘱我:"带上书,一定要坚持学习。"她是教师,总希望孩子们学习好。

当时,周围的知青们几乎都不拿书了。我却拿着个小箱子,里面全是书。以初中的为主,也有高中的。

我到盘锦之后不久,我的父母走"五七道路",带着弟弟妹妹去了乡下。家里生活很艰难,我尽可能地把钱节省下来,寄回去补贴家用;我妈呢,又给我邮过来一些书。别的父母给孩子寄吃的,我妈总是给我寄书。

我弟弟也长大了，在农村当上了赤脚医生。我们经常通信，互相鼓励，激励学习。

后来要求考试入学了，很多人因为长年不看书，没法考了。我呢，一直都在抽空学习，语文、数学……

那时候的考题也不是很难，考试前稍微做一下复习题，考试成绩在整个盘锦就名列前茅了。

不过，我还是遇到了一些麻烦。本来，我考得还好，应该顺理成章地上大学了吧。可是招考的人一问，知道我是"可教育好的子女"，马上迟疑了。

当时盘山县委的梁书记知道我，就对招考的人说："那是一位十分优秀的青年。你怎么还用这种态度看待他呢？那些成绩，都是他自己在盘锦干出来的，跟家里没关系呀。干吗还要让年轻人背这个包袱呢？这没道理嘛。"

负责招生的人进一步了解情况发现，我是当地有影响的青年代表，在全盘锦各个农场中都是表现最好的。当时人们的观念还是很好的，"可教育好的子女"，意味着反正是可以教育好的嘛。

梁书记还专门把我推荐给招生办的主要领导，介绍我如何如何优秀。招生办领导见了我，一眼就看上了，说："我要了。"

这件改变我一生命运的事情来得非常意外，我原本从农村出来，理应上农学院，没想到被医学院录取了。

中国医科大学的入学通知书下来了，当时我正带领社员们修大堤。听到这个消息，大家一下子就围到我身边。那种既舍不得我走又不得不送我走的真情，感动得我一塌糊涂。于是我又找到大队书记说："我不走了！"书记摇摇头，说："这次是县里的决定，我做不了主。"

之后，便是难分难舍的告别，留影。

1973年3月12日，在我启程前往沈阳的时候，还是在曙光农场火车站，已经有了月台。全村的乡亲和知青伙伴们几乎都来了，

1973年9月，离开盘锦时

上大学时，经常回盘锦看看

1995年重返太平农场时合影

送了一程又一程,好像有说不完的话。最后,大家一直把我送到车站,不能再送了,我们相视无语,眼眶里充满了泪花。

那种淳朴真挚的情感,是无法用言语表达的。五次招工招生,他们都没有舍得让我走。最后,他们选择了最好的机会把我送进了中国医科大学,这是多么深厚的情谊啊。

乡亲们希望我以后成为一位好大夫。他们期盼的目光,在我的心底产生了神圣的责任感:既然踏上学医的这条道路,就一定要做一名好医生,一定要对得起大家对我的信任,一定要用最优秀的学业回报父老乡亲。

名医摇篮

身入梦境

1973年3月，乍暖还寒时节，我离开了黑土地，到省城沈阳上大学。

一下火车，锣鼓声震耳欲聋，月台上红旗招展，举目望去，整个广场是一片红色的海洋。

沈阳十几所大学开着大卡车迎接工农兵大学生。登记后，每一位大学生都戴上大红花，受到了热烈的欢迎。

车站前面全是大鼓，敲得咚咚响，地动山摇，还有人载歌载舞……那种热烈场面，让你无比振奋！

人们仿佛欢迎战场上归来的英雄，让你太激动了！哎哟，也没做什么贡献呀，怎么一下子就成英雄了？

喧闹中，我意识到自己的人生发生了180度的大转弯，知青中的"可教育好的子女"转身成了工农兵大学生，开始享受大学生待遇了……

中国医科大学位于沈阳北二马路，是中国共产党创建的第一所医科大学。1927年由中国工农红军卫校启程，经过长征到陕北，然后随四野出关到东北，再到沈阳，一路风雨兼程，承载了非常浓厚的红色基因。我为进入这样的学校而感到自豪。

同时，巨大的反差让我感到恍惚，不敢相信这是真的——怎么会这样呢？昨天还行走在深一脚浅一脚泥泞的土路上，在漫天尘土中，在杂草丛生的田埂上，在大堤上，像牛一样和社员们吃喝着干着粗重的力气活儿；今天竟生活在如此干净整洁、绿树成荫的大学校园里，在窗明几净的教室里上课学习，整个环境如此宁静，如此美好……

很长一段时间，我觉得自己每天都在梦里。

晚上梦到的都是农场的情景，住在门窗摇晃四面走风的青年点里。醒来发现自己躺在日光灯照明、温暖舒适的大学宿舍里，床下是干净的水磨石地面，同学们正在读书或拿着饭盒准备去吃饭……这个时候，我会忍不住再揉揉眼睛，想想，这是真的吗？

你可能想不到，这样的情形持续大约一年的时间。

知青的那段刻骨铭心的经历实在太深刻了，由农村到大学的戏剧性转变使我无比珍惜盘锦父老乡亲赐予的学习机会。我想：我是带着中国朴实的农民们的一片深情厚谊上大学的，是带着中国广大农村缺医少药的渴求上大学的，是代表农民这个群体上大学的……

强烈的责任感和使命感占据了我思想的全部，让我有使不完的劲儿，不知疲倦地抓紧每分每秒的时间学习。心里就是一个念头：学好之后好报答父老乡亲！

编写教材，闹剧乎

说起那个特殊的年代，有些事情让你感到唐突，又感到特别振奋。

我上大学没多久，就有过一次主持编写大学教材的经历——

这个你没想到吧？在我还没有开始学习任何临床医学知识的时候，组织编写了《临床实验诊断学》教材。现在回想起来，还觉得那么不可思议。

上学伊始，我每天都在努力做好学生的角色，认真学习生物、化学、物理、数学这类基础课。与此同时，积极参加学校组织的其他活动，比如学习毛主席语录，交流学习体会，等等。

我学的是日文医学书，每天学日文发音，背单词，练语句，忙得不亦乐乎。

没过多久，有一天团支书找到我，她说："咱们是工农兵大学生，不可以天天只学业务，背单词。"

我有点奇怪，问："不学习，干什么呢？"

她回答："学校领导要求我们修改编写教材，你是班长，文笔又好，带一个小组吧。"

我都有点蒙了，看她认真的样子，不是开玩笑。

当时有个特殊的说法，就是工农兵大学生要担负起"上管改"的任务。所谓"上管改"，就是上大学、管大学、改大学。

在这个背景下，每个教学班都分到一份编写教材的具体任务。因为不知道如何编，感觉枯燥，太麻烦，大部分学员并不情愿参加编写工作。

分配给我的任务是编写《临床实验诊断学》，这是一个难啃的骨头，因为没学过，大家都不知道怎么弄。

我也没想到团支书提出这样的要求。作为一名特别要求上进的青年，我要听组织的，组织上安排的事儿，我从来不会反驳。

团支书交代的这项特殊任务，我无声地接受了。

很快，团支书捧来一堆"文革"前的教科书，指着里面的一些内容，觉得这不妥，那也不合适，全是引导成名成家的"封资修"思想。并说，你就当主编吧，编一本咱工农兵大学生自己的新教材。

我一边应承，一边想："怎么办呢？这本不是我们学生干的事，根本不懂呀。"

事情逼到这个份儿上，我得想出办法来。自己不懂，就先了解原来教研室都有哪些老师，老师们现在在干什么。接着，我就直接去教研室访问几位没有被打成"牛鬼蛇神"的老师。老师们一见工农兵大学生找他们编教材，特别激动。

在当时，老师们属于"修正主义路线培养的资产阶级知识分子"，是"上管改"的对象，没被打成"牛鬼蛇神"就不错了。

我去向他们虚心请教的时候，老师们特别热情。当我提出一起编教材的要求后，他们更激动了，马上答应："没问题，绝对没问题！我们一块参与吧。您说怎么办我们就怎么办。"

这样，我组织班里的同学，请了老师，成立了编写组，我也变成编写教材的"领导"了。

我的组织协调能力还是可以的。在师生的共同努力下，经过近两个月的昼夜赶工，去掉老教材中的思想表述，将教程条理化，内容精减了至少三分之二，成为"标准的饼干教材"，然后交稿出书。据说我们的那本教材，当时还是全校最好的一本。

是不是觉得不可思议？可是在那个年代，大家对工农兵大学生的"上管改使命"有一种盲目的推崇。哪本教材是学生编的，就不得了了，宣传得很厉害。其实参编者中还有不少有经验的基础学科教师和临床教师。

这件事如今看来，像一场闹剧。可是，对我而言，还是很有收获的。当新学期学习《临床实验诊断学》的时候，我感到里面的内容十分亲切熟识，学起来毫不费力。

逼出来的学习方法

由于所处时代的影响，我没有完整的高中学习经历，基础薄弱，所以在大学补习微积分之类的基础课时，出现了一些难以克服的困难。

你想，微积分是相当难的，我又没有一点基础，突然间学这些，就像看天书似的。老师讲的基本概念，我根本无法理解，所以按照常规的办法，再怎么努力也记不住。

怎么办呢？总不能连考试也应付不了吧？这种情况，逼着我必须想办法。记板书、记图，就是从那时候开始的。

我的记图能力还好。老师有些板书的图，别人是盯着看，试图理解其中的内容。我当时不是这样的。不管懂不懂，我都认真地睁大眼睛看，看完了就闭着眼睛，在脑海里将所有的内容立体地展现出来；如果哪些地方不清晰，再睁大眼睛看，然后再闭上眼睛……

如此反复，老师画的那些图，板书写的那一部分，微积分的计算过程，都能记得住。下课后，再反复看书，看完以后再努力记下来。这样下来，考试成绩一直很好。

那时的老师会把大致考试范围告诉学生，不像现在这么漫天考。尽管如此，因为基础差，大部分人跟不上。如果考得难一点，不及格率就会很高。

我的这个学习方法，虽然是逼出来应付考试的，但久而久之，却也在客观上锻炼了我的立体记忆能力，对学习解剖也很有益处。

打下坚实的解剖基础

我们的基础课学得很快，过一遍就结束了。除了数理化这类基础课，还有医学基础，包括病理、药理之类的课程。

一年很快过去了，为提高临床实验能力，开始学解剖。

我学过人的整体解剖，又称大体解剖学。那时候，很多尸体

工农兵大学生上解剖课时的情景

是死者生前主动献出来的。解剖前,我们要对尸体默哀致敬。老师非常认真,尸体保管得很好,特别干净。做完以后,每次都会把尸体的各部分规规矩矩放回原位,摆好。再看的时候,又重新开始。那时虽然说学习时间短,但是老师下的功夫大。他们珍惜给工农兵大学生上课的机会,备课非常认真,所着衣服浆洗熨烫得整整齐齐干干净净。

学习解剖见习课的时候,学生是可以动手的。结束学习之后,再做动物实验,在狗身上做手术,四个人用一条狗反复练。比如,做胃的手术,体验手术过程,做血管缝合,以此练手。

我们还学过很多人体解剖挂图。每到这个时候,我还是用自己的立体记忆方法,睁眼、闭眼、再睁眼、再闭眼,记住挂图内容。

就这样,反复学习,反复实践,解剖基础也就慢慢夯实了。

四年的大学生活中,我十分珍惜来之不易的学习机会,每一阶段都很认真。别人玩的时候,我在用功;别人无聊的时候,我也在学习；晚上教学楼熄灯了，我还要到图书馆去完成心中既定的没有完成的任务……

当然，我并不只是闷头学习，还积极参加了学校安排的、几乎所有的活动。跟着老师一起到农村医疗队学习临床医疗，还学军、学农、支农，尽最大努力，希望把每件事都做到最好。

学军打靶与拉练

大学期间，学校曾两次组织我们学军，到军队里学习和锻炼。我们去的地方是鞍山，学了三个多月，印象深的是拉练和打靶。

那时候的拉练，就是到山里面走。大概有一个星期时间，我们住在基层的部队营房里面，每天都在周围走二三十公里的山路，还要爬山，体能不好的学生受不了。有一些养尊处优的同学，干活不行，走路也不行，没走多久，脚就磨出了水疱，走路就更没型了。

我人高，身体比较健硕，步子大，有耐力，总是走在前面，还不时帮助落后的同学拿些随身物品。

我对打靶很有兴趣。那时候用的是半自动步枪。有一个枪托，带刺刀，下面有一个盒子，能装10发子弹，最多的能装12发子弹。啪一颗，啪一颗，一颗子弹打出去，另一颗自动上。靶子有多远呢？可能是七八十米。视力不好的，看不清靶心。我打靶的成绩还是不错的。

怎么练好打靶？就是要下苦功，反复练。

教官说冬练三九夏练三伏，要想练好打靶，就得下苦功。这个我没问题。教官还说："胳膊上加块砖，会练得更好。"学生哪有练这个的？枪很重，体能不好的人连枪都拿不住，更不用说加砖了。

我对这个很感兴趣。晚上大家休息聊天的时候，我自己偷偷地趴在操场练基本功；练常规的基本功后，就试着加块砖，找感觉。这一试，马上就感觉不一样了。不加砖的时候没什么压力；加上砖，一会儿手就哆嗦了，就得用力。

我的体能还可以，手的稳定程度比一般人要好，加砖练后就更稳了。这样一来，眼睛不花，手也稳，有了这两项基本能力，打靶自然就很准了。

直到现在，我的打靶水准仍然是可以的。前两天我还到过靶场，一试，很少错靶。

人生会有很多不同的经历，有些是主业的经历，有些是生活的经历，也有些是偶尔遇到的机会。如果真正懂得了时间的宝贵，就会珍惜每次机会，利用好时间学习一项技能。久而久之，功力修养深厚，自然会水到渠成。

磨刀不误砍柴工

工农兵上大学是很重要的一件事，学校非常重视，要求我们不忘本，不忘初心。为此，几乎每年都会组织学生出去参加社会实践，或是到军营学军，或是到农村学农，最多的是到农村参加巡回医疗。

1974年暑假过后，学校组织我们去铁岭支农。干什么呢？落户生产队参加秋收，帮着割苞米秆。

那活不好干，苞米秆又粗又壮，不好割，天又那么热，苞米地里没有风，苞米穗往下一掉，脖子又痒又刺，像是闷在蒸笼里，很是煎熬。毛巾是必带之物，既用来包头，减少乱七八糟的东西掉到脖子里，又可以时不时地擦一擦汗水。

那时候同学们年轻气盛，一干活，都想显露显露身手，我也一样。这类活我以前没少干,本身也有这方面技能,又有劲,个子也高,饭也吃饱了,那活干得漂亮——像一员英勇善战的骁将,永远冲在最前面,这像是一道靓丽的风景线,当地的农村社员也自叹不如。

新苞米里放进些新大豆,用碾子碾成面糊糊,不加水,直接贴在大铁锅的边上,用苞米秸烧。出锅以后,一个个厚厚的大饽饽,黄黄的饹儿,看着让人流口水,闻着更是让人伸长了脖子。

一个饽饽有多大?大概有三十公分长,一掰成二,一人吃一半。哇,那个香!我们牙口也好,恨不得一人吃一个。没什么菜,就是菠菜汤,有时候还弄几片猪肉漂在上面。哎哟,那个感觉,美啊!汤底下是瘦肉,不被注意。大家一看肥肉,眼睛都亮了,几下就捞没了。

生产队每天收工前进行总结,大家相互交流经验。社员们争先恐后表述:"这工农兵学员太厉害了,怎么割得那么快?"同学们就七嘴八舌地回答:"我们韩班长以前就是生产队长。"社员们一听,马上把我当成自己人了,感到十分亲热:"怪不得,原来是生产队长——韩队长!"大家你一言我一语,很快打成一片。

你问我为什么苞米割得那么快,除了前面提到的,还有一个主要原因,就是我擅长磨刀。

用镰刀割苞米秆需要力气,更需要技巧。我首先挑一把好镰刀,然后把镰刀磨得非常锋利。这磨刀也有诀窍。好多人不会磨刀,用一会刀口就钝了。我在这方面有很好的技能,而且很有耐心,把镰刀磨得又薄又平——刀口不仅很薄,而且延长线很长,这样就用得久。

干活前有两件事很重要:一个要选好刀,你得有这个眼力;再一个就是磨好刀。别人休息扯闲篇儿的时候,我用心磨刀,磨刀不误砍柴工啊。

同学们喜欢找我磨镰刀，更有些同学希望同我换镰刀，好不热闹。

支农的时候，除了劳动，大家还要在一起学《毛选》，学毛主席语录。田间地头，我给大家做过很多讲解，讲《毛选》的每一段，并且讲每一段的历史背景，比如湘江战役怎么回事，为什么有湘江阻击战……我模仿着红卫兵串联时住在北京东交民巷解放军指导员讲故事的模样，绘声绘色地讲着，大家听得也是津津有味。

军爱民，民拥军。一时间我成了人们口口相传的偶像。我住的那家房东，姑娘多，对我非常好。每次出工回去时，都会发现自己的脏衣服、臭鞋袜已经被洗得干干净净，叠放得整整齐齐。也不知道是哪位姑娘洗的，一种说不清的美好感觉在心底荡漾。看来，出色工作的副产品也不少。

学农的那段时光过得很明快，是大学生活中最贴近知青生活的一段历程。每天都很充实。我们班受到了表扬，我和同学们相互关心，彼此之间的关系也更加融洽了。

一个月的支农劳动，几乎把生产队一秋天的活儿都干完了。临别前，人们依依不舍，感动得生产队专场犒劳我们，宰了几只羊，做手撕羊肉，熬羊杂汤，吃起来大锅饭。人们谈笑风生，热闹非凡。

回到学校，很长一段时间才平静下来。

在炕头上做手术

送医送药到农村，参加农村巡回医疗队，也是支农的一部分。我和同学们一起，在农民的炕头上做过一些小手术。

如皮肤上长个脂肪瘤，还有皮腺囊肿，颈部、耳朵上长个大包。当时农民们不怎么看病,总是拖着。见我们去了,这才找过来。我们用穿刺针做甲状腺囊肿穿刺,把里面的囊液吸出来,再往里面注射碘酒,压上,那包就没有了。穿刺方面我手感很好,不会扎到颈部大血管。如果真扎到了大血管,尤其是颈内动脉静脉,那就麻烦了。

甲状腺手术风险较大。因为其本身血液丰富,腺体深处是喉返神经,旁边还有颈内静脉、颈内动脉……甲状腺下面有气管,前面有颈前浅静脉、颈静脉弓……弄不好就会出血,引起并发症。

我是在支农时学会做甲状腺手术的。记得临床带教的时候,我被一位外科老师看上了。他想放点"卫星",培养几个工农兵优秀学生,展示支农教学成果。我被选为"放卫星"的对象。老师非常认真地手把手带教,几个回合下来,我心里就有数了。

为什么有这个效果呢?首先是基于我的解剖基础,其次是有一定的基本技能。我又很用心。老师带我手术前,我会反复看书,将那些手术图谱、局部手术学看得透透的,一层一层的局部解剖清楚得很。这样,老师教我时,我能很快掌握那些手术技巧,结扎分离做得井然有序。

在老师们的帮助下,我独立做了13例甲状腺手术,成为同学中有点儿名气的小专家。当时这类病人很多,做成功一个以后,马上就有第二个、第三个……慕名而来的人越来越多,后来都有点挡不住了。因为要返校,才没有继续做下去。

落入"深潭峡谷"?

1976年,我大学毕业了。医科的本科一般是五年时间,在"学制要缩短,教育要革命"思想的影响下,中国医大将五年学制缩短为三年零八个月,之后又补了一年的英语和基础课,算是完

中医大旧影

成学业。

  本科毕业的时候，根据我的综合成绩和一贯表现，被确定留校培养。

  我当时的想法是，凭我的身体条件和外科功底，留校继续深造做个好的外科医生，那可是梦寐以求的好事儿。所以得知被留校，心里很高兴。

  可是没高兴几天，学校正式公布分配去向时，我被分到了偏远的北镇廖屯战备医疗队。那时候，中苏关系紧张，执行一号命令，学校派出五支医疗队到辽宁周围边远农村，以符合备战要求。

  这个事对我而言，也不算什么打击。当时的普遍情况是实行大学生毕业分配制。我是革命一块砖，党叫干啥就干啥。所以，

名医摇篮

虽然有点情绪，自己调整调整，二话不说就到了农村医疗队。再说呢，北镇离盘锦很近，我也可以经常回第二故乡看看，做些服务。

可是，紧接着，第二个没想到的事接踵而来。到了医疗队之后，经过简单的医疗队情况介绍和入职教育，我竟被分配到耳鼻咽喉科。这与我做外科医生的志愿大相径庭。我一下子蒙了，实在接受不了。

我想，到医疗队也就罢了，凭我这么大的个子，外科的功夫也算不错，应该是一个外科医生的料，凭什么硬要我去耳鼻咽喉科？小鼻子小眼的，我哪天能把它们搞明白？

那时候，耳鼻咽喉科是很边缘的一门学科，不太被重视。想到自己一辈子都要在这个科工作，那些远大的目标、那些曾经有过的医学抱负，瞬间消失殆尽，看不到任何希望，太憋屈了。

因为心里拐不过这个弯，难以接受，所以找到医疗队领导说："我不在这儿待了，你们放我走吧，我回老家去。"

毕业后，我本来可以回大连当医生，因为留校也就放弃了。现在，我想回去了。

医疗队的领导说什么也不同意。

虽然经过上山下乡那么多的磨难和历练，但在这个时候，我还是难以承受。举目无亲，我感觉落入深潭峡谷。

实在无奈，我开始"罢工"，一连几天待在宿舍里不想见人，心情糟透了。

这时候，我人生中的恩人出现了，他就是廖屯战备医疗队耳鼻咽喉科的张立主任。

张主任是耳鼻咽喉科的老大夫，平时话很少，已经年近七旬了，知道我闹情绪，几次去看我，可我一句话也不想说。

当时我并不知道自己被分到耳鼻咽喉科就是张主任提出的要求。我曾在医疗队实习过，那时候他就看上我了。我不知道这个背景，所以说什么也不接受，心想："一旦干了，我这辈子不就都得干这个了吗？"抵触情绪很大。

闹了一个星期，我没有去上班，希望医疗队的领导放我走。

终生难忘的雨夜

当时是6月雨季。一天晚上，雨下得很大，我一个人躺在医疗队简易宿舍的土炕上，关着灯怄气，饭也懒得吃，感觉实在无聊，要憋死了。

雨声伴着闪电。突然，在雷声的间隙中，胡同远处传来脚步声，有人影在泥泞中沿着小路越走越近，进了我的院子。

黑灯瞎火的，又下着雨，谁会来看我呢？

农村医疗队的宿舍区有安保，没什么危险，也没什么安全防范，大家的门都开着。

脚步声来到门前。那个人也没敲门，直接推门进来了，吓了我一跳，心想：是谁？来这儿干吗呢？

我正感到意外，那个人拉开了灯。

我眯缝着眼睛看向对方。只见他穿着蓑衣、雨靴，全副防雨装备，像个老渔民。

等他摘下雨帽，露出一张很像列宁的脸来，我这才意识到——原来是张立老师。

"老爷子怎么来了？"我心里纳闷着。

老爷子并没有马上说话，而是从怀里拿出一个包，一层层打开，取出包着的饭盒，再把饭盒打开，将里面热腾腾的粽子一个个拿出来放到盘子里，说："端午节到了，熊老师给你包的，趁热吃了吧。"熊老师是张老师的老伴。

我本来还较着劲，不愿意起来，但此情此景，突然间心中一股热流激荡起来。

老爷子脚上穿着个大雨靴,身上披着蓑衣,满脸都是雨水,那慈父般的目光停在我身上……

不知怎么回事,我心底的防线一下子崩溃了,喉头哽咽,像个受了委屈的孩子,坐了起来,说:"张老师啊,我跟您干了!"

听我突然这么说,老爷子也是出乎意料。一激动,差点把粽子掉到炕头上——他太把这较劲儿的学生当回事了。

激动之余,老爷子竟不知道说什么了,只是把粽子递过来,说:"吃啊。"

我也不知道怎么吃那个粽子了,说:"张老师,这段时间实在对不起您,您别往心里去。今后我就像您的孩子,有什么要求,您就直说吧。"

老爷子太激动了,在脸盆里洗手时,手有些颤抖。洗完手,又给我剥了粽子皮儿。一会儿又从口袋里摸了半天,掏出一小包糖,放在饭盒盖子上。

张老师一边剥粽子,一边讲他在耳鼻咽喉科的故事,说:"这个学科不容易,人手少,病人多,病情重,需要好医生。我年纪大了,顾不过来,你的口碑好,我对你印象也不错,就想把你要过来。耳鼻咽喉科需要做的事儿很多,要做好的事情更多,好好干吧。"

见我听得很认真,他继续说:"要做好耳鼻喉科医生,练好基本功,解剖基础很重要,你得先把解剖练好。这段时间你不要急,拿出时间练好解剖。"

这时候,我的心理已经发生了蜕变,精神面貌也完全不一样了,干净利落地回答:"听您的。"

他想想,又说:"有时间呢,你看看书,明天我给你找几本。"

就这样说了一会儿话,张老师告辞走了。

那是一个终生难忘的雨夜,我几乎彻夜未眠,想了很多……

学好五官科解剖

第二天,张老师开始给我安排解剖课程。他找了一大摞书,把家底都搬来了。他过来的时候,并没有见到我。因为我已经按照前一天晚上的承诺,去医院上班了。等我回到宿舍一看,炕头上都是书,中英文的都有,英文解剖书放在最上面。

张老师在国外留过学,英文基础好,英语说得很流利。他在专业方面的表述,常常用英文,而不是中文。他认为中文解剖书太简单了,所以让我看英文解剖书。

我的学习劲头重新高涨起来,反反复复地学习和研读那些五官科的英文原版书。因为我知道,这都是张老师的珍藏本,是他的心肝宝贝。

当我离开医疗队想把这些英文书还给老爷子时,他说:"送给你吧,我年纪大了,留着也没用了。"

当好耳鼻喉科医生,坚实的解剖功底是第一位的。我虽然在学生时代打下一定的解剖基础,但没有专门学五官科解剖。所以,要想做好专业解剖,还须从头开始。

专业解剖又称局部解剖,要求更加细腻、更加清晰。耳鼻咽喉科解剖可称为口小洞深,毗邻关系复杂,包含着12对颅神经和通向颅内的动静脉,又面对颅底的复杂结构,是几乎所有局部解剖部位中最难的。

学习英文解剖,还要记住那些复杂部位和密密麻麻的生僻单词,因此就更难了。

当时我还年轻,立体记忆能力还可以,实在记不住解剖结构的时候,还是用以前记图的方法。先睁着眼睛看图,形成印象,然后闭着眼睛,记下来;再睁开眼睛,看有哪些忽略的地方,继续睁着眼睛看,再记下来。这样看三五遍后,一闭眼,图就出来了。哪个部位,只要一想,脑子里就出现了。

为了让我掌握专科局部解剖，张老师白天出诊、做手术，晚间会拿出很多时间指导我做尸头解剖。

医疗队的条件很差，用作解剖的尸头标本极其有限。为解决这个问题，张老师利用回学校开会的机会，找人从解剖教研室要些尸头背回来。

有一次，医疗队突然接到沟帮子火车站派出所的电话，得知张老师在那里被铁路警察给抓起来了。因为他随身带着尸头，让外人觉得有谋财害命的嫌疑。医疗队赶紧派人过去，把他接了回来。

为了我，张老师受到这样的委屈，我实在不知如何是好。心想："一定要学好、弄懂、弄透局部解剖，并利用好复杂的解剖操作过程，练习手法。只有这样，才能对得起张老师。"

夜半停尸房

我前前后后解剖过十几个尸头。

最初，医疗队没有专门放置尸头的地方，只好先放在门诊的房间里。虽然平时遮盖起来，但护士们知道了以后，还是感到恐惧，尤其是晚上。

怎么办呢？我开始在医疗队找合适的地方。找来找去，最后找到了太平间。那儿非常安静，在医疗队门诊楼前广场的东边，周围比较荒凉，平时没什么人。

有一根电线搭过去，太平间里有灯。大家都称那儿是停尸房，其实没有放过尸体。当地农村人一旦病死，就会尽快把尸体带走火化，不会放在那里。

我看这地方挺好，就决定把它作为解剖尸头的场所。没有人反对，我就把尸头搬到里面。此后，太平间成了我的另一个办公场所，晚上一下班我就过去。

平时下班后天没黑下来的时候，医疗队的年轻职工们会在广场上开展各种体育活动，熙熙攘攘倒也不寂寞。天黑，静下来的时候，就有些瘆人了。

现在做解剖，都是用电钻，省力省时。那个时候没有，是用凿子，像工匠一样，左手扶凿子，右手用锤子慢慢敲凿子。边看书，边观察，一点点地探索，不知不觉就会到深夜。

如果有人半夜突然看到一个人身边都是尸头，而且还抱着尸头弄来弄去，一定会感到毛骨悚然。

我自己倒是没有感到有什么紧张害怕，因为早在知青下乡的时候，就见过"破四旧"挖出来的尸骨，散落在我当水稻看水员的地块上，还有什么鬼火之类的东西。最后得出结论：这世界没有鬼。所以，这些尸头对我而言不算什么。

可是，有的时候也会感到害怕，不是怕尸头，而是在凿的过程中，灯晃来晃去，再加上外面呜呜的风声，让人感到有些不寒而栗。

有只野猫，不知道为什么老爱去那儿。

有一次夜深了，我感觉有些困意。突然间，不知道那只野猫从哪儿窜出来，啪的一下碰倒什么东西，喵地叫了一声，吓得我一激灵。冷眼一看，野猫那两只绿色的眼睛正盯着我，我这心里啊，咯噔一下——"鬼来了！"忽然间所有的困意都没有了。

然后一想，这野猫是在帮助我完成任务呀！

醍醐灌顶

通过学习尸头解剖，颞骨内的鼓室、面神经、颅底结构，关联的神经元、脑干周围结构之类的部位，清清楚楚地展示在我的眼前。它们之间的关系也都一清二楚，印象十分深刻。

颞骨深部的耳蜗也被我慢慢凿了出来，一个又一个，没有一点损伤，放在小瓶子里，时不时地看一看，欣赏一番。哎呀，真是漂亮。那不是磨出来的，是凿出来的，太难了。

我还把颞骨里面包裹着的半规管一层层地削出来，那也是需要很高水平的。半规管的直径，只有小米粒的三分之一大小，要把它清晰地凿出来、削出来，对工具的要求非常高。这需要磨刀和磨凿技术。

前面不是提到过磨镰刀割苞米秆的事吗，这个磨刀技术在医学中也能发挥作用。

我是在什么时候学会磨刀的呢？是农村割水稻的时候。那时候需要把镰刀磨好、磨快，否则没法用。只有刀的质量好，磨得好，才能把水稻割好。所以很多事情都是相通的。农村磨镰刀的技术放在解剖的刀凿上，也有异曲同工之妙啊……

总而言之，要想做好一件事，首先得把相关的基础打牢做好。想做好手术也一样，得把解剖学好，否则怎么能做好手术呢？比如，中颅窝颅底骨壁非常薄，手术中一旦弄破了脑膜，脑脊液就会流出来。

所以，做这个手术的时候，不少医生会感到紧张，有的干脆推掉不做。我是怎么解决这个问题的呢？就是在学习解剖时下苦功夫。为了解颅底内外关系，解剖的时候，我先去掉颅底骨壁，把脑膜暴露出来，仔细研究。后来做手术的时候，自然就不会紧张。

要练好解剖基本功，不仅要多练，还要有悟性，当个好医生真是很不容易啊。

就这样，随着学习的不断深入，我对五官七窍着了迷。再到后来，常常达到忘我的境界，在医疗队碰到急诊手术时，血泊操作，都可以展示出我的解剖功底。

颅面、颅底外科，耳鼻咽喉科，不仅是单纯的外科技巧，更像是一门精细的雕刻艺术。非常专心的时候，周围所有的一切都没有了，只有心与艺术的交流，如醍醐灌顶，甘露洒心。

鲜活真实的疑难病例，在娴熟解剖功底的支撑下，手到病除，强烈的充实感会一次次地打动我。那是一种收获，会带来一种发自内心的愉悦，实在是难以用语言形容，因为我做到了救人于水火，没有辜负艰苦生活的历练。

做好重症抢救手术

经过大半年的昼夜钻研，我对耳鼻咽喉科解剖有了相当的了解，也掌握了很多常见多发病的基本手术技能。

张老师一直关心着我，我们常常像父子一样形影不离。那时候的老师对学生真是就像爹对儿子。在我的从医生涯中，碰到的如同父亲一样的老师还真是有几位。

不过，自从我同意做耳鼻咽喉科医生后，张老师变得十分严格起来。无论我怎样好好学习、努力工作，都很不容易听到他的表扬。

他这样当然是为了我好。熊老师悄悄告诉我："你张老师真是为你高兴啊，他说不少手术是在当三年医生后才能做的，你用几个月时间就掌握了。"

当时辽西北镇地区基层医院医疗水平也不是很高，当地的病人总是慕名到医疗队寻医问药。我每天都会接待各种各样的患者，有张老师做后盾，除一般诊疗外，我还做了很多重患的急诊手术，抢救了很多病人，积累了不少经验。

胆脂瘤型中耳炎、耳源性颅内并发症伴有脑脓肿的手术做得很多。患者多数是孩子，十七八岁的、二十多岁的都有。每次病人都是被马车拉来，跟着一群人。

一看病人我就知道了，因为症状十分明显：耳朵臭，流脓淌水，高热，昏迷，意识不清。发生颅内感染时，会出现脑波刺激症状，剧烈头疼；颅内压增高时，会出现恶心呕吐，而且是喷射状呕吐。

为什么这种病很多呢？当时农村卫生医疗条件比较差，中耳炎特别多。耳朵流脓淌水，农民不当回事，不会去及时治疗。

一旦胆脂瘤侵袭突破颅底，出现感染，跑到颅内去，病情就会突然加重，发生耳源性脑膜炎、脑脓肿，症状非常重，病人通常表现都是要死要活的样子。送到医疗队的，多半都是病情特别重的病人。

见到这种病人后，我会马上查他的哪个肢体出现运动障碍，看耳朵病变在哪一侧，然后做X光检查。那时候X光检查水平很差，模模糊糊的，看不清楚，没法儿同现在的影像检查比。即使是发生脑脓肿了，也照不出来，所以只能靠定位体征来推测。

病情紧急，大多数需要马上做手术。如果脓肿不从患者的颅脑内引流放出来，很快就会出现颅内压升高，压迫小脑形成脑疝；脑疝随之压迫脑干的心跳呼吸中枢（又称生命中枢），就会突然出现呼吸心跳停止，造成无法挽回的后果。

此时此刻的抢救治疗，简直就是跟阎王爷掰手腕，争分夺秒，刻不容缓。治疗时若有稍微迟疑，患者的呼吸心跳就没了，就会死人。

怎么抢救呢？

要在患者的一侧脑袋上打个洞，用针穿刺进入脑组织，吸出脑脓肿腔里的浓汁，再用注射器在里面不断冲洗，之后将一根管子留在里面，不断地把脓引出来……

脓液引流出来，炎症消失，体温也就降下来了。体温下来以后，生命指征也就慢慢稳定了。

这个时候，我高度紧张的情绪也随之稳定下来，才能松一口气，擦擦汗——又一个鲜活的生命被拯救了，成功的喜悦溢于言表。

此后,患者便在脑袋上戴个管子,整天在病房里晃,晃着晃着,脑脓肿消失了。

下一步,我开始给患者做耳朵手术——彻底清除中耳内的胆脂瘤病变。经过一段时间的细心治疗,患者转危为安,健康地离开医疗队。

这些事说起来很轻松,事实上却很不简单。一旦耽误了抢救时机,死人的事也是时常发生的。

那时候没有医闹,医疗法律程序也不完善。老乡把高热、惊厥的孩子交给你,就等于将孩子的生死完全交给你了。急诊手术前,家属在门诊病历上按个手印儿,就算知情同意了,你尽全力去救就是了。

重患病人,不做手术可能会死;做了,他就活了;即便没救活,你尽力了,病人家属也不会说什么,可是在我的内心里会留下无限的怅惘。

救死扶伤,医者天责。

从1976年到1979年,我在农村医疗队度过了三年时间。在张立老师的引导下,我成为一名真正合格的耳鼻咽喉科医生。

当我回到省城沈阳,来到中国医科大学第一医院的时候,经过医疗队的锻炼,人们普遍认为我比留校的学生水平要高出一大截儿。

喉癌研究室

我回到中国医科大学第一医院没几天,很多有名的大夫也从"牛棚"里放了出来,恢复了正常工作,可以做临床手术了。这对他们而言,就像获得了第二次生命,可以全身心地投入到工作当中。对于向他们请教的年轻人，他们会非常热情，愿意将自己的知识和技能倾囊相授。我呢，及时抓住机会，虚心向他们学习。

于靖寰教授在学术上十分严谨，是老一辈专家中的翘楚，耳鼻咽喉科教研室主任，主导喉癌研究。他也是我的硕士、博士研究生导师，大家习惯称他于主任。

当时我国的北方地区，尤其是东北地区，喉癌发病率是全国最高的，在全球也是高发区。每年在中国医大一院的手术病例就有三五百例。

那时候被诊断为喉癌，主要治疗方法是切除喉头保全性命，后遗症就是失去说话的能力，在颈前脖子上造瘘，维持呼吸，生活质量很差。

这当然不是我们愿意看到的。

针对喉功能保留困难的治疗难题，很长一段时间，于主任几乎集中全部精力，带着我和课题组的同事们昼夜攻关，研究如何通过科学方法攻克这个难题，不但要保住患者的命，还要让病人像正常人一样能说话，享受生活。

为此，于主任定下规矩，组织学科全体人员长期收集喉癌术后标本，开发火棉胶包埋连续切片技术，用于研究喉癌生物学特性、局部生长扩散方式以及颈部淋巴结转移规律。探讨如何利用研究结果，一步步指导建立并改进喉癌喉功能保留的各种术式。

十余年过去了，喉癌喉功能保留手术的各种术式在国内外引领着那个时代的潮流。我们发表了很多非常有影响的文章，申请到了国家自然科学基金项目等很多研究课题，还获得了国家科技进步二等奖。我的毕业论文《喉声门上癌局部生长扩散特点》，是国内本专业旗舰杂志上引用率最高的文章，这个纪录保持了十几年。

应该说，我的"结构、功能、症状关系"学说，就是那时候萌发的。

寻找喉癌研究的杀手锏

在喉癌研究室一起工作的还有陈兆林,我称他兆林。我们是同事,也是要好的朋友,有事商量着办,互相照应,效率很高。

兆林是技师,他的一项重要工作是用切片机切片、染色。那是个很重要的技术活,研究生们没有一个能做得了。

没有喉癌病理切片,喉癌研究就无从着手,自然也无法很好地开展课题研究。

那时候教研室还没有连续切片机,也没有攻克火棉胶包埋连续切片技术。

刚读研究生的时候,我还兼任着临床总住院医师。大部分时间在临床,一部分时间要读书,还有一部分时间在实验室做实验。时间紧、任务重,杂事儿也不少。为争分夺秒确保完成研究生学业,我暗下决心,无论如何也要掌握切片技术,然后进一步攻克火棉胶包埋连续切片技术。

我向兆林提出这个想法,他既感到意外,又感到震惊。意外的是,切片费工费时,染片时挥发的大量二甲苯,十分呛人,别人都躲着呢,你怎么还往前凑呢?震惊的是,现在你还没有掌握切片技术,就想着攻克大家都没有掌握的火棉胶包埋连续切片,谈何容易!

不过,意外归意外,他见我有这样的想法,还是挺高兴的,觉得我确实很看重这件事,也就同意了。

不久之后,在兆林的帮助下,我掌握了石蜡切片、HE染色技术。

接下来,就是解决没有大型连续切片机的问题。虽然以当时的条件,根本无法购买这种机器,但只要想办法,办法总是有的。沈阳中国医科大学的前身是日伪时期的"南满医科大学",有些老底子。这为我们提供了思路。

然后,我们开始在学校基础部的每个角落寻找,看看能不能找到"宝贝"。最后，我们竟然真的如愿了——在学校病理解剖教研室地下室一个破旧的仓库里，找到了已经废弃、锈蚀严重的连续切片机。这可把我们高兴坏了。

接着，在学校医工处朋友们的帮助下，我们换零件，找螺丝，焊接固定架……我还拿出干农活磨镰刀的本事，把40公分长的切片刀磨得飞快，几乎吹发立断。

最后，已经废弃的大型手拉式连续切片机，被我们维修整理得完好如初。心里甭提有多高兴！——战士有了枪，我有了完成喉癌课题研究的杀手锏！

再下来，就是要攻克火棉胶包埋喉大体标本连续切片技术了——这是更大的杀手锏。

掌握这个技术，是为了完成100例喉癌全喉标本的连续切片。这非常重要，也非常难，可是却让我着迷了。

这个过程，我要和你们分享一下。

100例喉癌全喉连续切片

那是炎热的三伏天，学校放假了，研究室里没有空调，只有我一个人，穿着短裤背心，苦心思考，不断探索，不断尝试，走火入魔般地揣摩着火棉胶包埋喉大体标本连续切片技术。

火棉胶，是一种化学溶液干燥后形成的半透明胶。我当时想要做到的，就是如何让这种溶液渗透喉头标本，融合起来，形成半透明的固态物体，然后切成清晰的喉头切片，为喉癌研究提供最好的样本。

这个过程说起来简单，但想要掌握非常难。因为没有人教你。于主任给我的是学术指导，兆林也帮我找资料，但要攻克这个喉癌实验室还没有掌握的技术，得自己摸索。我得先琢磨透了，然后一点点摸索干起来。

怎么对你们解释呢？你看，喉头标本这么大，是吧？有甲状软骨。甲状软骨骨化之后，刀切不了，所以首先要用低浓度硝酸做软骨梯度脱钙。脱掉钙以后标本就变软了，这个时候，再用火棉胶溶液去渗透。开始用1%、3%、5%，然后到10%、15%，这样一点点加大浓度。随着时间的推移，火棉胶就会渗透到软化的喉癌喉头标本里面。然后，整个喉体就变成固态的胶体了，再经过酒精脱水固定，就可以放置到切片机上开始切片了。

这是一个特殊技术，说起来容易做起来难。

试验中，我也不知道经历了多少次失败。一开始浓度调得大了，根本渗不到喉头标本里面；然后减少浓度，加一点，再加一点，不断尝试……

有时候自认所有的细节都考虑到了，觉得一定会成功，可是结果呢，还是差一点点，标本软，切片打折，无法染色。只好重来，重新分析，在已有的细节中再深入分析到更细微的地方。

如果还不行，你还得跳出来，再从大的方面做整体研究，不能顾此失彼。

喉癌样本的情况并不是完全一样的。有时候一个样本做好了，但技术不成熟，用同样方法做另一个样本时又出现了新的问题，只好继续研究。

与此同时，样本与样本之间有共性的东西，这个更需要多研究、多总结，找出其中的规律。

失败是成功之母，这话一点都没错。不断的失败固然让人沮丧，但在前人没有走过的道路上，你能有一点点进步，就会感到特别兴奋。这样越研究越深入，思维的境界也有了提升。

然后就会发现：技术上的每个细节都是整体的组成部分，互相关联，互相支撑，互相促进，缺一不可。刀不快，切片会破碎；脱钙不充分，标本也会脆裂不完整；火棉胶包埋火候不到，切不出喉完整的大体标本。

这个过程，还有一些说不出的独特的体验——我每天研究，每天琢磨，几乎着了魔。

个人的耐心和抗打击能力，自然也是少不了的。炮制全喉标本，走完整个过程至少要两个月。只要有一个环节没有处理好，标本切不好，就等于失败了。于是重新编号，再回炉，再走一遍，重新炮制，重新加工，不断加大浓度，再一点点摸索出来……

最终，技术成熟了，胶溶液全渗透进标本后，把它拿出来，放到酒精里面，酒精凝固之后它就硬了，切掉多余部分，把喉标本留下来，固定在切片机上，一片片切片染色，编号封存。

哎哟，这个时候的收获感和满足感，是无法形容的！

几乎用了一年半时间，我完成了100例喉癌全喉标本的连续切片。

美国耶鲁大学耳鼻喉病理学教授约翰·克森纳（John Kirchner）是一位闻名世界的医学家。他访问中国时，来到我们实验室，十分认真地了解我们的研究。当他仔细看了我的喉癌连续切片后赞叹不已，说："这是我看到的全世界最深入的喉癌局部生长扩散研究，这也是我看到的最漂亮的喉癌连续切片。"他还热情地邀请我在他主编的杂志上发表文章，并邀请我到美国耶鲁大学留学。

"医生侦探"——随访第100位喉癌病人

医学研究是个系统工程，除了实验室、病房临床等方面的工作，还需要大量的随访工作。

随访是什么意思呢？就是在你做完手术以后，要有后续的跟进。比如病人做了喉癌手术后，三年一个坎，五年一个坎。三五年的生存率，是你手术结果的一个印证。要知道你做完手术后病人的生存情况到底怎么样了，健康状况如何，活着还是去世了，什么原因，是复发转移，还是其他因素……这些都要搞清楚。

前面我提到的关于喉癌的早期论文，其主要内容就是对100例声门上型喉癌全喉切除标本的连续切片观察。当时，喉癌标本都看到了，全部切片也都切完了，然后就要看这些不同的分型、不同的生长部位与愈后到底有何联系，只有找到这些病人才有答案。

可是你也知道，上世纪80年代，不要说手机了，电话都很少，100位做过喉癌手术的病人来自四面八方，有的还来自偏远的乡村，而且做过手术已经三五年了，有的已经十余年了。想要把这些人都找到，谈何容易。所以，需要想尽各种办法。

开始的时候，我是自己找，找来找去，找到了85个人。再找下去，就很困难了。我找出这些人的病历，在病历单上找他们的地址，如果找到了，就给他们写信。可是根本没有回音。

那时候已到了1984年，由于手术成功率很高，我在行业内有了一定的名气。各地的耳鼻咽喉医生到中国医大进修学习，我也经常给他们讲课。这为我的随访工作提供了不小的便利。

在我自己实在找不到的时候，就写信、打电话给各地的耳鼻咽喉医生，请他们帮我一起找。这样找来找去，又取得不小的收获，最后只剩下三例没找到。

这个时候，大家都感到没办法了。可是我还是不甘心，跟这个事较上劲了。于是，继续一个地方一个地方去找，像侦探一样，不放过一点"蛛丝马迹"，结果在辽阳、铁岭，又找到两例。

最后，只剩下一例了。胜利在望了，难度也更大。为这事，我特地申请医院加大支持力度，给当地派出所写了介绍信，还请医院专门派了两辆212吉普车。

然后上大山，下大坡，到怀仁去找。为什么去两辆呢？因为怀仁县的山路实在难走，一去又可能要好几天。万一车在半路抛锚，可就回不来了。那个时候的司机都会自己修车，出发前带一些零件，只要出的不是大问题，修好了再开。这样，我们就到了怀仁。

到了怀仁县城，我们先去找当地派出所查询，没有得到什么结果。除了患者地址的大致方向外，各种线索都断了。

我不死心，开着车到大山沟里串访，从早上一直到晚上，一个村一个村、一个山沟一个山沟去找。即便这样下功夫，找来找去，还是没找到任何线索。那儿的村庄被山沟分隔开，一个村和另一个村的人不怎么熟悉，这为我们的寻找带来很大的麻烦。最后，实在没信心了。

这是最后一例没有访到的病人了，不找到怎么会甘心呢？怎么办呢？晚上就住在一个农民家中，给人家点钱。那个时候那点钱可不得了，农民特别热情，弄点鸡什么的请我们吃。哇，特别香。我又多给了点钱，人家就更热情了，招待得特别好。

当时正是秋天丰收的季节，萝卜、白菜、水果，吃的都是新鲜的。风景也很美，晚上睡的炕也很舒服，觉得这样的生活也挺好。所以，虽然寻找的过程很辛苦，但在那样的自然环境中，心情并不差。

住了一晚上之后，第二天怎么办？再打听打听。于是又开着车往前走，继续问。

这一次，突然有了线索。有个老乡说："前面的村里有个哑巴。他原来不是哑巴，后来得肿瘤做了喉头手术。"

我一听，心里激动，小心脏差点儿从嗓子眼跳出来。

去了那儿一看，那个老人已经完全不会说话了，因为做完手术后山高地远没有语言康复训练，只能用手势比划和眼神表达意思。

我像是见到了亲人，不断向老人身边的亲属了解情况，圆满完成第100例随访。

最后临走的时候，看到他家里条件不好，我留了20块钱，把那家人激动得热泪盈眶，真像是见了亲人。那时候我一个月才挣

50多元人民币。

因为找到最后一个病人，我太激动了。

1986年，我获得了第一次全国中青年肿瘤学术会议优秀论文一等奖。那是改革开放后在北京召开的一次重要学术会议，会场人山人海，热闹非凡，像一个风向标，引领着中国当代青年奋勇进取，勇攀学术研究新高地。

随后，《中国青年报》头版做了获奖人物和获奖研究成果的详细报道。

我的获奖文章就是《喉声门上癌生长扩散研究——100例全喉连续切片观察》。那篇论文还是专业领域十年内引用率最高的一篇文章。

红红火火的教研室

在喉癌临床治疗研究领域，费声重教授是我的开山引领者。他是浙江普陀山人，当年支援东北工业建设报考了沈阳中国医科大学。他在临床研究上很有功底。中国医科大学的喉癌功能性手术，就是他从上世纪70年代后期倡导做起来的。我早期的喉癌临床手术也是跟费教授学习的。他经常在别人面前夸奖我，毫不掩饰内心的信任和喜欢。

费声重教授不是我的研究生导师。本来，我想请他做我的第二研究生导师，因为他和于教授思路不在一条线上而作罢。于教授是学术型的，费教授是业务型的，彼此之间有些观点不是很一致。我作为教研室秘书，了解他们的想法，在他们中间努力平衡，工作很是顺畅。

那时候北方人的价值观念是，师生如父子。对自己的恩师，真像儿子对父亲一样。费老师思想活跃，大大咧咧，家里东西放

韩德民（左一）与老师费声重

置比较随意，有些乱七八糟的，好多家事都是随口委托我和兆林管。他搬家的时候，我组织了一批学生，还有研究室的人，一起搬。他那时孩子年龄小，忙不过来，有什么问题都找我，包括送孩子上学。

不过，这种现象在当时很正常，大家互相帮忙十分自然。像我刚从农村医疗队回沈阳的时候，生活用具缺东少西，兆林就来家里帮忙，找木匠修床。我孩子上学时，于刚他们也没少接送过。

于主任年龄大了，费老师接任教研室主任，原来的秘书年纪大了，就让我当教研室秘书。费老师本来希望我担任教研室副主任，但我只有三十岁出头，年龄太小，职称也仅仅是讲师。当时学校科研室秘书们的年龄都在四五十岁以上，让我当秘书已是破格了。

教研室秘书的工作就是上传下达，团结大家做好工作。也许是当过农村生产队长的缘故，我协调各种关系和平衡矛盾的能力很强，没多久教研室变成一个和谐的大家庭。大家一起搞研究，一起做课题，一起开讨论会，一起跋山涉水搞流调。

教研室也经常举办一些学术活动，请来全国各地的专家，迎来送往，都由我来组织落实。有时候酒席上的应酬也是工作，你得体现出主人的热情好客。费老师虽然有点酒量,但激动时容易喝多。这个时候,他就会喊我:"德民,德民!你替我喝一杯!"我呢,年轻,算是有点酒量,一口二三两沈阳陈酿,接着喝几杯也挺得住,真的给费老师长了不少的脸。

我们连续发表了不少好文章,研究课题也拿了不少,经常到全国各地开展学术交流。红红火火、热热闹闹的氛围也带到了全国各地,学术影响也不断扩散开来。

将传说变为现实——鼓膜修复术

在中国医科大学第一医院工作的那段时间,我的主要工作分为耳鼻咽喉科教研室、喉癌研究室和临床三个方面。耳科临床方面,做好鼓膜修复术是我的一个特殊经历。

在我的专业工作中,中耳炎是具有代表性的常见多发病。俗话说,三炎一聋,即慢性鼻炎、慢性中耳炎、慢性咽喉炎和耳聋。慢性中耳炎是由于感冒、咽鼓管堵塞等原因引起的。细菌、病毒进入到中耳腔,引起化脓、鼓膜肿胀疼痛,造成鼓膜穿孔,脓会从耳道里流出来。如果治疗不及时,时间久了,会迁延成为慢性中耳炎留下鼓膜穿孔,声音传导会受到严重影响,甚至出现耳聋。

门诊工作中几乎每天都会接触到这样的病人。急性期的病人,为他们清理耳道、开消炎药对症治疗,大部分可以康复。如果迁延成为慢性中耳炎,留下鼓膜穿孔,就会比较麻烦,需要住院手术修补鼓膜,费工费时,增大病人花费。

鼓膜穿孔如果不是很大,是否可以在门诊做个小手术修复呢?学生时代有位老师曾说过,可以用鸡蛋膜修补鼓膜穿孔,可从来没试过。

有一次,盘锦的一个小伙子找上门来,央求我治愈他的鼓膜

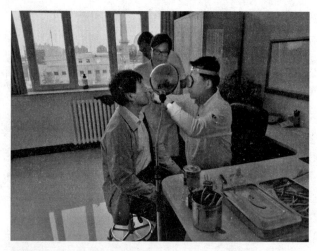
在中医大医院为病人诊治

穿孔。因为他想当兵。如果鼓膜穿孔,就当不上兵。大家知道我和盘锦的感情深,只要是盘锦来的人找我,我都要接待。对于这个小伙子,我又是管吃又是管住。可是他想住院治病,自己又没钱,这就让我犯难了。

　　他很着急,不停地找我。怎么办呢?我也不能说不管吧。

　　这时,我又一次想起那个传说中的鼓膜修复术了。

　　没有经验怎么办呢?我就去查当时的教科书。可查来查去,没有发现有这种治疗方法。请教一些老专家,也没有人知道怎么做。

　　我不甘心,就自己思考:是不是有这个可能?薄薄的几乎半透明状的鼓膜,组织学上由六层组织结构组成,能够生长愈合的是中间棘细胞层。鼓膜穿孔不能愈合,是因为穿孔边缘被表皮再生的鳞状上皮包裹,阻碍了鼓膜中间棘细胞层和弹力细胞的愈合功能,如果……

　　这样越思考越深入,灵感终于来了。

　　等我把一切都想通以后,就决定试一试。那个小伙子一听有希望,当然愿意。第一例鼓膜修复术就是在这个背景下展开的。

具体操作,先把生鸡蛋剥开,取出直径一公分的圆形鸡蛋膜泡在酒精里面消毒,用的时候,以盐水洗干净。准备好以后,在显微镜下去掉鼓膜穿孔边缘不能再生的鳞状上皮,然后把准备好的鸡蛋膜内侧贴到残存的鼓膜上,起到支架的作用。之后,填塞明胶海绵。一个星期后,新的上皮沿着蛋膜搭起的这个支架生长,鼓膜穿孔还真的愈合了。

那个小伙子如愿当兵去了。

当然,这个手术并不是每次都顺利,有的要修复几次鼓膜,才能完整愈合。

但不管怎么说,这是一个省工省时的手术,花费小,也方便了病人。

我们常说大道至简,大巧若拙,最简单的方法也许可以达到最好的效果。

再造外耳、中耳

对于一般人而言,我们会认为有耳朵和正常听觉功能是再普通不过的事了。可是实际上,有的人生下来是没耳朵的,几乎没有耳廓,只有一点点肉疙瘩。这会造成什么后果呢?在没有任何耳朵形态也没有耳道的情况下,外界声音会被隔绝。在医学上,我们把中耳腔向外这个区间出现的听力障碍,统称为传导性耳聋。

为帮助这部分耳聋患者,首先要帮助他们把耳廓做起来。有两种方法,一种是做一只再造真耳朵,一种是做一个假耳朵。

做再造真耳朵的时候,医生会取一块患者本人的肋骨,雕成耳朵的形状。做好之后,把它埋在耳后,让皮肤包在上面。等长好了之后再把耳朵掏起来,这叫小耳畸形再造。

做假耳朵的时候,医生会拿一个耳朵模型,在患者头两侧耳朵的位置,把耳朵模型安在颞骨上面,这个叫义耳。安上以后,在外观上就和正常人差不多了。别人基本上不会注意到那是假耳朵,患者的心理感受也会好一些。

解决了外耳廓的问题,还要解决耳道与中耳的问题。如果没有耳道,没有耳朵眼,可以重新在颞骨上凿个洞,一直通到鼓膜这个区域,然后植上皮肤,重新做一个耳道。这类事情,我以前也做了不少。

相比之下,再造中耳的难度要更大。鼓膜里面的中耳腔,有三块非常小的听小骨。小到什么程度呢?像小米粒大小,是人体最小的骨头。慢性中耳炎严重的时候,由于反复感染,里面的骨头会感染烂掉。听小骨坏了怎么办呢?就得给患者安人工听小骨。这叫再造中耳。

人工听小骨怎么做?就是取一块患者的肋软骨,将其雕刻成所需要的听小骨。操作过程很难、很慢,要在显微镜下一点一点地雕刻。先测量好要按接的镫骨大小,然后在显微镜下用肋软骨雕成人工镫骨,一头粗一头细,粗的那头挖一个小坑,正好磕在要接的残存镫骨头上;然后还要雕个托,和鼓膜贴在一起。为了雕好听小骨,我得从早上一直雕到下午。如果一不小心哪个地方稍微用力了,软骨一裂,就会前功尽弃,只能从头再来。

这个技术,我是向张振玉老师学的。张老师是卫生部授名的人民好医生,人非常好。那时候他年龄大了,看不太清楚,就让我给他当助手,雕刻听小骨。他做手术时,用我雕的听小骨,几乎都可以安上去,师徒合作得很顺手。

雕刻听小骨,既需要老师教你,你也得自己摸索,需要有悟性。很多时候,雕刻成听小骨,我都感觉自己在制作一件精美绝伦的雕刻艺术品。

与过去相比,现在的听小骨基本上都用机器制作。只是机器制作得再精细,安上去以后,很多也会掉下来。新工具的诞生和发展，会给医学带来前所未有的福音。但并不是有了精细的机器，人的作用就会减小，很多情况下恰恰相反。所以，我们要善用工具，更要善于发挥人本身的作用。

购买先进设备

中国有句老话，"工欲善其事，必先利其器"。有了先进工具和设备，会将整个行业提升到一个从未有过的高度。在这方面，我有很深的感受。

我在中国医大工作的时候，中国还没有鼻内镜，无法深入鼻腔、鼻咽腔里面进行观察。因此很多病治不好，手术治疗的效果也很有限，严重限制了我们的技术进步，这成为难题。

1984年春天，沈阳办医疗器械展览，我和陈兆林去参观。我发现了一台国际先进的鼻咽镜，如获至宝，想马上购置下来。可是那台机器很贵，而且要外汇才能购买，靠我们科里当时的那点家底，根本买不起。

怎么办呢？我开始各方面做工作，做医院领导的工作，做教研室的工作，到处找外援。总之，只要我能想到的，都想办法去争取。

最后，终于让我游说到了足够的经费，把第一台先进的鼻咽镜买了回来。它不仅可以清晰地观察鼻咽腔，还可以照相。自此，靠它诊断、治疗、教学，一步进入了现代化。

尝到甜头，我继续想办法，在学校和医院的支持下，先后购置了四五套先进的诊断治疗设备，将我们耳鼻咽喉科、喉癌研究室、教研室全面武装起来。学科的诊断治疗水平、科研能力很快上了新台阶。

如何得到院校两级领导的支持呢？首先，心里要有想法，要在平时主动做好调查研究，制定好学科发展规划；其次，要及时向院校两级领导沟通汇报，不能总是被动地等待，而要先挂号，抢先机，积极主动提申请，要让各级领导了解到你确实需要这些设备；再就是，你要非常清楚自己需要购置什么，每一次申请时，都要尽可能定全，而不是零敲碎打。这算是我的一点经验之谈吧。

此后，经过积极主动地运作，教研室还逐渐有了经费，一旦发现热手设备，我们几乎都可以及时购置回来。一段时间以后，我们喉癌研究室里的设备都是最先进的，包括彩色相机、正反面胶卷，为喉癌大切片研究提供了必要的条件。

这样就形成了良性循环。教研室发展了，学科的进步蒸蒸日上，名气也越来越大，门诊量大幅度攀升，医院的口碑远近闻名。

有付出，就有收获

在中国医科大学第一医院，我先后经历了住院医生、临床实习指导教师、住院总医生、讲师三个阶段共六年的临床实践。

由于医院的知名度以及中心位置，病人很多；周一到周五，住院总医生实行24小时负责制，无论白天还是晚上，只要有了病人，我会随叫随到，认真对待每一位患者，不会有任何的不耐烦。病人的安危时刻放在心上，一旦有急诊，我总会第一时间赶到。

按照医院规定，周六晚上、周日可以休息。但实际上，术后病人总是要认真管理的，即便在休息日，我也常常一大早到医院查房。

在担任住院总医生的时候，整个学科的住院病人都由我负责。我深感责任重大，工作十分留意。每天晚上九点半，我都会和护士一起查看每一间病房，看看有什么情况，做到心里有数。遇到需要处理的病人，也会及时处理。年轻医生查房遇到问题时也会找我，我也同样随叫随到。像阎艾慧、惠莲，当时都是年轻大夫。

为了应对可能出现的紧急状况，我还常常不脱外衣睡觉，这样即便深夜被叫醒，也会迅速进入状态。

这就是当时的实际情况。为什么会这样认真负责？因为我觉得这是医者的天职与本分。而且，经过那么多的磨炼，能出乎意料地当上一名救死扶伤的大夫，仿佛是命运的安排。我虽然不信什么上帝，但内心里总感到自己担负着某种使命，要懂得珍惜，要知恩图报。心态摆正了，就不会斤斤计较，吃苦耐劳的本色也就很顺畅地体现了出来。

比如气管插管、气管切开属常规性手术，有点年资的医生都不屑一做，但我从不回避。一个电话过来，即便正在吃饭，也必须马上撂下碗筷，夹个手术包跑步过去。

那时候因为上气道阻塞需要气管切开的病人很多。最多的时候，一天中我成功做过15台急诊气管切开手术。不仅满足了其他临床学科的抢救治疗需求，同时自己的临床应急能力也大幅度提升。

病人的情况千差万别，年龄不一样，颈部的情况不一样，病变的方式不一样，需要采取的措施也不一样，所以很锻炼人。

不知为什么，那个年代刎颈的病人不少，我处理过很多例颈部切得乱七八糟的病人。没有清晰的解剖基础很难找到颈部复杂的伤害部位，恢复功能就更难了。因为我的成功抢救，病人都很好地恢复了功能。为此，我收到不少锦旗、表扬信。

我还处理过各种烧伤患者。大面积烧伤病人的气管切开是最难做的。火烧过以后，颈部的皮肤紧绷绷的，脖子紧绷绷不能动。有的病人呼吸道也被烧伤了。不做气管切开，很难活下来；可是做气管切开，皮拉不开，紧绷在一起；好不容易切开皮肤了，颈前的洞又很深，气管不好找，非常难。做这种手术，也在考验一个医生的体力与毅力。因为病人没法抬到手术间，所以只好长时间地一条腿跪在床上做手术。

手术难度大的还有不少，如上半身的大面积烧伤、颅脑复合伤、格林巴力窒息等等，但只要你细心分析总结，每一次实践都会有新的认识。

做住院总医生，除了看病管理病房，就是读书。读专业书，也学习英语、日语，每晚上都会睡得很晚，第二天依然精神饱满地工作。之所以能够如此，农村生活的锻炼、强烈的责任心，缺一不可。

这些苦和累，相比农村生活吃的苦，根本就算不了什么。而且，付出后总会有收获。时间一长，之前所付出的心血都转化为成果，积累的经验越来越多，能力也就越来越强了。这在以后的从医生涯中也得到很多次的验证。

住院总医生结束时，我被评为医院的先进工作者、学校的优秀讲师。

懂得服务，办好全国性会议

在团队中，一个人要体现自己的价值，不仅需要能力，还需要与其他成员共同合作。虽然事业是建立在能力的基础上，但如果一个人总是想着自己，不管别人的感受，路也会越走越窄。

在中国医大第一医院，我是很有人缘的。不仅和同科室的陈兆林、关超、于刚等人打成一片，和其他科室的人员，比如侯桂春、牛淑华，都相处得很好。大家彼此照应，互相帮助，形成很好的工作、生活氛围。

其实这些都是很自然的事情，不必刻意去拉什么关系。把自己的工作做好，真诚地对待别人，敢于承担，少说话，多做事，不要怕麻烦，在别人需要帮助的时候尽力帮助，这都是做人、做事的基本原则。

费声重教授后来担任了医院院长,还负责医学会的一些管理工作。我依然给他做助手,全身心地配合他做好每件事儿。

最有代表性的是我们组织召开的三次大型会议:一次是全国头颈肿瘤外科会议,一次是全国耳鼻咽喉科会议,还有一次是国际喉癌会议。这三次成功的会议,震动了全国,奠定了中国医大第一医院在全国影响力的基础。

这三次会议从1982年就开始筹备了,之后在1985年、1986年、1987年分别举办。每次参会人数甚至有几百人、上千人。那时候几百人开会就不得了了,工作量比现在大多了。因为联络方式、交通条件都根本没法和现在比。没有专门的会务公司,没有出租车,给专家买车票都是很不容易的事情。接站送站、住宿演讲、翻译论文……每一个细节都得自己组织力量去完成。

当时我是辽宁省医学会耳鼻咽喉科分会的秘书,大会正式开始的前一个星期就非常忙碌了。先把北京市的,还有其他地方的几个委员请来,一起商量。等大批专家过来时,接站就成了首要任务。那时候没有出租汽车,我们不仅要动用中国医大的车,还要动用沈阳各大医院的车辆,这还不够,又动用了很多朋友。总之,把公家、私家车全给调动起来了。有一次由于用车太多,我还联系公安局交管大队,警车开道。

会议召开后,作为大会秘书,我负责专家联系、发言之类的工作,陈兆林负责生活后勤。当然,单靠我们俩是不行的。这个时候就显示出团队的力量。不仅耳鼻咽喉科、教研室的人员全部出动,医院其他科室的人也纷纷过来帮忙。大家都很积极。一方面因为这是医院的大事,医院工作人员都把这样的工作视为分内之事;另一方面,大家平时相处很好,关键时候就能毫无保留地予以支持。包括院里的司机,知道是我们的事情,半夜到火车站接专家毫无问题。所以,各方面都相当成功。

就我个人而言,每次会议,从开会前七天就忙碌上了,开会后的一个星期还在忙碌，称得上昼夜兼程。

　　会议结束了怎么还这么忙？因为很多人买不上票，来不容易，回去也不容易，还需要到处找人，协调各方面的事情。后来因为太累了，把我搞得站着都晕，感到整个大楼都在晃。

　　这是那个年代的实际情况，给几百人订机票订车票，是最难的事情。尤其是订购外宾的机票，难度更大。可是返回头一看，还是那句话，有付出就有收获。

　　这三次会议一下子把我的眼界打开了，锻炼了我的能力，结识了很多大专家。第一次会议因为太忙，我没有做手术表演；另外两次，我做的手术表演都很成功。所以，专家们都很清楚我的专业能力和各方面的素质，对我未来的发展起到很好的促进作用。

留学往事

金泽医科大学

1988年,日本耳鼻咽喉科学会主席、金泽医科大学耳鼻咽喉科教研室主任山下公一教授到中国医科大学附属医院访问,教研室安排我做喉癌保留喉功能的示范手术。山下先生观摩后,盛赞手术十分精彩,希望我能到日本表演与交流。山下先生回国后没多久,就给我寄来了到日本研修的邀请函。

当时日本没有开展喉功能保留手术,喉癌外科治疗还以全喉切除、术后开展食道发音恢复说话能力为主。

那时候,我已经获得中国医科大学硕士学位,一边继续读博,一边准备去美国耶鲁大学留学。

耶鲁大学有位很有名气的耳鼻喉科组织病理学专家约翰·克森纳,他在喉癌组织病理学研究方面在世界上很有影响。

我在就读硕士研究生期间主要做喉癌连续切片的组织病理学研究。1986年初夏,克森纳教授参加北京的国际会议后到中国医大访问,参观我的喉癌全喉连续切片实验室。我做的喉癌连续切片的精美程度让他感到震惊。他说:这是我看到的最漂亮的喉癌连续切片。

接下来克森纳教授想把我带到美国继续深造。当时去美国的手续比较麻烦,一时没能办下来。等待中接到了山下教授的邀请信。那时候,日本耳鼻咽喉科的水平也是全球一流的。

博士要学两门外语,我想,到日本学习一年,强化一下日语也很好。于是,决定先到日本金泽医科大学留学。

山下教授很高兴,以最快的速度为我办完了复杂的赴日手续,同时也办好了允许外国医生做手术的院长担保手续,并给我准备了十来位喉癌病人。

当年3月18日,我前往日本金泽医科大学学习。说来也巧,这个日子恰好是我20年前下乡做知青的同一个日子。

手术事件

经过一整天的旅途奔波,到日本的第二天,我被安排给病人做手术。

第一个病人是邮电局的一个局长,叫山口。手术做得很漂亮,很快就传开了。老师也觉得很有面子,很是高兴。

接下来开展了为时一周的喉癌各种类型喉功能保留手术,医局的日本同行把所有的手术过程都录制了下来,进行了详尽的编排剪辑,这成为日本金泽医科大学开展观摩手术的范例。这样的事情,据说在日本医学界还没有先例。

日本医生学习的劲头很足,他们录下来以后,通宵达旦地看录像,一帧一帧地研究每一个动作,并绘制成精美的图谱。这个功夫是我所不及的。

手术做到游刃有余、举重若轻,需要扎实的外科基本功,是长年累月由浅入深、循序渐进锤炼出来的。没有经历过，没有历练过，很难熟能生巧。

到了日本，一炮打响。"韩大先生"的美名也就传开了。

有了这样一个基础，再加上出国前就把所有的基本素材准备好了，课题的研究结果也都弄得差不多了，到了日本，静下心来一番整理，很快就发表了几篇好文章，开始在各国的研修生中崭露头角。

教研室有一位从美国回来的副教授，有些不服气，想展示一下他的水平。

可是，看手术与做手术，完全不是一个概念。看花容易，绣花难。

他安排了一台喉癌手术，让我当助手。由于他外科基础薄弱，上台手脚笨拙，术中一出血，脑子瞬间一塌糊涂。

没有外科功底，做不了啊。

他感到很没有面子，有些窝火，在台上出言不逊，摔摔打打的，很是失礼。

我坚持了一会儿，实在是憋不住火儿，说："你不需要我，自己做好了。"说罢，下台回到研究室。

事情很快传到山下教授处，教授了解到手术难以为继，担心出风险，赶到手术间，严厉训斥副教授，几乎是破口大骂。

秘书飞跑着把我叫回手术间，不多时手术顺利结束。

回到教研室，秘书喊我到教授办公室。山下先生一脸严肃，说："成功完成手术是对病人的尊重，是医生的天职，绝不可以受点委屈就弃病人于不顾！"

我认识到问题的严重性，马上承认错误，表示在病人利益面前，一定要放弃个人恩怨，今后绝不犯类似错误。

事情并没有结束，第二天那位副教授被解雇了。

新的奋斗历程

原本想在日本学习一年再去美国,山下老师舍不得我走。有一天,让研究室秘书把我叫到他的办公室,了解了我的想法,深情地说,日本的医学博士学位在全世界的认可度也是很高的,希望我能拿到日本医科大学的博士学位。

好老师永远会喜欢优秀的学生。

我问:"需要几年呢?"

他说:"四年。"

我觉得四年时间太长。

山下先生说:"因为你有博士学历基础,最短也需要两年。这两年必须完成大学博士课程考试,还要在重要的杂志上发表至少四篇论文,才有可能申请博士学位。"

我说:"行啊。"

从此,开始了新的昼夜兼程的奋斗历程,每天睡觉时间很短,结果患了很严重的十二指肠溃疡。好在日本的药物保守治疗水平一流,几副药下去,好了,没有留下后遗症。

为什么要学哲学?

攻读日本医学哲学博士学位,除了各种基础课程和研究任务,还必须选修哲学,这是我没有想到的。

开始的时候,我很难理解为什么要学哲学。这么短的时间,还要学哲学,哪有那么多时间呢?担心真的要在日本拼读四年,也曾后悔过答应留在日本读博士。

入门了,学习了,认识很快就有了转变。

哲学讲究认识论和方法论,讲究如何认知大千世界的基本规律，讲究物质与精神的对立统一，是世界观和方法论，是所有学科中具有引领性、指导性的学科。

哲学会让你学会认知事物本质的本领，学会动态分析认识事物的发生、发展与消亡的基本规律，学会用辩证思维认识事物的本性，避免主观主义和形而上学的片面认识。

医学生能够有机会学习哲学是非常有意义的。

我们强调精神文明和物质文明。小平同志说，两手抓，两手都要硬。这是没错的。在所有的哲学流派当中，都是有时过分强调一个方面，忽略了另外一个方面。强调物质第一性的时候，就会把实力变化作为要求；强调精神第一位的时候，会把"价值观念"输送到更多领域。西方更多强调的是信仰，当然他们也关注物质的属性。

去日本之前，我认识的哲学，只有一个，那就是马克思主义哲学。我很难了解其他门类的哲学，认为马克思主义是唯一的。因为马克思辩证唯物主义思想批判了所有的唯心论、形而上学。

当你静下心来深入学习的时候，就会发现其他的哲学思想并不都是唯心主义的。看看原著，稍微深入一些了解那些哲学大师，会有不少新的认识。

医学哲学课

学习医学哲学的过程很有意思。那个大学的每门课程都有专门的老师。课程已经排好了。到了时间，老师就会等你上课。一对一的，很讲究。老师也不管你是国内的还是国外的，只要是这儿的学生，他对谁都一样。

我上的第一堂医学哲学课，到现在仍然印象深刻。

那是一位清瘦的中年老师，白大衣浆洗熨烫得整整齐齐，名字叫佐藤秀木。我第一次上课的时候,他已经把所有的讲案都整理好了。

我用日语向他问好,说:"先生,早晨好,我是韩德民。第一次见老师,请您多关照。"日本人初次见面都会说这样的客气话。

他很客气,说:"坐坐坐。"

看到摆在桌子上的教案和各类书籍,我心想:"天呀,这么多。坏了,鸿门宴。"

老师一看我这惊讶的表情、紧张的神态,便说:"你不要紧张,不要担心。"

他说的时候,我在想:"这一门课就得学两年,我怎么毕业?这家伙,被套上了。"

开始上课了,老师说:"我先给你看看这本书。"

那是一本非常古老的书,讲德国古典哲学,有日文和英文标注,但内文都是德文。就像秘籍一样,我怎么看得懂呢?

我真觉得自己上错了船。

迷糊之中,老师已经开始给我进行哲学启蒙了。从神的崇拜开始。

我一边听,一边还在想:"从头学,怎么学得完呢?"

老师好像没关注我在想什么,继续讲,从哲学起源、古典哲学讲到近代哲学,还有哲学的发展趋势。

接着,引导我一层一层地参观哲学图书馆和教学楼。

我还在不断犯嘀咕。走着走着,我的眼睛突然一亮,竟然看到了一大排毛主席著作、列宁著作……

这是我绝对没想到的。

这些书都整整齐齐地摆放着。

有了熟悉的图书,我已有的经验一下子被唤醒了,能与其他内容连接起来了,也就不再感到那么陌生了。

然后,他继续讲:"这些呢,是哲学的不同流派。哲学在研究两个方面的问题：世界观与方法论。同时呢，研究物质和精神两个方面。所有的哲学家、所有的流派，都在这两个方面有不同的建树。

"所不同的是，有的把世界看成物质是第一性的，就是看到的，都是客观存在的；客观存在的，都是真理的化身。有的则认为大千世界对事物本性的了解才刚刚开始，所以这一部分叫什么呢，叫有神论者、唯心主义……"

他针对世界上认知的两个方面，给我讲这个道理。听着听着，我突然有了一个全新的视野……

凡事都有内在的真谛

两个星期，佐藤老师从哲学起源、客观存在到流行趋势，系统地进行了讲解。

其中重点讲的是医学哲学。医学是客观存在，医学是针对人的。人又是什么呢？人从哪里来？到哪里去？人为什么会有这么复杂的解剖结构？有些功能我们了解，还有很多很多的功能我们不了解。

了解的时候，我们会认为自己对人的看法比较真切；不了解的时候，你又会产生疑惑：人到底是什么？从哪里来？为什么有这么复杂的解剖结构、几乎永远难以了解的功能？

在理解不了的情况下，还有另一种力量在传承着。什么力量呢？于是，有神论就出现了。他讲得很客观。

疾病本来是可以没有的，因为各种因素，遗传的影响、生活习惯的关系等等，它才发生诸多变异。人有非常复杂难以说清的结构，从宏观大体到不尽微观，说也说不清楚。他用非常简单的日语讲解非常深刻的道理，让我觉得很受用。

我想，我以前是有着马克思主义哲学的认知和实践的，而现在，更多的哲学流派和哲学思想出现在我面前。它们既让我感到新鲜，又让我跟以前的认知产生联系，让我深入系统的思考有了更好的基础。

再后来，我就有点着迷了。白天晚上都盯在那儿看书。

哲学起源、古典哲学，没法看，太多了。怎么办呢？我就分类看。在一类当中找几本有代表性的书看一看。一看，太复杂了，全是德文，看不懂。很多英文的原著以及日文翻译过来的，也不很懂，因为文字背后有太多的哲学思维和辩证逻辑了，太深奥了。

看不懂的，我就提出来。然后老师讲，我也就基本明白了。

其实，凡事都有个内在的真谛。你把这内在的真谛看清了，研究就不是问题。

后来我同佐藤老师成了很好的朋友，有空我就会到他那儿坐坐。他会无休止地给我讲故事，讲日本时势、国际动态，从不同角度分析，很有意思。他不参与政治，但是看得很清楚。

花是什么？从哪里来？

经过前后一年多时间的学习、交流，我对精神、物质，精神第一性还是物质第一性，两种不同属性的对立统一关系以及事物的本质等哲学主要命题有了一定程度的了解。

最后参加考试，考卷只有一个标题："花是什么？从哪里来？"

考题看似很简单，其中的哲学内涵却是极其丰富的。一看这考题，脑袋里唰地一亮，马上就清楚了老师的意图。考试不是目的，真正要求掌握的是哲学知识的内涵。

直到现在，我还可以比较清楚地记得当时的答案。

花,是人类语言以及文字表达的一种特定的概念,一种客观存在。

花从哪里来?要从起源说起。

一种是进化论,从海洋有机物—生物进化开始,随着自然环境的变迁,逐渐转移到陆地。当然也有继续留在海洋里面的。在阳光、雨露滋润下,经历难以计数的岁月,适应不同的自然环境、不同的季节,慢慢演变成不同的品种。适应者留下了,不适应者不断被淘汰,这是进化论。

还有一种关于"花"的来源的认识,那就是大千世界没有能力把如此复杂的花造出来,是一种更高的智慧,把设计极其精密的花种播撒到人间,于是就有了花。

花是什么?从哪里来?

首先要从物质第一性,还是精神第一性研究开始。

然后从两个角度阐述花的客观存在。一个角度:花的存在很短暂,有的瞬间即逝,有的随着春夏秋冬一年四季发生变化,由种子传承着。地域、环境不同,五彩缤纷层出不穷,无以穷尽。另外一个角度:花就是这样,由上帝制造的,它客观存在,不可以改变。无论环境变化与否,它一定存在。存在,意味着真理。

接下来,要说花到哪里去。花,一定比人类存在的时间还长。从进化论角度分析,植物与动物是两个完全不同的品系,植物远早于动物。

今后的人类社会,也许有五百万年,也许有一千万年、两千万年,到头了。这是我们生活的星球上一个不可抗拒的生命周期。所有生命,都将由生命周期所限定,有开始就有终结,花也一定有终结。

花的存在,可能伴随着地球的存在与消亡,或者地球发生根本性的改变,不再适合植物生长,花也就不存在了。那个时候,人类社会怕是早已不存了。也许还有另一种可能。那就是花会继续存在，实际存在的。一种无形的第六感觉的存在。只要这种力量或者智慧存在，花就会不断延续，在我们可以想象和不可想象的未来存在。

这就是当时我给出的答案的大致内容。三十多年过去了，当时的回答可能更具有条理性。

记得我的哲学成绩是A。

哲学思想的引领

医学哲学对我的医学实践有很大帮助。

当你掌握了哲学的基本观点，学会用这些观点去分析处理问题时，认知水平会有质的提高。

保持不变是相对的，变化是绝对的。

有存在，就一定有消亡。

存在和消亡是对立的，也是共存的。

所有疾病都会有起因，也一定有终结。

客观存在是合理的，从另一个角度看，它又是事物发展过程中的一点。以此考虑，变化是一定的，不变是相对的。疾病是生命中的一个过程，或许在医疗救护的帮助下消除，或许伴随生命的终结。

哲学思维要求认识事物的本性，认识事物发生发展的规律。其中物质与精神，两个基本点如果保持平衡，就不会偏离对事物本性的认识，否则就会出现负面作用。

社会如此，人的身心也是如此。

有了这些基本的哲学思维，对病的认知就会深刻。

总而言之，面对疾病时，世界观和方法论不同，认知和对事物预后的认识就会有所不同。哲学思想的正确引领是非常重要的。

为什么我在很多领域没干多久就能找到根？关键在于哲学思想的引领。

包括2003年组织北京"非典"病患的救治工作，以及对2020年"新冠肺炎"的认知过程，重大传染性疾病的起因——病毒，基本的发生发展规律是一样的，有开始，必有终点。问题是如何准确地认定病毒的生物学特点和它发生、发展、消亡的必然规律，以此为据采取科学有效的防控措施，才可以事半功倍，将损失降至最低。

为何端盘子刷碗？

上世纪80年代，是中国改革开放初期。在日本电视台新闻媒体上几乎天天都可以看到报道中国留学生刷盘子打工之类的事情，我心里感到非常不舒服。常想，将同样的时间、同样的精力，集中到技能培训和学习上，会事半功倍。行不行呢？

我几乎放弃了所有的欲望，非常刻苦争分夺秒地钻研学习。当然，没有农村四年多的艰苦磨炼，也不会对机会如此珍惜。

学习成绩好，研究成果多，手术做得漂亮，贫穷落后的国家形象就会被改写。

生命对每个人都是一次机遇，选择不同，历程可能截然不同。

明白了人为什么活着，为谁活着，心底会升腾起一股力量，是一种志气、一种骨气。

到日本没多久，我被选为北陆金泽地区留学生学会会长。除了关心大家的学习、研究，组织社会活动外，也要关心大家的生活。

当时，我一直对一个问题困惑不解。留学生都很忙，这是常态，可是不至于每每上课总是没精打采。他们干什么去了呢？为了揭开这个谜团，我用了一个星期的晚上去温泉度假村的饭店打工，体验他们的生活。很快就知道，晚上都是一两点钟回来，而第二天早上八点半上课，精神状态怎么会好呢？

原因很快搞清楚了，当时日本同国内的收入以及物价差距很大。有些留学生没有奖学金，要靠打工赚钱维持生计；有些则是希望多攒点钱，要养家糊口，回国时要买八大件。

虽然那些打工赚钱的留学生也很辛苦，一晚上也能挣点小钱，但这样的留学生活，会虚度年华，会失去目标，会淡化人生价值。

体验结束了，更坚定了我要学好、研究好，把每件事做得漂亮的决心。功夫不负有心人，漂亮的结果接踵而来。

我去日本之前的工资是每月52元人民币，当时相当于1000日元。我的奖学金是每月14万日元，相当于国内工资的150倍。后来又先后获得了五个奖学金，最多时一个月可以达到50多万日元。什么概念呢？相当于我当时国内工资的500多倍。有了钱，我赢得了更多的尊重。

广交朋友

留学的那个时候，身边的中国留学生普遍舍不得花钱，外面吃饭也只是吃碗面。同日本医生一起外出，吃饭的时候，中国留学生总是躲在边上，舍不得花钱。

日本年轻医生参加各种学术会议，外出吃饭是AA制。开始我并不知道。作为中国人，心底还是有自尊的。我不想蹭饭吃，有损尊严，于是，主动买单。

开始的时候，日本年轻医生看到中国人买单，很意外。

他们说："大家AA制嘛。"

我说："不要了，你们平日里给了我很多帮助，我是要表示感谢的。"

他们有些半信半疑，我付完钱后，他们要还钱给我，我说："不要啦。"看到我是认真的，他们马上九十度鞠躬，深表谢意。

以后开会，大家就很愿意拉着我一起出去。

日本人忙起来，就会疯狂，该放松的时候就放松。周六周日学会会议结束后就会结对喝酒，常常喝得酩酊大醉。

我也会去喝酒，但该学习的时候一定学习好，珍惜每一段宝贵时光，确保完成每个阶段的学习目标。

两年拿到两个博士学位，那是很难的。

留学期间，我有很多朋友。他们对我是很好的，也确实帮我。

为什么帮你呢？

你要很真诚。你本身的人生态度和素质要能让人家喜欢。

我努力学习，努力工作。学习很优秀，工作很优秀，办事很认真，做事时首先考虑别人的感受，当时又当留学生学会会长，所以别人也希望与我交往。

每当周六周日，很多人就来找我一起活动了。滑雪、钓鱼，有时也开车到周边去玩。

他们喜欢和我交朋友，我也喜欢交朋友。这样不仅过得很愉快，语言交流机会也很多，因为总在一起嘛。

一些中国留学生，一到周日就打工。刷盘子、刷碗，赚点小钱，淡化了真正应有的阅历、经历。想起来，还是认知问题。

日本人似乎有个共同特点，就是你社会地位越低，他越瞧不起你；越瞧不起呢，你在日本的生活就会变得越难。

不只是日本，很多地方都是一样，人们的定位是由你自身的价值观念决定的。

不管什么时候，思想认知的引领性永远是第一位的。

坚持具备社会责任感，维护良好的公共道德意识，坚定做人做事的自我标准，一路走来，永远都有数不尽的朋友。

又一次抉择

担任日本北陆金泽地区留学生学会会长期间，我很自然地结识了很多日本当地友好人士、来自各个国家与地区的留学生和访问学者。对于自己的同胞，我向来都是努力协调各种资源，尽全力相助，包括组织各种社会交流活动、请当地日语教师、帮助遇到困难的留学生解燃眉之急、参加各种学术活动等，因此，受到大家的拥戴，各项活动也是有板有眼，形成了凝聚力。

我会特别留意那些刚到大学的留学生和访问学者，人生地不熟，大家都有个适应的过程。我呢，总希望帮他们尽快熟悉环境，避免不必要的麻烦。1990年，北京同仁医院、北京市耳鼻咽喉科研究所的诸小侬教授到金泽医科大学研修，我也是这样对待她的。

人和人的交往总是这样，在你帮助别人的时候，同时也是别人了解你的时候。诸小侬教授很快发现我有很好的临床技能和扎实的基础研究功力，产生了要把我引进到北京同仁医院的想法，并把这个想法汇报给了医院领导。

当时同仁医院的刘淑玫院长非常支持她的想法。

当时我已经进入毕业阶段了。有三条路可以选择：第一是留在日本工作；第二是到美国深造；第三是回到母校沈阳中国医科大学第一医院。我的基本意向是回母校，不辜负于靖寰教授、费声重教授的厚望。

诸小侬教授的出现，逐渐改变着我的想法。

有一天，她有目的地同我进行了一次长谈。我向她讲述了很多往事，包括上山下乡期间的经历，以及如何进入耳鼻咽喉科的，言语间表达了对母校和恩师们的深厚情谊。我也讲了想在日本博士毕业后回沈阳，继续在中国医大第一医院工作的打算。

虽然我这样说了，可是诸小侬教授并没有改变她的主意。她向我详细介绍北京同仁医院、北京市耳鼻咽喉科研究所的情况，有意无意地与中国医大第一医院的情况做了对比，并告诉我可以到北京继续做博士后研究。这是诺奖获得者李政道博士向国家提出的人才计划，并准备首先在北京试行，国家会创造非常好的条件。她认为我最好的选择是去北京，到同仁医院工作。

她的话对我有所触动，以当时的情况，于公于私，首都医科大学附属北京同仁医院无疑都是更好的选择。

不过，我还是没打算去同仁，因为中国医大那儿有我很多的牵挂。我只是委婉地告诉诸小侬教授："我再考虑考虑。"然后，忙于毕业准备，我也就不再想可能去同仁医院的事了。

那个时候，中国医大那儿对我依然如故，认为我回去是必然的事情。

北京同仁医院却表现得十分主动。刘淑玫院长给我寄来多封热情洋溢的信件，洋洋洒洒十几封，给予很多承诺，想说服我到同仁医院发挥更大的作用。这个过程中，由不得自己，我想了很多很多。

人的视角不同，想法与境界就会不同。如果当年我选择回沈阳母校，能在耳鼻咽喉科领域走多远？能更多地做些什么？都是未知数。

北京同仁医院不断抛出的橄榄枝，让我逐渐改变了想法，做出了一生中又一次重大的抉择……

到北京同仁医院、北京市耳鼻咽喉科研究所做一次博士后研究也是不错的选择，毕竟是首都，国家政治文化中心。

俗话说，多一个朋友多一条路。我在帮助诸小侬教授熟悉日本生活工作的时候，压根不会想到，她会成为我人生路上的一位重要向导。

形象是你自己的镜子

因为手术刀很亮,研究成果不少,发表的文章也很多,当然,在山下教授的帮助下,申请的奖学金也不少,可以说我在日本的留学生活有很强的独立性和自由度。

我获过一个日本医学会的"金脸奖",那是日本医学界很高的荣誉。大家很重视这件事,举办盛大的颁奖大会,奖金18万日元和一个很先进的OLYPUS相机,配有组合镜头。这种相机,现在的中国人可能不会觉得怎么样了,但那个时候在日本是不得了的,至今研究所的实验室还在用。

不仅如此,校方还在电视台、报纸上宣传,报道这位中国留学生获奖了,以及如何获奖的。这么一宣传,一些日本家庭就像追星一般,希望我到他家住,给孩子们带来立志方面的影响。临别时父母拉着孩子,给我鞠躬。以后又让我给小学生讲课,同当地学校交流……一时间的火红,让人们对我这个外国留学生刮目相看。

那时候我很年轻,得了那个荣誉,心里也特高兴。现在当然看淡了,只是觉得,无论是谁,无论在什么情况下,形象都需要自己树立。

独特的尊重方式

一转眼就到了要毕业的时候了。一天,山下先生把我叫到身边,谈到我博士毕业后的去向,并希望我留在日本工作。对于老师们的意见,我向来是满口答应,可是这一次,我没有表示同意。

到日本留学,是为了学成归国工作,为国效力。在这方面,无论在任何情况下,我都不会含糊的。

强烈的家国情怀,早在知青时代就牢牢扎根心底了。在日本有很多民间的朋友,大家已经相处得很有感情了,所以临别时还是有些伤感。

其中有位很好的日本朋友请我到他家做客。去了以后,各方面都安排得很好,按照日本当地习惯,要沐浴更衣。家里是那种并不很宽敞的洗澡池子,水备好了,让我先洗。这是日本家庭招待珍贵客人的最高礼仪。

我想:"这怎么受得了呀!"

但他们一再坚持,我也只好客随主便。

我以为洗完后,水就会倒掉。事实上不是这样,我洗完后,男主人洗,最后家里人洗。这是他们的习惯,也是节约用水。

哎哟,我这心里真是不好意思。

可是,这体现了他们对我的尊重。

凡事相反相成

在做学问方面,日本医生是非常严谨的。有些人看上去不是很聪明,有些笨似的,但只要一起步,就会全身心投入进去,凡事勤学苦练、有板有眼,追求极致,很快就会有结果。我在留学阶段受到严谨刻苦方面的影响也很深。当然,收获也很大,没有家庭琐事和各种社会关系的影响,为专心苦读创造了很好的条件。

还有,日本的文秘系统非常强大,各种研究材料的收集梳理,都是教研室秘书协助完成的,包括绘画、图标设计。因为有山下教授安排,我受益很多,发文章很快,按时间比例也算比较多。现在回头看一看当时发表的文章,感觉还是十分精彩的!

日本是火山、地震频发的岛国,自然资源缺乏。我到过日本海日本列岛一侧的能登半岛,那里没什么资源,可是当地人会想出很多办法，做手工，十分精致，一把漆布雨伞，能做成皇室贡品。下雨天打出各式各样的漆布雨伞，穿上民族服饰，色彩斑斓，硬是创造出人间仙境的感觉。

兼六园是金泽市最有名的公园，在日本海边，不仅在日本，在国际上也很有名气。不仅花草树木非常别致，松树管理也是别出心裁，极具特色。高大的景观松，树枝被大型支架支撑着，很是下了一番功夫的。

因为日本海日本列岛一侧冬天雨雪特别多，而且很大，巨大的松树枝如果不被牢固支撑，就会被大量的积雪压折，影响观瞻，久而久之松树支架竟成了一道风景线。大雪时分我去过，真是很美。

如此想到瑞士，山多严寒，自然资源有限，到了冬天，冰天雪地，什么也干不了，怎么办呢？在家里做手工，人家硬是把手表行业做成世界第一。

所以凡事有利必有弊，反过来，有弊也必有利。相反相成。

人类社会的历史就是这样，在勤劳创造中走到今天。

2019年新年过后，朋友传来口信，山下公一先生病了，挺重，很想见见我。事出突然，我心里很是焦急。

初春，我再次踏上阔别已久的东瀛，探望恩师，心情有些急切。

三十多年过去了，其间应金泽医科大学校庆以及国际会议邀请，我曾回访过几次。这一次，情况不同，十余年不见，恩师已是耄耋老人了。

山下先生住在金泽市内一家很好的养老院，我风尘仆仆到了那里，发现那里的人们已经做了热情周到的安排，还写了欢迎条幅，有种久别归乡的感觉。见到年迈的恩师手拄拐杖站在大门口，一时百感交集，"明日隔山岳，世事两茫茫"。

我把再版的《鼻内镜外科学》呈献于先生，他手颤抖着慢慢翻阅，口里自言自语地说："这就像我自己写的书……"

一连几天，师生俩形影不离。道别的时候到了，老人一直送到车站,看着我们一行人离去,我的眼睛再次模糊了。

返程的列车上,回首往事,留下诗一首,云:

生命之水

琵琶湖,
生命之水,
远古的传承。
勤劳善良的人们,
世代繁衍,
生息不止。

近江八景,
巧夺天工,
绝佳境地。
濑田唐桥、
落雁生辉,
浮御堂、
祈愿平安时代……
江富士、
伊吹山、比良山,
山山环抱,
辟谷幽静,
鸳鸯传情,
引无数英雄竞折腰。

锦帆驶过,
碧波荡漾;

湖山一色，
平静初始；

几回回啊，
沿湖疾驰北进，
熟悉的山，
不尽的水，
逝去的岁月，
留下的印记。
青山依旧在，
几度夕阳红。

己亥春
三月十三日

辛勤耕耘

初到同仁

日本留学结束了，我选择了祖国。那时候回国的人不多，一起留学的同学和周围不少人不理解我，甚至觉得我的选择有问题。

可是，我不这样看。

"文革"之后，国家百废待兴，经济落后，综合国力薄弱，使得中国人在国际场合常有抬不起头来的感觉。

心底里不甘受辱的那股劲，让我低不下头，希望通过我们这代人的努力，使国家尽快强大起来。而且，一定要干出个模样来。

说起来，这应该是使命感和家国情怀吧。

到北京同仁医院也是一样。有的人把国内当时的情况和国外先进国家比，觉得在国内做事很难。我呢，并没有把当时国内的不足作为劣势去看，而是更多地看到未来发展的优势：其一，同仁医院是百年老院，从专业来讲，前人已经奠定了很好的基础，包括有个北京市的专业研究所，还有一代代前辈打下的临床基础；其二，同仁医院交通方便，病源丰富。这些资源条件都是得天独厚的。

同仁医院是片沃土。如果自己是一粒强壮的种子，天时地利人和都会有的。

回国后,国家政策给了我很大的支持。经国家人事部博士后管委会批准,我作为国内医学界第一位博士后研究人员,来到北京市耳鼻咽喉科研究所、北京同仁医院耳鼻咽喉科工作。

生活经历告诉我们,很多时候理想与现实之间是有巨大落差的。

当时的北京同仁医院受旧的传统观念影响,不仅同国外的技术落差较大,排外情绪也很严重。很长一段时间,我没有上台手术的机会。对此,我是有思想准备的。

我在四年半上山下乡艰苦的农村生活体验中,深悉人间底层的酸甜苦辣。我了解中国的历史和现实。

若要披荆斩棘开创一番事业,需要站在国家利益的制高点,需要虚怀若谷的度量和胸怀,更需要有淡泊名利、宁静致远、忍辱负重的担当精神。

不能上手术台,我就集中力量先做课题研究。

第一年,我写了15份科研立项标书,第二年有7份中标,其中最大的一笔基金支持是30万元人民币。这在北京同仁医院的历史上未曾有过。

一时间,人们开始对我刮目相看了。

三位博士后导师

作为中国博士后制度建立伊始的医学界第一位博士后,我在当时非常受关注。请导师,在业界更是万众瞩目。

选三位导师,是我向中国博士后管委会提出来的。一位是当时北京市耳鼻咽喉科研究所所长刘铤教授,他是耳内科方面的专家,主攻眩晕疾病诊治;一位是姜泗长教授,是解放军总医院耳鼻咽喉科研究所所长,耳外科专家;一位是屠规益教授,他是中国医学科学院肿瘤医院头颈外科主任。

同时选三位导师，自然是有原因的。

姜泗长教授当时是中华耳鼻咽喉科分会主任委员。基于对我的了解，姜老非常希望我去解放军总医院。不过那时候，我已得到承诺：回国后可以来去自由。我想半年在国内，半年到国外，这样对专业提升会有益处。我想，落户在北京同仁医院、北京市耳鼻咽喉科研究所会更方便。

刘铤教授对我很好，但我和老师的专业方向之间有距离。除了耳鼻咽喉科专业外，我当时重点主攻头颈外科。

屠规益教授的专业是头颈外科，但是我也不能去他所在的肿瘤医院。

当时的这些问题需要我妥善处理好，再三考量，为达到博士后历程最理想的目标，同时选三位导师是最佳方案。

现在看来，这样的选择是十分正确的。

我十分理解这些老师对我的认可，平衡好老师们之间的关系，得到最好的指导和帮助，事业发展就有了基础。

老师们都会喜欢好学生，我也是如此。最早的时候，姜老见我不去他那里，似乎有些不高兴，或许觉得我这个人目中无人，有些傲气，一度不愿见我。可我想啊，哪有学生生老师气的道理呢？

于是，我经常去拜访姜老。开始时，他似乎有些不愿搭理我。我就不厌其烦地主动汇报工作，向他请教。谈了几次之后，他觉得这个学生很好，慢慢地他对我的认识发生了改变。

再往后，我每次去，会有很深入的谈话交流，经常要留我吃饭。我不好意思。姜老却很高兴，谈历史，谈他个人的求学经历，谈专业，谈学科发展前景，谈我们共同的社会责任。

再后来，师生间感情不断深化。他对我的了解也越来越多，多次表示，希望寄托在我们这代年轻人身上，希望我们胸怀大局，学会团结人、帮助人，人多力量大，会有大事业。

作为学生，你要理解老师对你的关心、对你的喜欢和支持，要表达出愿意做事的强烈愿望，更要展示出能做成事的能力和自信。

这样，老师们怎么会不喜欢你呢？

刘铤、屠规益两位老师也对我很好。1992年顺应国际耳鼻咽喉科与头颈外科领域因学科相连交叉融合的特点，出现了一股融合发展的大趋势。为缩小国内外交流的落差，我提议创办《中国耳鼻咽喉头颈外科杂志》，为中华医学会耳鼻咽喉科分会更名做好前期准备。

为此，我的前辈们至少已经做了十年准备。这件事当即得到屠规益老师的赞许，也得到了刘铤老师的支持。国家科委于1993年6月8日发布文件，批准《耳鼻咽喉头颈外科杂志》创刊，这本杂志现名为《中国耳鼻咽喉头颈外科》，1994年以季刊形式开始发行，是中国第一本以"耳鼻咽喉头颈外科"命名的杂志。论文顺应了国际发展趋势，也符合中国国情，对我们专业学科发展具有历史性推动意义。

发行杂志的同时，我们组建了杂志学术编委会。在我的建议下，由屠规益、刘铤担任该杂志的主编。我和唐平章等人担任副主编，并邀姜泗长、王直中、郑中立为名誉主编。编委会委员为国内各地区有代表性的知名教授。

屠老对中国激光手术的推广是有贡献的。我是国内最早开展喉癌激光手术治疗的医生。屠老起初不相信，后来临场看到我的激光手术后，感到很振奋，接下来把不少他诊断的喉癌患者交给我做手术。关于这件事，我到后面还会讲。

"沉寂"后的收获

1991年新年过后，我到了北京同仁医院。在进行课题研究的同时，只要有时间，我就会参加查房。

至少有八个多月的时间，我都是站在年轻医生或进修医生后面听。

有人以为来了个傻大个，书呆子。其实在这个过程中，我已经把科里的每位医生的情况了解得比较清楚了。

转眼到了秋季。一天，主任查房会诊中遇到了几位中晚期喉癌病人，手术治疗有一定难度，很难拿定治疗意见。

我感觉到说话的时候了。得到主任允许后，我从第一个病例说到第五个病例，按照国际通行诊疗标准，以我的喉癌局部生长扩散特点和生物学特性研究的基础，进行了深入分析，提了比较完整的诊疗方案。

娓娓道来，缜密周到，清晰准确，在场的人们感到了一种未曾有过的冲击和震动。

一时间主任似乎有些尴尬，无奈地说："那你就做几台手术试试看。"

第二天，手术开始了。派给我的一个助手，实在有些笨手笨脚，配合出现困难。我一问才知道，他到医院八年了，竟没有做过一台耳鼻咽喉科的基本手术——气管切开。想想他的外科基础，我无语了。

我与他说："你做好拉钩就好了"。之后一连几天，换了几个助手，情况也没好多少，当时学科里年轻医生的外科基础可见一斑。

我只好又当媳妇又当婆。一连几天手术做下去，全院哗然，耳鼻咽喉科从来没看到这么亮的"一把刀"。

人们好像看到了希望，年轻医生和进修医生整天围着我，临床工作有了帮手。

不久，手术间遇到一起意外，再次考验了我的能力。

病人是个未成年的孩子，诊断慢性肾小球肾炎，做扁桃体切除手术。因为慢性肾病影响凝血机制，为控制术腔渗血，手术拖

专心治病

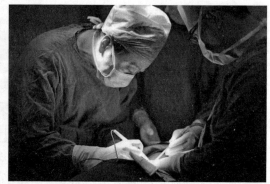
手术中

延了不少时间,加重了凝血障碍。

经过反复止血处理之后,当拔出麻醉套管的一瞬间,病人咽腔再次出现大面积出血。气管内灌进了很多血,病人突然窒息,接着出现全身痉挛,牙关紧闭。嘴巴咬得很紧,麻醉用气道通气的管子无法再次插进气管!

在隔壁手术间听到呼救声,我迅速跑过去。

生死瞬间,只有切开气管开放气道,病人才可能活过来!

在仅有的手术器械中,我近乎本能地发现扁桃腺切除用的链状刀。一把抢过来,手起刀落,切开气管,吸出气管内大量出血和分泌物。插管成功,氧气跟上。很快,病人的呼吸心跳回来了。

那次手术之后,一直紧张劳作的我还着实病了一场。

我平时很少生病的,可能当时心里还是太紧张了。你想,要是那一刀下去,角度、长短、位置稍有偏差,错过抢救时间,病人有可能死在手术台上。

如果没有中国医大十年间大量临床实践的历练,奇迹几乎不可能出现。

在这些实践中,我逐步被大家认可,也团结了很多人,慢慢有了凝聚力。

其实，人生最大的精彩在于战胜自我。最初的"沉寂"，让我得以将全部精力集中在专业研究上，中国耳鼻咽喉头颈外科大学科建设的思路也是在那个时候形成的。

回首往事，人生就是这样不断地经历磨炼，经受考验，百炼成钢的。追求至高境界，无论是意识方面的还是技术方面的，伴随人生的历练是必然的，当然，也是不可或缺的。

肥沃的土地

国外留学经历，使我深深感到国家强大、经济繁荣是民族屹立于世界之林的重要保障。学科发展与其大同小异、异曲同工。

促进学科发展，需要转变旧观念，彻底摆脱传统科室发展习惯的局限性；更需要整合各种资源，以开展新技术为带动，让人们看得清楚，才能想得明白，形成共同认知。

破旧迎新，身体力行，少说多做，努力用每件事的成功给人们带来希望，是我当时的座右铭，敦促我时刻不可以松懈缩小同国外先进技术落差的追求。

1991年初，我在学科发展模式上提出了"跑马圈地"的概念。认为：医学专业学科发展的成败，原本不在于器官的大小，而在于概念的新旧和视野的宽窄。

不能因为耳鼻咽喉科历史上不属于大学科，就限制学科的发展空间。我坚信："心胸有多大，舞台就有多大。"

用已经看到、体验到的学科发展制高点做目标，你就会发现大学科建设的必然性。

咬定青山不放松，苦干实干加巧干，成功就不再是梦里的企盼。

比如说，上气道阻塞引起的睡眠疾病，俗称"打呼噜憋气"。病人在睡眠过程中长时间存在喉腔以上部位的呼吸气道的梗阻，呼吸气流交流不畅，出现低氧血症。

长此以往，可以引起心脑血管疾病，如高血压、脑卒中、心梗，也可以引发糖尿病、脂代谢紊乱等代谢性疾病，导致儿童出现发育障碍，甚至可以诱发肿瘤，加重老年痴呆，等等。

睡眠上气道阻塞可以认为是一种源头性疾病，我们国家高危人群至少有一亿五千万。

过敏性鼻炎至少有八千万，听力障碍也有八千万，加上头颈部肿瘤，数量就更大了。

据此临床流行病学的简单分析，大量常见多发病汇集在这个学科，这个学科岂能是一个临床小学科？

实现耳鼻咽喉头颈外科大学科发展的宏伟目标，应该是国内外顺理成章的大趋势。

为此，我和同伴们制定了大学科发展的十年设想："三年打基础，三年图发展，三年上水平"。

1991年年底，我回国不到一年，为解决卫生领域高级职称青黄不接的历史问题，北京市委委托宣传部、卫生局联合举办了全国首次卫生系统高级职称破格晋升答辩会。

我被医院推荐参加晋升副主任医师答辩。万万没有想到的是，经评委会初步审查，认定我的综合能力已具备参加破格晋升主任医师的答辩条件。

主任医师是医学领域中技术等级的最高职称。经过简短准备，我参加了新中国医学历史上第一次隆重的破格晋升答辩。经过层层严格审查，我被破天荒地从讲师一步晋升为主任医师。这在中国当代医学界为第一次。

一时间，新闻媒体上的宣传报道铺天盖地。"他从黑土地走来"是那时候最有代表性的报道。

不久，北京市政府奖励我两室一厅住房一套。

太被关注了，信任和巨大的支持让我感到无比激动，同时也感受到一种无形的压力。

看得准，干得好，才能不负众望。

一位工作多年的老同事对我说："北京市耳鼻咽喉科研究所、北京同仁医院耳鼻咽喉科是一片肥沃的土地。"

刚刚萌生的一颗种子，让这个说法得到了验证。

我在耳鼻咽喉头颈外科领域辛勤耕耘40余年，从临床实践开发大量新技术到发表几百篇学术论文、出版30余部学术著作；从动议创办《耳鼻咽喉头颈外科》杂志，到总编《中华耳鼻咽喉头颈外科杂志》《国际耳鼻咽喉头颈外科杂志》《中国医学文摘·耳鼻咽喉科学》；从担任北京市耳鼻咽喉科研究所的副所长、所长，到担任世界华人耳鼻咽喉头颈外科理事会理事长、中华医学会耳鼻咽喉科分会主任委员、中国医师协会耳鼻咽喉头颈外科学分会会长、首都医科大学耳鼻咽喉科学院院长、世界卫生组织（WHO）防聋合作中心主任、全国防聋治聋技术指导组组长；从获得15项实用新型专利、2项省部级一等奖，到3次荣获国家科学技术进步奖二等奖……一路走来，我有了一大堆的成就与荣誉。

没有肥沃的土地，种子何以为生呢！

一个人的智慧是有限的，群体的力量如同大地母亲。

学会做好带头人，学会用人，允许徒弟超越师傅，敢用比自己更强更聪明的人，永远给大家带来欢乐和希望，这需要一种勇气。

一片肥沃的土地，春花满园。

空鼻症是病吗？

20世纪90年代以前，中国的鼻科学是很偏门的，很少有人愿意做鼻科大夫。

两眼、两鼻孔、两耳朵、一嘴巴，被称为七窍。鼻子是七窍之首，时时刻刻做内外交流，都在呼吸。其他感官能停，呼吸能停吗？从这个角度看，鼻子的功能是顶顶重要的。

长期以来，人们有种错觉，鼻子有病，堵住了，可以张口呼吸，似乎有很大的替代性。

再者，鼻科疾病的治疗方法好像不多，比方说慢性鼻炎、鼻窦炎，根治的可能性很小；过敏性鼻炎也是顽疾中的一种。

还有呢，鼻腔口小洞深，周围解剖结构非常复杂，治疗时经常出现严重并发症，导致很多医生不敢选择深入鼻腔。

我从医的那个年代，影像学水平有限，鼻科各种治疗出现并发症的概率确实很高。

鼻科，让人有种谈虎色变的感觉。

鼻科疾病的诊治，医患都有不少困惑，很多人所说的"空鼻症"，就是其中的一种，带来的社会影响可以说是伤筋动骨，惊天动地。

那个时候，人们都说"空鼻症"是病。

可是，"空鼻症"真的是病吗？

我不认为"空鼻症"是病。因为在没有接受外部干预治疗之前，鼻部疾病本身并没有那么严重。治疗了，却引出很多问题。那怎么能说是病呢？那只能说是治疗的并发症。

如果从成因角度进行分析，从根上把它搞透了，很多难以解释或解决的关于"空鼻症"的困惑，就会迎刃而解。

那么，问题出在哪里呢？问题在于诊断是否正确，治疗适应证、治疗时机、治疗方法是否符合病人利益，治疗目的是否与预期结果一致。如果上述基本问题医患双方均存在认识上的差异，治疗结果一定与期望大相径庭，引出医患双方难以接受的一系列并发症。经治医生回天乏术，难尽治病救人之情，苦不堪言。

为什么会出现回天乏术的并发症呢？

我们先了解一下国内外专家如何看待所谓"空鼻症"的。

尤金·凯姆（Eugene Kerm）医生早在1994年就提出，"空鼻症"是一组鼻腔组织过度缺失引起的临床症候群和相应的鼻腔鼻窦影像学表现。

埃里克·穆尔（Eric Moore）医生于2000年警示：临床医生不要过多切除鼻腔组织，以免出现不可逆性损伤。

北京同仁医院的周兵主任于2014年指出："空鼻症"是源于鼻部手术后主观感觉和客观体征严重分离，伴有精神心理障碍的症候群。

从人类遗传学角度考虑，几乎所有的人体器官都具有结构与功能之间的必然联系，其中很多结构具有的生理功能，至今并不为我们所知晓。治疗或手术中损伤或切除了具有生理功能的组织结构，包括黏膜，其所具有的功能也必然受到伤害，临床上就一定会出现组织功能缺失而带来的不适症状。

这是我在1996年提出的关于结构-功能-症状三者必然联系的学术论点。

为什么提到这个论点呢？

因为涉及"空鼻症"的由来。

鼻腔堵塞引起呼吸不畅的原因是很多的，包括前面提到的鼻炎、鼻窦炎、鼻中隔偏曲、鼻腔占位病变，以及各种类型的鼻腔、鼻窦炎性病变等等。

在很长一段时间，不少的临床医生对鼻腔堵塞的成因关注不够，常常把复杂的问题做了简单处理。比方说手术切除了下鼻甲或中鼻甲，或者是采取下鼻甲射频消融以及激光治疗。所有这些方法的通病是伤害了下鼻甲或中鼻甲的组织结构，结构所承接的功能呢，常常在不知情的肤浅认知下受到了不可逆性伤害。

鼻腔鼻窦组织结构，包括黏膜组织以及其表面的黏液毡，尤其是鼻甲，都具有非常复杂的生理功能，到目前为止很多功能我们并没有真正研究透彻。比如说，压力、张力、温度、湿度感受功能，鼻-肺反射、鼻-心反射以及鼻-中枢神经系统反射功能等等。

这些功能在正常状态下发挥着维系健康的重要作用，任何一个部分受到伤害哪怕很小的伤害，都会出现不同程度的临床症状。

大部分"空鼻症"的成因，是因为在临床病人出现主观症状与体检症状分离的情况下，医生盲目扩大了手术适应证。治疗或手术中伤害了鼻腔组织结构，以下鼻甲为最多。这些结构缺失或被伤害，术后出现鼻腔呼吸气流分布发生改变，过度通气，或引起嗅觉障碍、鼻腔感知异常，也有的病人出现焦虑、头痛，呼吸不畅产生堵塞感、心慌、胸闷，或出现肢体认知障碍以及双向性格等令人痛不欲生的临床表现。

临床上病人出现"空鼻症"症状，大部分与术前缺乏同病人的及时交流以及不能正确选择治疗方式有关。主要可以概括为以下几个方面：

一是医患双方信息不对称，缺少沟通交流；

二是缺乏诊断依据或是依据不充分，盲目扩大手术适应证；

三是服务技术培训以及配套设备不够成熟，眉毛胡子一把抓；

四是对完整保护鼻腔结构的认知缺乏，或多次手术反复伤害鼻腔基本结构。

在国内鼻科学领域，医患双方在不远的过去，曾付出了惨痛的代价，认知水平也因此有了大幅度提高。

自从鼻内镜外科技术开展以来，通过结构-功能-症状三者关系学术观点的广泛传播，"空鼻症"不再被认为是一种病，其发生也越来越少。

一支内镜打天下

鼻内镜（Nasal endoscopy），20世纪90年代初被翻译为鼻内窥镜。我最初的时候也沿用这个术语,但总是觉得不舒服。

"窥"字原意是从小孔、缝隙或隐蔽处偷看,不是褒义词。而鼻内镜是一种光学设备,能够很方便地深入狭窄的鼻腔,对其内部解剖结构进行详细的观察以及开展手术治疗等项工作,同时可以将观察图像清晰地导到监视器上供人们观察。

经鼻内镜手术能够达到传统手术无法到达的区域,从而解决很多以前难以解除的鼻腔疾患。这是一项非常好的新技术,怎么可以用一个"窥"字来形容呢?于是,我提议去掉"窥"字。

现在,鼻内镜是耳鼻咽喉头颈外科的常用设备了。作为一种检查和治疗方法,鼻内镜技术已经辐射延伸到全国各地,县级医疗机构、发达地区乡镇医院都有配置。

回顾上世纪90年代初我刚回到国内的时候,由于业内人士认知度有限,鼻内镜术的起步阶段并非一帆风顺。

1991年秋的一天,一位18岁的青年民工被抬到同仁医院。他是在施工中受伤的,被反弹的水泥枪钉打穿左眼射入同侧紧贴前颅底的后筛与蝶窦之间。水泥枪钉有4公分长,进入的位置又很刁,按照惯例,要做鼻侧切开手术,取出异物。如果那样,年轻小伙的面容会受到损伤,留下一道不小的伤疤。家属很着急,小伙子不干了,觉得自己眼睛已经不行了,如果脸部再破相,以后还怎么生活?他恳求着,说什么也不愿意做这样的手术。他的家人也向医生护士打听,看有没有别的办法。

后来,他们找到我,恳求我想想办法。

我了解到这位病人的情况后,马上想到了鼻内镜,就试着问周围的大夫:"咱们有没有鼻内镜?"

有人回答:"有,但从来没有用过,也不知搁在哪里了。"

我到设备科,人们找到了档案,说:"你们主任领走了。"

那个时候的科主任很权威,脾气也有些古怪,一般人不敢跟她直接说话。

我硬着头皮找到主任，小心地问："主任好，设备科说您这儿有内镜，能不能让我用一用，做台手术？"

主任直接回了一句噎人的话："内镜是看的，能做手术吗？用坏了怎么办呀？"

我有心理准备，便笑着回答："可以试试，可以试试。"

主任不说话了，在那儿想了半天才说："用完了马上还给我，跟我走吧。"

说完，自顾自地往前走，我赶紧跟着她到了办公室。那时候的主任办公室都有张床供休息，她指了指床底下，示意放在那儿。

我从床底下拿出箱子，打开来一看，内镜和手术钳都是新的，没用过。光源之类的配件都有。

我一检查，完全可以用。心里一时激动，道一声谢，将内镜设备带到了手术室。

听说我要用这个仪器，不破相、不损伤鼻腔就能取出异物，周围的医务人员都觉得不可思议——在颅底这么深的地方，怎么能用这镜子拿出来？

为了以防万一，手术前我还是做了鼻侧切开的准备。

结果，手术只用了十来分钟时间，枪钉便经鼻腔顺利取出。

我是怎么做的呢？简单地说，就是开放中鼻道，打开筛窦，枪钉尾巴就会自然露出来，然后我用钳子一夹一拽，很轻松地就把枪钉拔出来了。当然在这个过程中有一些注意事项，比如要避免触碰伤害到视神经、鼻腔侧后壁的大血管之类。

我们现在的鼻内镜操作，都有影像做辅助。那时候没有。所以旁边的人只能看到结果，看不到我的具体操作。这样一来，增加了人们对此的神秘感。

鼻内镜外科技术闪亮登场，消息迅速在院内传开，病人闻讯来求医的越来越多。冷清的鼻科迅速从"后台"进入"舞台中心"。

扛着内镜这杆旗帜打天下，推动了在北京乃至全国范围鼻内镜的广泛使用。

为什么会是这样呢？因为过去鼻内手术像是雨后河里打鱼，有鱼没鱼都是一网，盲目性很大。现在有了鼻内镜，可以清晰观察到手术部位。手术范围和准确性都有了划时代的进步，使传统模糊手术状态进入到功能性手术新的发展阶段。

围绕着鼻内镜这个关键要素，鼻科的临床技术、诊疗水平、科研水平均得到了大幅度的提高，很多以前难以处理的病，现在可以轻松解决。

我所在的北京同仁医院，从1991年8月开展首例鼻内镜手术至今，鼻科手术量已达八万多例，成为国内翘楚。

在我们这代人——当然包括我的好朋友广州中山医院的许庚教授等一批专家——的带领下，我国鼻内镜外科技术也逐渐趋于成熟，综合水平也步入了国际前沿。由我主编的《鼻内镜外科学》，几经再版，是鼻科医生爱不释手的一本教科书。

"科技新宠"

随着鼻内镜外科技术的日臻成熟，相关领域的技术也在不断发展。它们相辅相成，互相促进。手术器械方面出现了很多"科技新宠"，例如电动手术切割器械，改变了"抓"和"撕"的手术方法，简化了器械，减少了器械"进""出"对鼻腔黏膜和骨性结构的伤害，缩短了手术时间，减少了术中出血。术野变得清晰，鼻腔鼻窦手术变得精准。手术器械的技术突破，实现了鼻内镜外科技术划时代的进步。

影像学检查如螺旋CT的容积扫描，扫描速度快，可进行三维重建，便于术前模拟立体定位。计算机辅助精确定位的鼻内镜手术，实现了手术导航。

加上全麻控制性低血压手术配合,使手术更加准确和安全,为探索更高难度手术提供了客观保障。也使得鼻内镜外科技术的应用范围进一步扩大,不断延伸到耳鼻咽喉头颈外科的更多领域。

2000年1月,一位17岁的外地女孩在母亲的带领下来到同仁医院。两个月前,女孩的左侧头痛明显加重,严重影响睡眠和学习。在当地医院按病毒性脑炎输液治疗一个月,症状没有明显改善,随后MRI进一步检查提示"左蝶窦肿物",当地医院没法治疗。孩子的母亲心急如焚,抱着最后的希望来到北京,盼望能在北京的大医院得到救治。因几家医院检查的结果和治疗方法各不相同,最后来到我的门诊。

患者的症状是:感冒后出现发热、流涕、头痛等症状,自行服药后虽然不发烧了,但头痛没有解除,而且时有发作。

进一步检查后,我确诊她得了左蝶窦炎,并决定应用鼻内镜技术和先进的计算机导航技术,给患者施行蝶窦开放术。

计算机辅助内镜导航系统是当代航天技术应用于医学领域的成果,手术中可以通过三维立体定位技术确定病变位置,指导术中操作,精确度达到1毫米。适用于前颅底、中颅窝等高风险区域的手术。这个项目得到了北京市高科技实验课题基金的资助。

第一次开展这种新技术手术,我还是认真做了准备的。

手术在全麻下进行。由于导航系统实施三维影像定位技术,手术中的每一步操作,都能由导航系统指示出精准的位置,实施手术时可以做到心中有数,得心应手,提高了安全性。

新技术有效预防了周围正常组织的损伤,减少了手术中可能出现的负损伤或是严重并发症。

在导航技术辅助下,手术变得更加清晰准确,开辟了鼻内镜外科技术的新领域。它标志着我国鼻、鼻颅底微创外科及鼻眼相关外科技术与国际接轨,达到同步先进水平。

"苟日新，日日新"，为造福患者，对于国内外的先进技术，我总是十分关注，努力创造条件，争取第一时间加以运用。

鼻窦炎、鼻息肉的诊治研究

鼻窦炎、鼻息肉是鼻科常见的多发病，发病率约占人口的5%。由于传统根治性手术的局限性，彻底治疗慢性鼻窦炎、鼻息肉几乎是一种奢望。

患者们抱怨，鼻息肉的手术就像割韭菜，割了一茬没多久，就又长出来了。鼻窦炎也一样，总是无法根除，容易引发嗅觉失灵、鼻塞，生活质量很差。

作为专业医生，我希望能解决这些难题。

于是，我组建了研究团队，设定标的，开始了国内外先进技术、学术研究趋势的调研。同时也组织了另外一批人开始研究鼻腔、鼻窦的解剖变异与慢性鼻窦炎、鼻息肉发病的相关性。

经过鼻腔气流体动力学、病因学、嗅觉功能等观察研究，我们对慢性鼻窦炎、鼻息肉的发病机理、病理生理学特点、生物学特性以及相关解剖学特点等有了更深入的了解。陆续建立了鼻窦炎、鼻息肉的分型，筛窦骨化分型、分期标准，疗效评定标准等系列专家共识以及临床指南。

通过对鼻内镜手术疗效的综合评估，我组织建立了慢性鼻窦炎、鼻息肉围手术期综合治疗体系，制定规范，为正确开展鼻内镜手术以及在国内外大面积推广奠定了基础。

1991—1999年的近十年间，北京同仁医院检查治疗病人逾万人，实施手术6083例。手术例数以及技术延伸范围都达到了国内较高水准。

鼻窦炎、鼻息肉的诊治研究，得到国家自然科学基金、卫生部科学基金、北京市自然科学基金等多项基金支持。以上研究还获得2001年度国家科学技术进步奖二等奖。

难治性鼻-鼻窦炎？

难治性鼻-鼻窦炎是我长期面对和反复思考的一道难题。实际上，也是整个鼻科学发展到今天依然面临的非常现实的挑战。

所谓难治，就是用目前的手段、方法治疗，效果不好，病人痛苦不堪。

怎样才能解决这个难题呢？

我认为，疾病没有得到有效治疗和治疗结果不满意，其核心问题还是病因学问题，就是对所谓难治性鼻-鼻窦炎真正的致病因素，没有搞明白。

难治性鼻-鼻窦炎到底由哪些因素引起？我曾做过这样的分析：

第一，与患者自身的免疫状况有关，包括遗传因素和病人本身固有的一些病理生理学特点。

第二，治疗方法选择出了问题。有些病人可以做手术，有些病人不适应做手术。适应做手术的病人，我们选择手术自然是正确的；但不适应做手术的一些病人，包括遗传性因素影响和过敏性因素难以用药物和手术控制的病人，如果我们选择了手术治疗，就会成为一个很大的问题。一旦选择了错误的治疗方法或者不恰当的治疗方式，结果不满意便是必然。

第三，病情分类问题。到目前为止，我们已经有了一些比较深入的基础研究。慢性鼻窦炎的病例中，有的伴发了鼻息肉，有的没有。

有鼻息肉这一部分，通过遗传因素、病理生理学分析、生物学特点研究，它属于一种类型。如果这种类型没有进行准确分析，没有坚持以药物治疗为主的方式，而是直接选择了手术，问题就会很严重，反复发作是不可避免的。

因为手术治疗没有解决根本问题，没有解决病因问题，效果自然不好。

还有一个问题，我们说得宽泛一点，就是治疗选择中，医生对病情的准确分析和病变的准确定位问题。

比如说，做一台慢性鼻窦炎鼻窦开放手术，不仅要达到引流通气的目的，手术区域各种病变的准确把控、个性化处理也十分重要。如果扩大了手术，把鼻窦内所有的黏膜全刮除掉，那么问题就会非常严重。因为鼻窦的骨性生长抑制作用被破坏了，缺少了鼻窦纤毛柱状上皮和黏骨膜的保护，鼻窦骨壁就会出现不间断增生，窦腔就会越来越小，到完全闭锁，病人就会伴有局部闷胀疼痛，经久不退。

另一个严重的问题是，术后窦腔内必然出现鳞状上皮化生伴有大量腺体增生。它是一种完全不同于正常鼻窦内固有的纤毛的柱状上皮。鼻腔引流清洁功能和保护能力受到了全面伤害，会形成经久不愈的鼻腔鼻窦感染，病人的康复就会非常困难。

这些问题处理不当，就会形成难治性鼻-鼻窦炎的难治基础。

还有，病原微生物、细菌感染也是难治性鼻-鼻窦炎的重要因素，要引起足够重视。致病细菌种类很多，大致可以分两个方面：有氧菌的感染和占绝大部分的厌氧菌感染。我们是否对这种病人的鼻腔进行了致病细菌的检测和药敏分析呢？是否采取了局部或全身用药进行有效控制呢？很多时候，这些方面存在的问题，我们并没有很好地进行处置。

凡此种种，包括一旦选择手术治疗，手术中是否保护了必须保护的包括存在炎症的一些黏膜呢？包括医生的培训，还有医生的资质，医生是否具备处理这种比较复杂的鼻窦炎的能力？这些都存在很多挑战。

如果第一次治疗做了错误的选择，或者治疗方法不得当，那么，以后的路就变得非常难走。因此，对难治性鼻窦炎，我们要警觉，要对这些病例进行全面分析，要经过一段时间的临床观察和保守治疗，必要时进行全面客观的多学科会诊，然后再决定采取有把握的治疗方法。

如果这些方面我们都考虑到了，所谓难治性鼻窦炎，就会大范围减少。

临床上需要我们深入思考的问题不少。如果能比较准确认知并把控好这些问题，客观地分析每一个病人，治疗就会变得更加人性化，也会得到满意的治疗结果。

用正确的思维方式对医患双方进行科学宣教也很重要。如此可避免反复去不同的医院，经治不同的医生，做不同的治疗。最后堆积起来，难治性鼻-鼻窦炎就会形成一个层面，治愈难度就非常大了。

鼻腔扩容术是如何诞生的？

在追求卓越的道路上，在不断实现自我超越的过程中，针对临床诊疗中不断出现的新问题，总是有种进退维谷之感，但这反而激起我锲而不舍的斗志。

针对打呼噜憋气的病人，咽腔做Han-UPPP手术，恢复得很好，但还是不满意，因为病人睡眠中还在打呼噜，还在张嘴呼吸。

这究竟是怎么回事呢？

深入研究发现，有不少病人睡眠中不仅有咽腔堵塞的问题，还有鼻腔堵塞通气不畅的问题。

再研究，我们又发现中国人鼻子普遍短小，大约90%都有鼻中隔偏曲，不少伴有慢性鼻窦炎。

问题来了，如何把鼻中隔做直、做薄，对鼻腔、鼻骨有支撑力，又能减少容积呢？如何改善鼻腔的狭窄状况，增加有效通气容积呢？其中矫正鼻中隔偏曲很关键。所有鼻腔的不对称或是狭窄，都与之有关。因为有鼻腔、鼻窦的影像学检查（CT等），过去看不到的，现在都能看得很清楚。

我边观察边琢磨，鼻中隔具有骨性支撑作用的主要由三部分组成：前方的软骨区，由鼻小柱软骨和方形软骨组成；上方由筛骨垂直板和后方的犁骨构成；底部坐落在颚骨鼻棘上。这些主要结构由胚胎的不同胚基发育而来。这些骨与软骨之间的连接如果不在中线的位置，就会发生鼻中隔偏曲。偏曲的位置主要发生在结构融合的部位，出现前方偏曲以方形软骨为主，高位偏曲以筛骨垂直板为主，下方以棘突偏曲为主。

思路清晰了，探索中，我很快创建了鼻中隔三线减张矫正术。

在鼻内镜观察下，从鼻中隔前部皮肤与黏膜交界处切开，分离鼻中隔黏膜，线形切除偏曲隆起部分，保留鼻中隔方形软骨和筛骨垂直板的支架作用。鼻中隔做直了，不仅具有位于中线的支撑作用，还变得薄了，可增加鼻腔容积。

接下来，如何调整两侧鼻腔呼吸通气对称，矫正鼻腔外侧壁结构畸形成为新问题。

于是，围绕着新问题，我又考虑如何矫正鼻腔外侧壁，既保护鼻腔基本功能又增加有效通气容积。

最终，我带领同学们经过一段解剖学、鼻腔气流力学以及鼻腔功能区域分布的深入研究，创建开放中鼻道、矫正鼻腔外侧壁的鼻腔扩容术。

鼻腔扩容术的完整概念，既彻底解决了鼻腔通气功能障碍的问题，还完美地保留了鼻腔功能。其中的细节还是很复杂的，要有专业基础才可以真正理解。

鼻腔扩容术的诞生，代表了治疗鼻腔炎性疾病向治疗鼻腔功能性疾病的转变，是以治疗为中心转向以健康管理为中心的一次历史性突破。

经过各种技术培训班、学术会议和国内外专业杂志的传播，鼻腔扩容术很快风靡国内外。应该说，在鼻内镜外科技术推动我国鼻科学进步的过程中，具有历史性意义。

为了感受鼻腔扩容术的疗效，我还让大徒弟周兵操刀，给我的鼻子做这个手术。

我的鼻子发育还算是可以的，颜形也不算很差，但是我有一个问题，就是一侧通气不好。平常还好，一旦感冒就出问题。有段时间，我一上车就犯困，总觉得睡不透，容易疲乏。可能因为休息不好，会出现记忆中断，讲话会有突然断片的现象。那个时候脱发也很严重。

周兵给我做完手术后，以前存在的问题迎刃而解，脸上的皮肤光滑了许多，人也显得精干和年轻了。

在研究和实践的过程中，解决病人问题的同时，身临其境亲身体验，对于加深理解病人的感受，调整治疗心态，创作出更精美的术式，也是十分重要的。

我为人人，才有人人为我，成功事物的发展过程很有意思吧。

后来这手术我就越做越多，发表文章，写综述，写述评，出专著，在国内外产生了良好的影响。

2011年，我应邀在《耳鼻喉科学报》（*Acta Oto-Laryngologica*）发表述评，详细介绍了鼻腔扩容术及治疗意义。美国医学科学院王存玉院士评述："鼻腔扩容技术意义深远，将影响并促进睡眠外科进步几十年。"

2012年，我应邀在第83届德国国际会议做鼻腔扩容术主题报告。在睡眠疾病外科治疗领域，第一次将笼统的鼻腔手术确定为鼻腔扩容术的具体术式，极大地方便了推广应用，进一步扩大了国际学术影响。

总之，通过深入理解睡眠呼吸障碍疾病的发病机制，解除鼻腔狭窄的源头性阻塞因素，是创建鼻腔扩容术的主要动因。

通过矫正鼻腔异常阻塞部位、扩大有效通气空间，恢复双侧鼻腔对称通气，达到缓解上气道阻塞的目的，解除了鼻腔阻塞影响整个呼吸道正常生理功能的源头性致病因素。

当然，鼻腔扩容技术也是基于鼻内镜外科技术的不断成熟而发展起来的。

鼻腔扩容术拓宽了鼻内镜外科技术的应用范围，降低了OSAHS治疗中经咽腔软腭手术实施率，联合Han-UPPP手术，有效提高了上气道阻塞外科治疗效果，代表了以治疗为中心转向以健康管理为中心的正确发展方向。

学术进步中的新旧矛盾

随着鼻内镜外科技术基础和临床研究的不断深入和日益成熟，鼻内镜外科技术应用范围已拓展到耳鼻咽喉头颈外科整个领域，并出现很多新的突破。

我到同仁医院之前，耳鼻咽喉科分为耳科、鼻咽喉两个专业组，头颈外科还没有分出来。1991年底，头颈组从鼻咽喉组里独立出来，只治疗头颈肿瘤病人，我担任组长。1993年，正式成立耳科、鼻科、咽喉科、头颈外科四个亚学科。

无论是咽喉科，还是头颈外科，发展过程与鼻科一样，存在着种种新旧矛盾。

一次，有位主任做完喉癌手术，病人还没出院就复发了。我做二次手术，打开来一看，满目肿瘤组织。很清楚，上次手术没有把肿瘤切干净。我没有说话，干净利索地做了一次喉四分之三切除术，彻底切除肿瘤的同时，保留喉的基本功能。第二天，消息像长了翅膀，传得沸沸扬扬。

还有一次，一个孩子玩弄塑料笔帽，不小心误吸到气管里了。老主任选择了全麻气管镜观察下异物取出手术。从早上开始，一直做到过午。麻醉时间太长，不好维系。有人就对我说："韩头，你去看看吧，主任现在还没下来呢，听说要做开胸手术。"

我赶到手术间，老主任表情专注，不说话，也不搭理我。反复进行气管内止血，试图用钳子夹住笔帽。可是，那个笔帽只能碰着，就是夹不住。由于反复摩擦，气管黏膜壁被弄破了，肿胀渗血，气管腔变得更窄了。

由于时间太长，老主任似乎一点劲儿都没有了，拿钳子的手在发抖，实在坚持不下去了，又一次说："开胸吧？"

我一看，是时候了，说："孩子还小，我试试吧。"

老主任似乎有些不情愿，但还是把手术交给了我。

其实，看老主任手术的时候，我就开始琢磨该用什么方法了。

孩子的气管是有弹性的，塑料笔帽落入气管之后，远端气管内由于负压，笔帽会被不断向深处吸引，气管壁黏膜会向笔帽口内反折，很难看到笔帽上口的边沿儿。随着手术时间延长，笔帽越陷越深，气管远端的张力也越来越大了，委实很难取出来。

我先是仔细用内镜进行观察，充分止血后，用异物钳子的咬合板，托起陷入笔帽上口沿儿的黏膜，用钳子牢牢牵住笔帽上沿儿，漏出一丝缝隙，空气慢慢进入气管远端，几乎可以听到吱吱的进气声，慢慢气管远端的负压被解除了。我顺势轻轻旋转笔帽上口，避开水肿渗血的气管内黏膜，笔帽被缓缓地从气管内取出来。前后十分钟，手术做完了。

老主任坐在那里，半天儿没起身。

人们以为这一次成功手术之后，老主任会对我刮目相看。不是的，还是那股瞧不上的劲头，不断有新的难题出现。

我呢，保持温文尔雅的气度，从来不会同任何人翻脸。

对于病人，我是来者不拒，实打实地用技术说话，解决每个疑难病例。

随着时间的推移，新旧之间的反应强度似乎越来越弱了，看热闹的人们也似乎失去了兴趣。

一位老同仁调皮地说："没热闹看了，他的水准不答应。"

说心里话，我并不想对那些想难为我的人或难为过我的人做出反应。

道理十分清楚。我是后来者，在挑战着人们已经根深蒂固的思想观念，挑战着现有的利益平衡，挑战着经过千辛万苦积累出的学术影响。

只有不断做得更好，展现出强大的技术实力，展现出内心强大的包容性，不断给人们带来希望，新旧矛盾才会在时间和空间的变换中慢慢化解。

在患者的生死面前

是患者的利益第一位，还是医生的名利第一位？这是在重大医疗风险考验面前医生必须面对的问题。

2005年春节后下了一场特别大的雪，京津塘高速公路封路。有一位政府职员急于从天津赶回北京参加重要会议，匆忙中选择从辅路开车返回，超车时为躲避对面急驶的车辆，追尾前面的大货车，发生了严重车祸。他的车身前部以及挡风玻璃被撞毁，人被挤压在其中。

接诊时已是当晚6点多钟了，患者处于半昏迷状态。打开简单包扎，检查发现半边脸被撕开，眼球裸露，颅底颅面多处复合骨折，血管损伤，严重失血，气脑、视神经骨管骨折，右眼失明……

严重的颅面复合外伤，不及时手术，如继发颅内感染，患者会死亡！视神经骨管骨折长时间压迫视神经，失明难以恢复，继发感染会发生交感性眼炎，导致双目失明。

病情危急，随着时间的推移，手术难度在不断加大，风险更大，考验医生的时候到了。

如果做出保守性的处理，医生不会有任何责任。

如果选择复杂的颅底探查修复手术，出现颅内大动脉出血，随时会有死亡风险；术后如果出现严重的颅内感染，恢复不理想，留下严重残疾，医生将背负责任被追究。

当时，出于安全考虑，眼科、神经外科以及颅面复合伤诊疗中心的会诊意见是："情况复杂，不适合急诊手术。"

作为颅面复合伤诊疗中心的专家组长，面对患者家属、陪同的领导和我的同事们的十几双急切的目光，做还是不做，我要最后拿定主意。

时间一分一秒过去，患者生存的希望一点点地被剥夺。

经过再次审慎分析病情，我决定做这个手术。

经过一番准备，晚上8点，紧张而有秩序的手术开始了。面对不断出现的凶险场面，手术室里鸦雀无声。

大面积颅底骨折，凝血块、骨折碎片、脑脊液漏混乱融合在破碎的鼻窦结构中，不断探查、清除凝血块，控制颅底出血和脑脊液漏修补术在进行中……

有位在现场的眼科老医生，看到裸露的视神经，看到海绵窦周围凝血块和不断涌动的出血。他说，在他一生的经历中从来没直视视神经开放的全过程，从来没看到过海绵窦周围的外伤探查修复。因为随时会出现颈内动脉的破裂出血，看得太紧张了，感觉心脏要跳出来。

手术持续到午夜，成功了！

两个星期后，那位患者就能朦朦胧胧看见光影；三个月后，两侧视力几乎恢复到外伤前水平……

经过精细的面部修复手术，患者面部几乎看不到外伤的痕迹。类似这种事，医生们都会遇见。

进退维谷之间，如果你总在想：这个手术太危险，成功概率不大，一朝失误，一世英名就算完了！那可能永远都不会成为一名真正的医生。

有效消除分歧与隔阂

医生的天职是为患者解除病痛，患者的需要就是医生的第一责任。为解除病痛乃至死亡对患者的威胁，医生应该有勇气承担风险，打破壁垒，包括消除同事之间认知的分歧与隔阂。

一次，一位著名的老大夫做侧颅底肿瘤切除手术。时间已经持续近十个小时了，可以看到她的手有些颤抖，身体已难以支撑。但她仍然不甘无果而终，想把颅底的瘤子切除掉。由于采用传统的手术方法，在狭窄的颞骨内手术，已经延长了很多时间，但并没有取得成功。

那个时候，同事们不断催促我接替老大夫完成手术。我很矛盾，我是可以做，但怕老同志心里过不去，毕竟手术拖得太久了。于是我走过去轻声说："主任，您还没吃晚饭呢，先休息一下，吃口饭，我来试试。"

老大夫离开了。基于头颈外科的功底，我从颈侧部切开扩大术野，深入到颅底，清晰暴露肿瘤，仔细分离颈内动静脉，完整取出肿瘤。前后用了不到20分钟时间。

在场的人们激动得想鼓掌，我用手势阻止了他们。人们你看看我，我看看你，心里在传递一个信息：对于老同志，我们要懂得尊重，人都有老的时候。

老大夫回来了，看到结果，一句话没有说。

工作中，在同医院的老大夫、老同志们接触时，特别是有不同看法的时候，我尽可能注意耐心倾听，不做争论，十分注意避免言辞激烈，尽可能地用心做好每件事。

随着时间的推移，在一道道难关被攻克的实践中，人们慢慢接受我了，把我当成主心骨，心底的大门也彻底敞开了。

天宽地阔，一批新技术雨后春笋般开展起来。

成功抢救颈总动脉破裂病人

与鼻科、耳科的手术不同，头颈外科的手术需要多人合作，需要主治大夫与助理很好地配合，也需要大夫、护士们的群体合作，团队精神非常重要。尤其在紧急状态下，时机的把握刻不容缓，更是对团队的考验。

1998年2月的一个上午，耳鼻咽喉科住院的一个晚期肿瘤病人突然出现颈部大出血，鲜血向四周喷射。病人随即摔倒在地，四肢抽搐。正在给其他病人换药的杜叶松及随后赶到的陈学军等医生立即压迫止血，拔出气管套管，清除气管内血液，保持呼吸道通畅。护士长杨虹同护士潘锦华等同时给氧，开放静脉通道，静滴代血浆。我也迅速赶到现场。

在这种紧急情况下，保持头脑清醒冷静，行动果断，十分重要。要抢救好现场的病人，还要迅速安排人员做好进入手术室抢救治疗的准备。

10分钟后，病人被送到手术室。尽管陈学军医生一直用右手食指压迫颈侧出血部位，出血量仍已达1200毫升。

情况相当危急，现场没有任何慌乱，大家体现出很好的专业素质，消毒、铺巾，抢救工作有条不紊地进行着。

手术中，我发现病人出血部位是在右颈总动脉，是气管造瘘处复发肿瘤侵破所致。

我仔细分离因放疗及前期手术造成的板状坚硬粘连，终于将颈总动脉与周围粘连的组织分离开来，并稳妥地将动脉破裂处进行了修补缝合。

病人得救了，大家松了一口气，彼此间感受着成功的激动。

颈总动脉破裂抢救成功的例子非常罕见。大家总结这次经验时，一致认为忙而不乱的密切合作和及时果断的处置是关键。当然高超的医术也是抢救成功的关键。这件事迅速传开，并被媒体加以报道。

第一例喉癌激光手术

头颈外科的手术范围越做越大，新开展的技术也是层出不穷，不断扩大着学术和技术影响。

其中印象最深的，是我早期开展的喉癌激光手术。因为是全国第一例，引起了不小的震动。

现在喉癌激光手术及其他各种激光手术已经比较普遍了，人们不会感到有什么稀奇。可是那时候，在没有任何认知的情况下，没有人相信激光还能做喉癌手术。

激光原理很复杂，功率大小决定照射强度，焦点放大的时候照射的是个圆面；焦点缩小，集中到一点，就有很强的穿透性，像是一把枪。如果从一点延伸下来，就像是一把非常锋利的刀。掌握了激光的这个基本特性，就可以很好地应用了。当然，使用经验还需要逐渐积累。

我在日本留学时见习过激光手术，那时候还没有做过喉癌手术。

回国后，我一直在思考激光喉癌手术问题："既然激光可以做喉部声带的手术，那么做喉癌手术也应该没有问题的。"

我先同厂家协商，借用二氧化碳激光机，开始实验研究。在带皮的猪肉上做实验，反复体验激光性能，然后做动物实验。感到有把握了，申请医院伦理委员会审批，迎来了第一例喉癌激光手术。

那是一例喉声带早期癌，在支撑喉镜的配合下，用激光在癌组织基底深处安全距离彻底切除了肿瘤。

这一刀切下来，整个学科轰动了！因为完全颠覆了以前的做法。

手术中，病人没有做气管切开。手术结束后病人恢复很快，当天傍晚就出院回家了。

你想，这在以前怎么可能呢？至少要住院一个星期。

这是1993年的往事。中国第一例喉癌激光手术。

手术是非常成功的，但很多人没有亲眼目睹，仍然不相信。

屠规益教授听说我用激光做喉癌手术，感觉不可思议。据说，还批评我瞎折腾。

外科是要真刀真枪练出来的，行与不行眼见为实啊。

我请来屠老师，做手术展示给他看。在真切的激光喉癌切除手术面前，他认可了。之后，他不断把合适的喉癌病人转给我开展激光手术。

再后来，喉癌激光手术在全国普及开来。

医者的本分

吴阶平先生在总结自己几十年的医学教育工作经验时说："医者要有高尚的医德，负责的精神，高度的同情心，还要有精湛的医术和服务的艺术。"

裘法祖老先生有句话，十分发人深省："德不近佛者不可以为医，才不近仙者不可以为医。"

确实，作为一名医生，不仅要有精湛的技术，更要有高尚的医德。

记得是1995年，一位年轻人坐在大型拖拉机后车厢里颠簸前行时，从两米多高的后车厢上头朝下跌落，颅底骨折大出血。当地治疗困难，几经周折到了北京的一家医院求医，被诊断为海绵窦动静脉、颅底瘘。经几次颅内动脉血管栓塞仍不能有效控制颅底出血，每次大出血发作，都是一次生死的折腾。

紧急会诊中我深感问题的严重性，在这种国内外罕见的病例报告中，病人的抢救成功率极低。

又一次面对巨大手术风险的考验，我在认真考量手术的安全性和能否成功完成手术。

面对死神的威胁，家属们也处于极度的恐惧之中。患者的父亲抓住我的手，颤抖地说："救救孩子吧！"

我心底里的责任感又一次被激发出来，决定接受家属的请求。

因为需要必备的抢救治疗条件，我建议病人转诊到北京同仁医院。当时，院内外很多人都关注着手术的成功与否，领导、同事们也为我捏了把汗。

经过充分准备，手术在充满不确定性的巨大风险挑战中开始了。从前颅底到中颅窝颅底，在开放前后筛窦中一路探索前行。为避免突发大出血，在狭窄鼻颅底束手无策时，我有意扩大开放了病变侧的上颌窦和后筛窦区域，备好用于挤压填塞的纱布条。

在移动中颅窝颅底位于蝶窦区域一处较大凝血块的一瞬间，汹涌的动脉性出血就像火山喷发，似乎带着啸鸣涌出鼻腔，转眼间包头的敷料被浸红了一片。

对此，我已有准备，加大号的吸引器像潜水泵一样吸出海绵窦动静脉瘘喷出的血液，同时用备好在上颌窦内的纱条，在血海中经蝶窦向颅底挤压，血被止住了。随后，完成了颅底骨折处的修补填压手术。

真如女娲补天般,手术成功了。

一个月后,恢复了健康的年轻人站在我面前,我几乎没认出来。

那个时候,鼻内镜外科手术在全国范围内还没有开展起来。

随着不断成功的手术病例传播开来,医院名气大了,来自全国各地的病人涌向同仁医院。一时间看病难、住院难,供需严重紧张。

对于病人的需求,我没有任何理由拒绝。只要基本符合医疗救治条件,始终坚持出手相救,有求必应。

为此,我的手术总是被排得满满的,常常是从早做到晚,经常是最后一个离开手术室。

护士小菊终于耐不住了,问:"您天天这么做,累不累?""不管认识不认识,您总是有求必应,值不值得?"她还暗示我:"这早已不是那个无私奉献的时代了,您还是悠着点吧,不要被别人从您这儿占便宜(中间人或是号贩子黄牛)。"言外之意,劝我不要被人视为"不食人间烟火"的"傻瓜"。

"面对那些束手无策的病人,作为医者,有什么理由不去帮助他们呢?"我想说,话到嘴边停住了,笑笑说:"总要有人把牢底坐穿的。"

护士被感动了,两眼含着泪。

在人们认为靠技术不赚钱的那个年代,我坚信技术的力量,坚持科技救国的信仰。

作为医者,应该时常提醒自己:不要忘了治病救人的本分。

唐代药王孙思邈在《大医精诚》篇中指出:"博极医源,精勤不倦;大慈恻隐,普救含灵。"

千百年来中华民族的医者先贤们,用高尚的道德情操和卓越的智慧践行大爱之道的至高追求,引领着我们秉持大医之心身体力行。

"韩氏手术"的由来

"韩氏手术"具体是怎么来的？其实也很简单：临床中出现了新的问题，认真带着问题寻求解决之道，方案就有了。

有一次，我为一位上了年纪的工程师做手术，解决他打呼噜憋气的问题。

手术后，老先生睡觉憋气的问题似乎解决了，可是一喝水就呛，还容易出现肺内感染，引起肺炎。他反复找我看病，意见很大。

手术是严格按照教科书的术式做的，没有问题。可术后为什么会出现那么多令人烦恼的副作用呢？我反复检讨自己。

通过仔细回顾，分析研究，发现当时世界上类似手术几乎都会出现相同的问题。

难道就没有解决办法了吗？

我认识到，这是一个需要严肃对待，需要认真研究去解决的临床难题。

我和同事们组织起来，成立攻关课题组。

根据经验判定，术后咽腔出现了功能障碍，发生误咽，一定是具有功能的咽腔结构受到了伤害。

大家知道，软腭的末端有个悬雍垂，俗称小舌头。悬雍垂功能上连同软腭起到鼻咽腔开放和关闭的作用，同时还有引导喝水、进食关闭喉上口的作用，避免水和食物进到气管。

打呼噜憋气的病人，是因为软腭和悬雍垂过长，堵住了舌根部的口咽腔，睡眠时呼吸气流冲击软腭和悬雍垂，发出震耳欲聋的鼾声。

当时教科书的传统手术，想到了开放咽腔功能，切除部分软腭和悬雍垂，术后软腭成天幕状；忽视了软腭的关闭功能以及悬雍垂的"哨兵"作用，导致手术后喝水呛、进食出现误咽，吃饭的时候菜叶等食物从鼻孔出来这些尴尬情况。

简而言之，就是传统手术损伤了软腭，同时失去了悬雍垂的保护功能。

我们深入查阅国内外医学文献和专业书籍，想了解软腭结构和悬雍垂功能的描述。出乎意料的是，关于这方面的情况，在世界医学界竟是一个空白！没有一本书谈及软腭的结构与功能关系。

带着问题，有了新的发现。我们的研究兴趣也更加浓厚了。

我和同事们开始研究软腭中关闭开放咽腔肌肉的结构和功能，研究悬雍垂的功能，测量正常人和鼾症病人软腭长短和悬雍垂的大小。

解剖研究中发现：在软腭开张和关闭的肌肉与悬雍垂提升的肌肉之间有一个间隙。临床手术中也发现，鼾症病人的这个间隙充满脂肪组织，是软腭增生肥厚引起咽腔阻塞的重要部位。

这是问题的关键，是一个前所未有的发现！

我马上意识到解决咽腔阻塞，保留悬雍垂有了门道儿。这可是个非常重要的发现。

我们把这个间隙命名为：腭帆间隙。

顺藤摸瓜，我们的研究结论是：开放腭帆间隙，保护软腭运动肌肉，保留悬雍垂。前后黏膜缝合提升软腭，形成新的功能性软腭。

术后咽腔豁然开朗，软腭恢复到18岁的状态，这是一位术后病人说的。他张嘴比较了18岁儿子的软腭，发现在同一水平。

鼾症病人咽腔阻塞的窘境就此得到了有效缓解，呼吸功能、代谢功能等各方面都有了很大提升。

"韩氏手术"就是这样建立起来了。

通过解剖腭帆间隙，保留软腭运动肌肉及悬雍垂，"韩氏手术"拓宽了咽腔呼吸通道，维系了鼻咽腔关闭和正常咽反射等重要生理功能，克服了手术并发症。这个做法迅速受到国内外同行的关注，使众多的患者受益。

2005年、2007年，我应邀在世界睡眠医学大会上做专题报告，介绍了重建功能性软腭新术式及其进展。

2008年，我应主编弗里德曼（Michael Friedman）教授邀请，在国际睡眠疾病治疗学权威专著 *Sleep Apnea and Snoring* 中编写独立章节，详细介绍了"功能性软腭新术式"。弗里德曼教授在引言中评述："韩德民大夫创建的这项技术，疗效显著，几乎没有并发症。"并命名新术式为 Han-UPPP。

国际睡眠外科协会主席伍德森（Tucker Woodson）教授在各种国际会议上多次给予好评："Han-UPPP成功保留了软腭功能，避免了术后并发症，得以广泛流行。"国际睡眠医学创始人克瑞斯汀（Christian Guilleminault）教授，挪威国家卫生部顾问Magnetvinnerreim医生等著名专家也给予了高度评价。

在这些国际交流中，"韩氏手术"被逐渐推广到欧美及世界很多地方。

以此为核心的"阻塞性睡眠呼吸暂停低通气综合征研究和诊治"，荣获2009年度国家科学技术进步奖二等奖。

铁树开花，哑巴说话

人们常会用"耳聪目明"来形容一个常人。就是说，眼耳敏锐了，头脑也就清楚、有条理。听力对于一个人有多么重要，这是我们都很容易感受到的。

然而，现实非常严峻。耳聋是世界范围内的多发病。在我国，听力残疾人口约2780多万人，占五大残疾之首。随着社会人口老龄化、超老龄化时代的到来，我国听力残疾人口将猛增至5000万人，成为严重危害健康与影响生活质量的常见疾病。

20世纪90年代初，我刚入职北京市耳鼻咽喉科研究所的时候，国内对外耳、中耳病变的治疗还是可以的。但是，在内耳方面，尤其是重度感音神经性耳聋的治疗领域，是没有什么好办法的。

这是一个世界性的难题，是传统观念中难以攻克的禁区。

据当时的统计，中国重度感音神经性耳聋的病人中，儿童约有300余万人。也就是说，有300万聋哑人。这对每一个家庭、对全社会都是一个巨大的压力。

如果能治好这个病，铁树开花、哑巴说话将不再是天方夜谭。

1994年2月，我应邀参加在悉尼举办的世界耳鼻咽喉科大会。接站的是许时昂医师，他是北京协和医科大学毕业的，也是耳鼻咽喉科医生，留学澳大利亚墨尔本大学后，在墨尔本仿生耳研究所担任研究员，是听力学和术后康复学方面的专家。

当时，澳大利亚政府准备与中国政府合作引进人工耳蜗项目，许时昂被澳大利亚国家听力学中心聘请，专门负责筹备中国引进项目。他向我详细介绍了多导人工耳蜗的结构、原理、研制经过以及术后效果，对此，我产生了浓厚兴趣。

三天后，许先生又带我到墨尔本，参观了著名的仿生耳研究所。在那里，我详细了解了多导人工耳蜗的情况，亲眼见到了刚做完人工耳蜗植入手术的患者以及术后言语康复的孩子们，并与几位植入人工耳蜗的老人交谈……

让聋哑儿童复聪，严重听力障碍的老年人能够重新获得听力与恢复社会交流，开始正常人的生活，这一切使我内心振奋。

据我了解，在治疗感觉神经聋这一世界难题的探索中，以北京协和医院邹路德教授为代表的中国专家，曾在20世纪70年代中期开始研制应用蜗内电极的单导及多导插座式人工耳蜗、单导及多导感应式人工耳蜗，还使用过蜗外电极的人工耳蜗进行仿生生物电刺激以恢复听力的探索。可惜副作用很大，临床效果不佳，又加上研究条件和经费有限等因素的制约，没有进行下去。

没想到在墨尔本竟有这么好的解决方案。如果把这些设备和技术引入中国，那将是一个多么伟大的事业，对中国的聋哑人将是多大的福音！

出行之前，我的前辈——北京市耳鼻咽喉科研究所的邓元诚教授曾对我说："你一定要去克拉克教授的研究所看看。如果那儿的人工耳蜗的确好，一定想办法把它引用到中国。"

克拉克教授，就是多导人工耳蜗的发明人。他显然对中国庞大的耳聋患者人群很关注，亲自出面接待我。我向他介绍了中国耳鼻咽喉头颈外科以及北京市耳鼻咽喉科研究所的情况。克拉克教授多次提议加强彼此的交流与合作，希望多导人工耳蜗能通过中国同行的努力，帮助更多的中国聋人回到有声世界。

意义重大！这也是我所期待的，一定要引进这项世界先进技术，造福无数听障人群。

我迅速行动起来，联系各方，加速引进国际最先进的人工耳蜗技术，以此带动与之相关的听力学教育，使中国耳科的临床应用研究迅速进入与国际先进技术同步的新阶段。

中国听力学教育

中国有大量的耳聋患者，需要一支强大的耳科学领域防治人员队伍，也需要大量听力学方面的专业人员。

1993年，在国家教育部的大力支持下，我开始建立临床听力学培训体系，但影响还是有限的。当时，中国所有的高等院校都没有听力学这门学科，听力学教育体系还是空白。

这怎么能行呢？引入人工耳蜗技术，正好能同时解决这个问题。如果只是把人工耳蜗的设备引进中国，而中国没有相应的手术医生、听力师和言语康复教师，那是很难开展起来的。对于这一点，我和澳大利亚方面形成了一致看法。

1994年，中国卫生部与澳大利亚卫生部签署了两国有关人工耳蜗合作的谅解备忘录。在这样的背景下，我与许时昂教授一起，开始筹划召开首届中澳听力学研讨会。许时昂负责组织澳大利亚的听力学专家，我负责选定中国城市、邀请相关人员、会务安排等。

同年11月，由澳大利亚国家听力学中心、北京同仁医院、北京市耳鼻咽喉科研究所联合举办的研讨会，分别在中国的三个城市举行，取得了很好的效果。这实际上是对中国听力学界的一次启蒙。

1995年3月，我带领同仁医院听力师陈雪清，北京协和医院耳科专家曹克利、听力师李克荣，一起到澳大利亚研修，学习人工耳蜗植入手术技术、术前听力学评估以及术后康复技术。

1996年，在多方的共同努力下，首都医科大学率先设立了听力学本科专业，开启了我国听力学教育的先河。

随后，我又积极协调各方，促成北京市耳鼻咽喉科研究所与澳大利亚国家听力学中心合作，创建了中国第一所临床听力学校——中澳听力学校，增设了七年制听力学硕士教育。

这样一来，一批又一批听力师和听力学科研人员陆续被培养出来。

第一例儿童人工耳蜗植入手术

1997年3月，我主刀为三岁半的抗梦雯做手术。那是中国第一例儿童人工耳蜗植入手术。

梦雯是一个患有先天性耳聋的女孩，出生在一个寂静的世界里，听不到外界的声音，也不会说话。她母亲带着她到处看病，尝试了中西医的各种办法，没有任何效果，心中的痛苦可想而知。

对于这样的孩子，多导人工耳蜗植入是唯一可行的治疗方案。我仔细询问了孩子的病情，建议梦雯植入人工耳蜗。

人的听力发育过程，应该在胎儿期间就有了，反复刺激就会发育；反过来，如果不刺激，听力就会停止发育。

正常情况下，孩子一岁左右已经有听力语言基础了，可以开始说话。到了三岁，孩子的听力语言发育达到峰值，可以完整接受言语交流。

对于聋哑患儿（先天感音神经性耳聋）来说，因无法听到声音，一旦错过了语言发育的峰值年龄，也就是说，一旦过了四岁，再想学说话，难度就大了。

中国以前还没有儿童做过这样的手术，我在详细了解情况后，觉得有把握做好这个手术。

为此，我建议梦雯父母尽快接受为孩子做这个手术。

人工耳蜗植入手术需要在耳后切开，开放乳突到中耳腔，经过面神经前沿显露骨岬，钻一个孔，从耳蜗底轴把精细的多导电极旋植入耳蜗。

手术进路是一个十分精细的操作，稍有不慎，有可能损伤面神经，出现口眼歪斜。

对此，孩子的家人很犹豫，说服工作还是有难度的。梦雯的姥姥坚决反对，认为孩子虽聋但不傻，也很机灵，在头上钻孔，万一动了哪根神经，脑子上再有什么问题怎么办？

这样一来，孩子的母亲就更担心了。人工耳蜗本来可带给梦雯巨大的希望，但家长犹豫再三还是决定放弃。

为了梦雯的前途，为了更多的聋孩子有望回到有声世界，这是一个千载难逢开创聋哑儿童重新获得听力的机会。

我一定要争取完成这个手术！一定要做好。

我不厌其烦地做孩子父母的工作。

孩子母亲被我的真诚打动，终于决定试一试。不过，她仍然要我签生死约，保证孩子不出任何并发症。我说："可以！"这个事才定了下来。

一般的医生不会这么做，万一出现了意外情况，怎么办？承担的责任太大了。

即便这样，手术前，还是出现了一个小插曲。当我戴上手套准备开始手术的时候，孩子母亲突然又变卦了。

原来，她在手术室门口没看见我，马上就紧张起来，说："没看到韩教授，别人做我们不相信。"

没办法，我只好出去，举着已经戴上手套的双手，对她说："我已经准备好开始手术了，你们放心吧。如果你想看手术全过程，可以到二楼护士站，那里有手术实况转播。你对护士说，是我同意你看的。"

梦雯的妈妈这才安静下来。

手术进行了两个多小时，很成功，面神经自然也是完好无损。

梦雯在病房里睡了一晚上，第二天我带着几个医生查房时，她已经醒了。

我仔细检查一下，然后对梦雯的父母说："梦雯会很快恢复的。你们一定会受益匪浅。"

50天后，可以测试梦雯的听力了。

那一天，梦雯的父母非常紧张。我呢，表面上镇定，心里也打着鼓。不怕一万，就怕万一，万一孩子听不见，那可就惨了。下了那么大功夫，许了那么多愿，万一她仍然听不到声音，该怎么办呢？

听力师接通了孩子的言语处理器，开始一个一个音阶调整对应耳蜗电极。

电极共22个，每调一个，看看孩子有没有反应。

结果，调了20个都没有任何反应。

大家的心情绷得更紧了。

还好，调到第21个电极的时候，孩子愣了一下，然后"哇"的一声哭了。

那个哭声听到我的耳中,真是美妙至极,因为我知道她听见声音了。

以后的日子里,梦雯经过长时间的语言训练,最终获得满意的听说能力,能够接受正常教育了。

像亲人一样,我一直在关注着她的成长。

梦雯的成长

这张照片,是幼儿园的梦雯跟我说悄悄话。

梦雯说:"韩伯伯,同学们说我坏话,我都能听得见,心里很不高兴。"

我有意地逗小梦雯:"说你什么了?"

梦雯回答:"他们说我是哑巴,可我听得见,能说话,我不是哑巴!"

说完,眼泪就流下来了。

我特别心痛,说:"你不要跟他们一样,因为他们不了解你。"

但我也觉得很高兴,手术后一年多过去了,她听到声音以后,情感表达已经非常丰富了。

孩子向韩大夫说悄悄话

2000年，梦雯上了小学，当她告诉我她语文考了100分，算术考了98.5分时，我激动得差点落泪。第一次吃螃蟹的探索确实太不容易了。

后来梦雯进步很快，学习很好，还是班里的文艺委员，书画方面很有天赋，字写得很漂亮，获过全国少年千禧杯书法比赛的金奖。7岁的时候，梦雯作为优秀学生代表去美国交流学习，临行前特地挑了一幅她自己最满意的作品送给我。

2008年，澳大利亚总督到中国访问的时候，梦雯代表中国儿童献上自己的书法作品《世代友好》，还用英文与总督交流，表现得十分优秀。澳大利亚总督满口赞叹。

再后来，梦雯长大了，上了清华工美，又作为交换学生到美国学习，再到加拿大艾米丽卡尔艺术与设计大学深造……

她曾经有一个美好的愿望，要做珠宝设计师，要把最美好的世界都雕刻下来。

我也曾对梦雯说："你做珠宝设计可以，雕刻也可以。有困难的时候，你找韩伯伯，我把你介绍到我们人工耳蜗的团队里，你培训那些孩子，让更多的听力障碍的孩子能够听到声音。你也可以把雕刻珠宝的愿望变成雕刻耳聋需要康复的孩子们，也许还会有更大的发明创造。"

梦雯回答："好的，韩伯伯。我听懂了，将来我有新的选择的时候，一定找韩伯伯，也许就跟着韩伯伯走，把我们做人工耳蜗的创造再创造，使它更完善。"

央视直播人工耳蜗手术

2001年3月3日第二届全国爱耳日，中央电视台《健康之路》播出特别节目"让更多聋儿回归有声世界"，首次进行人工耳蜗手术的直播。我和刘莎主任担任嘉宾，赵啸天教授主刀，郑军担任助理医生，为一个2岁4个月的聋儿仲恒实施人工耳蜗植入术。这是我做同仁医院院长后不久决定的。我希望通过手术直播，最大范围地让世人知道人工耳蜗植入可以实现"铁树开花、哑巴说话"。

我们已经把当时世界上最先进的人工耳蜗引入中国，配备完整，技术成熟，队伍精干，操作流程严密无隙，确保了从第一例手术以来，所有手术百分之百的成功率。

可是，五年多了，手术量少得可怜。

北京同仁医院手术不到百例，加上北京以及国内几家有代表性的大医院，植入人工耳蜗的总量不足300例。这与全国300万耳聋需要康复的聋儿数字相比，差距甚远。

引进先进的人工耳蜗植入技术，是要为中国人民服务的。可是，如果没有更多的人知道，许许多多本可以治好的聋哑人及其家庭，仍在绝望和痛苦中生活。而且，错过了最佳植入时机，会加大听力康复难度，让更多人、让全社会更大范围了解这项高科技技术，才是最重要的。

将人工耳蜗植入技术宣传出去，促进国内医疗机构全面开展这项工作同样有重大的意义。

也是机缘巧合，出门诊的时候，我为一位鼻息肉增生的患者做了鼻内镜手术。也就是几分钟时间，我切除了增生的鼻息肉，他的鼻子通畅了。这大大超出他以前的想象，觉得有点不可思议，说我做手术行云流水，游刃有余，就像指挥家在小小的鼻孔里指挥一场音乐会。他说得很有趣，我也乐了，就问："你是做什么的？说得这么贴切！"他递上一张名片，原来是中央电视台《健康之路》栏目的制片人段中应。

段中应自我介绍说："我们的栏目是关于健康方面的。我想拍一个您和同仁医院的专题片，为观众介绍你们的医术和医德。您看行不行？"

我心里一动,这不正是宣传人工耳蜗技术的好机会吗?当即回答:"拍我个人没多大意义,不过,我这儿倒是有一个真正能引起全社会关注的话题。听说你们电视台收视率排名不错,如果这个话题做好了,保证能取得轰动效应。"

他一听,更感兴趣了,马上问:"什么内容?"

我就告诉他:"人工耳蜗植入技术。"

见他满脸狐疑,我停下了手里的活儿,向他介绍了人工耳蜗技术的来源、手术与康复效果。他很是吃惊,觉得让聋哑人能听得见、能说话,有点不大可能。我就让他看我们以前做手术的录像、病人康复后的情况。看完后,他非常兴奋,当即表示要好好策划,通过他们的节目,把这样的奇迹宣传出去。

没几天,他就给我打电话,说:"韩院,我们已经有了一个精彩的策划。只要按照这种方式,保证一炮打响,让一半以上的中国聋人家庭都知道人工耳蜗。"

我自然很高兴,询问他如何做好这期节目。

他的答案是:"手术直播。"

我有点疑惑:"为什么选择直播呢?"

他回答:"因为直播,事先不知道结果,就会产生悬念,增强节目的吸引力,让观众一直看到底。在他们得到答案的时候,也会更加信服,人工耳蜗的效果就全出来了。"

我又问:"你们以前做过手术直播吗?"

他说:"没有。正因为是第一次,才容易引起轰动。当然,这里也有风险,对于您和同仁医院,直播中你们的每个动作,都会显示在全国观众的面前。"

我明白他的潜台词,手术要做得完美无瑕才行。客观说,手术前,要保证百分之百的成功,这是有巨大挑战的。尤其是面对全国观众的央视直播,一旦手术有失误,无论对人工耳蜗事业,还是同仁医院,都将是不可挽回的巨大负面影响。

我问了现场直播的一些细节，放下电话后就进入了思考。面临重要抉择，我自然会从正面、负面做全方位的权衡。虽然有风险，但是，我们已经做过近百例人工耳蜗植入手术，全部成功，我相信我们的技术。只要准备充分，失误的可能性微乎其微，这是底气。

机会来临，不可患得患失，激流勇进、勇于担当才是对的。

我随手在纸上写了几个字："收益巨大。"受益者：患者及其家庭，中国耳科学、听力学、言语康复的学科建设与发展以及由此带来的社会进步。

思路清晰了，报经院务会讨论通过，我们确定了直播计划，进行了周密的准备工作，包括同患儿家长的沟通，签订知情同意书等。

3月3日上午10：40，同仁医院418手术间，医生、护士各就其位，手术直播开始，赵啸天教授主刀。我在中央电视台12演播室做讲解。

手术进行得十分顺利，从切口、乳突轮廓化、打开面隐窝、鼓岬钻孔，到植入耳蜗、关闭术腔，精确、迅速，仅用了45分钟。

此间，在刘莎主任的配合下，我一边回答主持人的问题，一边讲解手术进程，讲解手术中需要注意的事项；一边展示人工耳蜗模型、工作原理，进行科普知识宣讲。

这个直播节目果真在全国引起了巨大轰动，一时间人工耳蜗植入能治聋哑这件事儿，变得家喻户晓。

当电视中出现手术特写镜头——一支金刚钻头在显微镜下快速准确地开放扩大面隐窝的时候，我介绍："现在是一个十分危险的时刻。面隐窝下面就是面神经，伤及面神经就会造成面瘫，口眼歪斜。"

当然，赵啸天主任的手术技巧和绝对保证安全、可靠，我还

2001年3月3日,中央电视台《健康之路》直播现场

是有把握的。

主持人问:"面对这样的危险,有没有防范的措施?"

我回答:"有面神经监测仪,如果钻头靠近面神经,它就会发出警报。所以现在的安全系数还是比较大的。尽管如此,手术还是要极其小心,因为中耳附近集中了许多重要器官,每一个都不能伤及。"

现场直播能让观众看到手术的过程,但患者在手术后还要进行言语康复等治疗才能最终显出结果。

所以,观众很自然地会提出这样一些问题:手术成功后还要采取哪些措施?最终效果会怎样?对此,我们做了充足的准备,与现场手术相配合,播出了听力师调试、语言培训等录像,还播出了四个植入人工耳蜗的孩子在舞台上朗诵诗歌,中国第一例儿童人工耳蜗植入者抗梦雯在家里聊天、在课堂讲解以及向我告知她的优秀学习成绩的情况等等。

这些以前都是聋哑孩子,在人工耳蜗植入后,不仅听到了声音，学会了说话，能正常地学习、生活，而且性格也变得开朗活泼了，充满了无限的活力。这些事实，无疑是最有说服力的。

这台以人工耳蜗植入手术为主线、以宣传普及耳科前沿技术为主题的直播节目，通过卫星、电视机传送到千家万户。人工耳蜗手术、同仁医院均成为广大电视观众瞩目的焦点，近千个咨询电话打进中央电视台的演播室和同仁医院咨询台。

以此为转折点，中国的防聋治聋事业不断取得重大突破。单是同仁医院，直播后三个月内所做的人工耳蜗植入手术数量，便是过去五年的总和。

西藏第一例人工耳蜗手术

我曾为雪域高原不少患者植入过人工耳蜗。对于中国边远地区，我向来是十分关注的。

央视直播人工耳蜗植入手术后，很多患者慕名而来。西藏电视台的晋扎看完那天的节目后，马上给正在北京进修学习的妻子打电话，让她到同仁医院联系。

他们的孩子晋边芸芝刚刚3岁，是先天性耳聋，听力丧失110分贝，让整个家庭充满了焦虑和忧愁。他们已经到很多地方看过病，但一直没有任何效果。

最先进的人工耳蜗技术，让他们看到了希望。他们一边和我们联系，一边四处筹款。

人工耳蜗的手术费用并不是很贵，一两千元人民币。只是这个国外高科技产品，前期研发成本很高，生产环境要求很高，组装也很复杂，以致产品昂贵。22级到24级，当时的价格在人民币14万—17万元。

为了孩子获得新生，晋边芸芝的父母到处求援。筹到费用后，马上带着孩子从拉萨来到北京。

同仁医院人工耳蜗中心为孩子做了各种术前检查评估,结论是:符合手术条件。

孩子的父亲向医院提出一个请求:"孩子是西藏来的第一例患者,能否请韩德民院长亲自为孩子做手术?"面对这样的请求,我答应了。

那个手术,在直播节目后的一个月,具体时间是2001年4月11日。手术成功,术后的康复也很顺利。

2002年3月3日,中国第三个"爱耳日",我和赵啸天主任同时到央视《健康之路》栏目做嘉宾。做过人工耳蜗手术的仲恒和晋边芸芝也都出现在电视节目中。仲恒来到现场,口齿清晰地背儿歌《小蜜蜂》和《小白兔》,显然恢复得很好。晋边芸芝离得远,我们只能看到她父亲制作的录像。播放录像之前,我也是迫切地想要看到孩子当时的真实状态。当看到电视画面中身穿藏族服装的芸芝一边听一边回答父亲的问题时,那种融入生活的真实感激荡着我的内心……

作为一名医生,最大的欣慰,莫过于手到病除!

绝望与希望

毋庸置疑,人工耳蜗植入技术为中国的聋哑患者和他们的家人带去了前所未有的希望。

可是,昂贵的费用,却不是普通家庭所能承受的。

不知道多少次,我见到充满希望的患者家属,在听到难以接受的天文数字般的人工耳蜗费用时,顿时变得手足无措,百般无奈。

那种近乎绝望的目光,时常在我脑海里闪现,使我昼夜不得安宁。

2001年10月的一天，名叫朵梅朵吉的藏族孩子来到我的门诊，检查发现孩子的耳蜗为先天畸形。正常耳蜗是绕轴两周半，这个孩子的耳蜗只有一周半，听不到声音，也不会说话。

耳蜗畸形，是遗传因素引起发育不良的一种特殊临床现象。

由于人工耳蜗电极植入不充分，增加了手术难度；加之听神经纤维分布区域面积减少，又会直接影响术后治疗效果，业内专家们对此十分谨慎。

由于我的团队已经积累了不少疑难人工耳蜗植入经验，应该有把握做好这样的手术，只是不能保证耳蜗畸形的孩子术后听力恢复能像其他患儿那样好。

于是我对孩子的父母说："手术可以做，只是术后听力恢复水平可能不理想，或许不能很好地听到声音，影响孩子的说话能力。"

没有想到的是，孩子的父母听到可以做人工耳蜗植入手术，很激动，马上同意入院治疗，这让我有些诧异。

原来，他们此前已经走访了不少医院，得到的结论是：如果能给耳蜗畸形的孩子做人工耳蜗植入，那是个奇迹！

接下来，要涉及人工耳蜗费用以及住院手术费用了。

经了解，他们只有5万元人民币，那还是他们抵押房子与东借西借、四处筹集才得到的。

我的心情变得很沉重。

当朵吉的父母了解到一套人工耳蜗费用就需要17万元，还要增加其他费用，满怀激动的神情顿时僵住了。那种绝望无助的眼神又一次深深地刺激着我。

我能够为患者做一流的手术，甚至可以自己捐款并动员医护人员献出爱心募集资金，贴补患者的手术费和住院费。可是，人工耳蜗设备昂贵的费用和以后的康复费用怎么办？中国那么多同类型的患者，他们的出路又在哪儿呢？

2001年5月，中华慈善总会接受北京同仁医院和深圳发展银行北京分行捐赠的资金各5万元，接受澳大利亚人工耳蜗公司捐助的一套人工耳蜗。这些现金与人工耳蜗成为"慈善医疗救助基金——聋儿关爱工程"的首批捐助，开启了"慈善医疗救助基金——聋儿关爱工程"，资助特困聋儿接受人工耳蜗植入手术。

当月25日，我为第一名接受该工程救助的患儿孙川霖做了人工耳蜗植入手术。孩子父母激动万分，真是天上掉馅饼。对于一个仅能满足温饱需求的家庭，这真是天大的福祉。可是，患儿孙川霖一人已经用去了全部首次捐助。

基金没钱了，朵梅朵吉自然无法得到该工程的捐助。

我不甘心，琢磨着继续寻找新的捐助来源。

朵梅朵吉的父母更是心急如焚，返回青海后继续四处求助。这对夫妻都是工厂的普通职工，筹款的艰难可想而知。

后来我了解到：获悉这个家庭的不幸后，当地各级政府和青海省红十字会发起了募捐活动，最终筹集到了所需要的费用。

他们再次来到北京同仁医院，成功做了手术，并在北京坚持做了两个月的听力言语康复训练，孩子终于能听到声音了。

可惜的是，由于孩子父母急于赶回青海上班，没能坚持完成术后语言训练全过程，留下了遗憾。

三年后的2004年，我到青海举办"青藏高原光明行"活动，特地通过当地政府将朵梅朵吉接到西宁。检查发现：孩子只能说几个单词，不能讲完整的句子。我很严肃地对孩子的父母说："无论有多少困难，一定要坚持进行听力言语康复，否则将会前功尽弃！"

孩子父母再次下定决心来到北京，经过半年多的语训康复，朵吉能够比较流利地讲话了，还在央视《东方时空》节目的公益广告中做了一个漂亮的亮相。

对于贫困家庭的耳聋孩子，接受比较昂贵的人工耳蜗植入手术，并完整接受术后康复培训，仅仅依靠医院的力量是远远不够的。以朵梅朵吉为例，没有地方政府和社会各界公益力量的支持，她是很难重归有声世界的。

这也促使我来关注更多地发挥社会公益、慈善的力量，帮扶贫困患儿家庭走出困境。

打开天窗

由于职业医生需要及时了解掌握瞬息万变的行业技术进步，经常参加国内外的学术交流是我的必修课。

2003年，应台湾长庚纪念医院邀请，我去台湾做学术访问。

长庚纪念医院是一家不以赢利为目的的医院，规模很大，由台湾最大的企业——台塑集团董事长王永庆为纪念父亲王长庚而建立。

我对王永庆先生早有耳闻。他不仅曾被评为世界华侨首富，而且热心慈善和社会公益事业。他曾与弟弟合捐1亿新台币，创下台湾私人捐赠的最高纪录；曾发起眼角膜捐赠运动，资助众多患者实施了眼角膜移植手术；不仅创办医院，而且创办学校，设立研究中心……同时，他也以节俭著称，绝不把钱花在不该花的地方。

长庚医院副院长耳鼻咽喉科黄俊生教授是我交往多年的好友。他早在20世纪80年代末便参与了人工耳蜗植入的临床试验，在台湾长庚医院率先执行人工耳蜗植入先导计划，被誉为"台湾人工耳蜗之父"。他积极推动公益慈善事业，于1998年成立了黄俊生电子耳基金会，为听障病患提供资助或无息贷款。

在与黄俊生教授的一次交谈中我了解到：1999年，王永庆先生的台塑集团向台湾地区听障儿童捐赠400套人工耳蜗，价值新台币4亿元，折合人民币1亿元。

这让我感慨不已，马上想到了我们的慈善事业。

我顺口问："台湾人口不多，那400套人工耳蜗做完了吗？"

黄俊生回答："没做完。台湾现在一年新发现的耳聋患儿也就几十个。"

我心中一动，便说："王先生捐助了那么多人工耳蜗，你们也用不完，何不拿到大陆做做？"

接着，我半开玩笑半认真地说："都是炎黄子孙嘛，让我们也做做。你看，大陆有太多聋孩子，家里没有钱，做不起耳蜗。"

黄俊生很爽快地回答："好啊，这是好事儿，我跟王董事长商量一下。"

2003年8月，黄俊生教授正式告诉我：王永庆先生决定向大陆聋儿首批捐赠5套人工耳蜗。

我高兴啊！由此，两岸的爱心慈善之门将打开，更多的聋儿将通过这扇大门走向有声世界。

40亿开启15000个有声世界

得到王永庆先生捐赠5套人工耳蜗的消息后，我马上请黄俊生教授转达我们对王永庆先生的衷心感谢，同时表示要将捐赠的爱心效果最大化。

5套人工耳蜗，价值100万人民币左右，只能帮助5个聋儿。如果将100万元的人工耳蜗价值设立一个基金，帮助贫困家庭，便可以使更多的孩子和家庭受益，取得更好的社会效果。

当我的这个建议通过黄俊生教授转达后，王永庆很快回复，他赞赏这样的思路，可以按照我的方案实施。

2003年9月1日，黄俊生教授代表台塑集团王永庆董事长，向同仁医院捐赠价值100万元人民币的人工耳蜗，以资助贫困聋儿回归有声世界。我代表同仁医院，向黄俊生教授颁发捐赠证书。

就在当月，中国第一届人工耳蜗大会在长沙举行，由我主持的中国第一部人工耳蜗植入纲领性文件《中国人工耳蜗植入工作指南》正式颁布。

2004年4月6日,我为首先获得3万元资助的2岁儿童张妍妍做了人工耳蜗手术,其他手术相继展开。截止到2004年5月8日,在这笔善款的帮助下,我们一共为24位来自贫困家庭的聋儿做了人工耳蜗植入手术。得知这个消息后,王永庆先生感到很振奋,马上安排黄俊生教授组织策划下一步行动。

同年6月,88岁的王永庆先生第一次回到祖籍福建安溪,并参观了安溪聋哑特殊教育学校,观看了学生们的才艺表演,接受学生们敬献的书画作品。当他看到120多名聋哑孩子在简陋的校舍里学习和生活,百感交集,决定捐款建造一所现代化的新学校。

王老先生对故乡的赤子深情,令人敬佩。

两个月后的8月9日下午,北京同仁医院举办"世界因我而动听——财团法人长庚纪念医院捐赠人工耳蜗仪式",见证了24位接受资助的重度耳聋儿童患者重返有声世界。

黄俊生教授被特邀参加这次活动。得到治愈的孩子们、家长代表向黄俊生教授献花、赠送锦旗,已经康复的孩子们表演了诗朗诵和舞蹈……

这次活动,最直接地展示了王永庆先生善款捐助的效果。当王永庆先生看到黄俊生教授带回去的录像后,马上做出新的决定:向大陆无偿捐赠200套人工耳蜗,价值3800万元,唯一的要求是将其中的100套分配在福建,尽量照顾安溪的耳聋孩子。

这是一个意义深远的大工程,需要多方协作。此后的两个月里,我与相关政府部门和几家基金会商谈,并把商谈设定的实施方案及时反馈给黄俊生教授。

在此后的一段时间里,黄俊生教授几乎每两周来一次北京,同我一起联系各方,考察各地的医疗和康复机构,着手实施200套人工耳蜗落地计划。

2005年1月11日晚,王永庆先生捐赠人工耳蜗项目工作协调会在北京长安俱乐部举行。参加协调会的有长庚纪念医院、中国残疾人联合会、中国残疾人福利基金会、中国聋儿康复研究会、同仁医院、协和医院、三〇一医院、厦门第一医院、厦门中山医院以及福建等地残联、康复系统相关代表。会议讨论通过了台塑关系企业《听力重建启聪行动实施方案》。

次日上午,在北京人民大会堂,举行了台塑关系企业暨财团法人长庚纪念医院王永庆董事长向中国残疾人福利基金会捐赠人工耳蜗200套(价值3800万元人民币)的捐赠仪式。

3月7日,北京同仁医院举行了中国残疾人福利基金会接受台湾长庚纪念医院捐赠人工耳蜗手术启动仪式;长庚纪念医院捐赠的200套人工耳蜗,由同仁、协和、三〇一医院承担手术任务,我为接受该项目的第一位聋儿患者实施了人工耳蜗植入手术,项目进入实施阶段。

王永庆先生的第二次捐助同样得到了最好的实施,从前期筛查到术后康复,为聋儿返归有声世界,众多专家付出了辛苦劳作。其中,福建安溪筛查患儿342名,上报候选患儿31名,实际手术

2005年"听力重建 启聪行动"捐赠200套人工耳蜗仪式现场

11名。这些成果及时转达到王永庆先生那里。

2008年5月，当我专程赴台北汇报人工耳蜗捐赠项目在大陆的进展情况后，务实的王永庆先生十分高兴。

说起来，为减轻聋儿家庭的巨大经济负担，我曾先后五次往返台湾与大陆之间，促成台塑集团向大陆捐赠更多的人工耳蜗。

应该说，起到实质性推动作用的，是我们兑现了承诺，使得王永庆老先生的每一次捐赠都能实现捐赠意愿。

200套捐赠人工耳蜗植入手术全部成功完成，200个孩子经过术后康复重返有声世界。之后，我们再次请黄俊生教授前来检查捐赠项目落实情况，并将孩子们手术康复后的录像以及家长们的感谢信转交给王永庆先生。

很快，我从黄俊生教授的口中得知：王永庆先生对我们的工作十分满意。

不久后，我应邀又一次回访王永庆先生，当时他90高龄。按计划，我们见面时间是半个小时，结果大大延长了。由于谈得十分开心，王老先生给我介绍他的身世、经商体会以及对大陆和家乡的感情。

当他再次了解到大陆聋哑儿童的状况时，感慨道：30万聋哑儿童是个非常大的人群，他们都应该享受听力康复方面的服务。

他了解到已经有很多医生能做人工耳蜗植入手术，说，如果每年能做3000例，他可以连续捐赠五年。

虽然语气平淡，但我还是有点不相信自己的耳朵，有些惊掉下巴的感觉。

我问："15000例！这可是真的？！"

王老先生说："只要能帮到这些聋孩子，这些都是小钱。"

是的，这些孩子健康长大成人，创造的价值真是无法估量的。

接着，王老先生正式将向大陆捐赠15000例人工耳蜗的"捐赠证书"亲手交给我。

这可是价值不少于40亿人民币的一笔巨大捐赠。据我了解，这是新中国成立以来来自海外的最大一笔捐赠！

这是王老先生"我为人人、人人为我"人生价值最大化的真实体现。伟大人物，他的社会存在，早已脱离了低级趣味，强大的社会功德意识足为后世楷模。

规范与标准

没有规矩，不成方圆。这应该是很好理解的。

20世纪90年代伊始，在我刚入职北京同仁医院的时候，无论是鼻科还是耳科，基本上都是笼统地看待鼻病和耳病，缺乏细分，缺少相关的手术规范，也没有建立起科学的疾病疗效评定标准。

没有规范，没有标准，就不容易进行科学评定，也很难科学有序地推动学科的发展。

那时候，对比国内外学术反差，我内心已经有了建立耳鼻咽喉大学科的强烈愿望。为此，我有了学科行政管理权以后，在学术研究、临床技术、人员培训等各个方面，都有意识地进行规范化、标准化方面的工作。

比如，在鼻科方面，我开始研究慢性鼻窦炎的临床分期、分型，制定疗效评定标准，发表相关的学术论文；在耳科方面，主持制定了针对内耳畸形患者人工耳蜗植入术的手术规范、语前聋青少年患者术前及临床疗效评估体系，《中国人工耳蜗植入工作指南》就是在那个时期代表医学会颁布的；在喉科方面，主持制定了我国咽喉科学领域第一部阻塞性睡眠呼吸暂停低通气综合征诊疗指南。

刚开始的时候，大家不理解，国内响应者也不多。

伴随着整个学科的发展，临床新技术开发的影响力不断提高，规范化与标准化已逐渐成为大家的共识。慢慢地，大家看到了建立规范化、标准化体系对于促进学科健康快速发展的若干益处。

比如，当王永庆先生确定捐赠15000套人工耳蜗后，为了更好地落实这个项目，我在执行方案中加入了五个标准：医院准入标准、医师准入标准、医师培训基地技术教员准入标准、听力师准入标准、病例复筛标准。

这样一来，所有希望加入执行捐赠项目的医疗机构纷纷完善学科建设，促进大学科发展上了新台阶。

在加强重点学科建设、面对多方位的人才流动时，我也把建立标准作为人才合理流动的前提。

我提出，对老同志，奉行一个"宽"字，充分认识他们在学科发展过程中的历史作用，使他们在宽松的氛围中老有所为；对中年人，我强调一个"促"字，要求他们努力完善自己，不断进取，承上启下，发挥学术骨干和学术带头人的作用；对年轻人，我坚持一个"严"字，要求他们规范思想行为，努力钻研业务，奠定今后发展的良好基础。

当然，规范与标准要遵循合理性和适用性，不能为规范而规范，否则就会成为不必要的束缚。

实践·理论·推广

早年，国外学成归来，入职北京同仁医院的时候，我发现不少医生认为，医生的责任就是为病人诊病治疗的，治好病就是好大夫，搞什么学术理论研究？那不是医生的本分。

当时，我很难接受这样的认知。

在我的从医生涯中，有着别样的体验。每一次技术进步都伴随着深入的理论研究，而每一次深入的理论研究往往又推动着对临床实践的进一步归纳总结和提升。

比如，1993年我撰写名为《鼻内镜鼻窦手术疗效分析附112例临床随访观察》的论文。在下笔时，我知道不能把自己所做的所有手术一股脑儿都搬上字面，归纳分析众多鼻内镜手术案例是基础工作，进行分类总结则是更重要的工作。分析归纳整理才会理清思路，更加明晰各类手术的疗效，发现内在规律，补足治疗的薄弱处，这无疑有益于临床治疗的进步。

此文被首届全国耳鼻咽喉科中青年学术会议评为一等奖。

理论研究和推广需要学术平台。1949年以前，我国没有医学专科杂志，有限的耳鼻咽喉科论文都在《中华医学》杂志发表。1953年，《中华耳鼻咽喉科杂志》创刊，肩负起反映和促进耳鼻咽喉科发展的重任，一代又一代的专家学者如刘瑞华、徐荫祥、姜泗长、王直中、郑中立、屠规益等，投入了大量的时间和精力，成为引领学科由小到大、由弱到强的一面旗帜。

我对这本杂志是有着很深的情感的。它是我学术生涯成长进步的摇篮，从投稿作者到担任编委，再到主编；那是一段让我留恋，难以忘却的时光。

1963年，北京市耳鼻咽喉科研究所扩建之初，我的前辈们刘千等承担起主办耳鼻咽喉科刊物的任务，1964年创办《国际耳鼻咽喉科杂志》，1984年创办了《中国医学文摘·耳鼻咽喉科学》。经过一番周折，直到1993年6月，顺应国内外学科发展大趋势，由我主持创办了耳鼻咽喉与头颈外科融合的《中国耳鼻咽喉头颈外科》杂志，经国家科委批准，正式创刊。在我的建议下，由屠规益和刘铤教授担任杂志主编，由我和唐平章等教授为副主编，并邀姜泗长、王直中、郑中立教授为名誉主编。这是国内我所从事的专业更名的第一步。

这三份杂志融会贯通，成为业界的学术重镇。

我与这些杂志也是很有缘分的，长期担任主编和总编工作，投入了不少的精力和时间,本着"与时俱进、开拓创新、面向读者、努力奉献"的宗旨,在不断探索中进步。在前后二十多年内,由我主笔撰写了大量主编述评,同时主持出版了众多的临床指南、专家共识、学术年鉴等,带动了大学科发展进程,主导了那个时代学科的进步。

此外,我还主编了各类专业图书和高等学校教材。比如比较流行的《鼻内镜外科学》《睡眠呼吸障碍外科学》《人工耳蜗》《嗓音医学》《耳鼻咽喉-头颈外科:误诊误治与防范》《听力学基础与临床》《颞骨断层解剖与CT》;有的具有科普性质,比如《医患问答丛书·鼻窦炎》《过敏性鼻炎患者知识手册》。也和张罗、周兵等人一起翻译过《内镜鼻窦手术及其扩展应用》《鼻整形手术图谱》等书。算起来共有专著27部、教材6部、科普作品4部。除此我还主导制作了不少视频和学术技术光盘。比如中华医学会视听教材《鼻内镜手术标本示教》,以及《鼻内镜手术集锦》等。

近两年来,在人民卫生出版社的主导下,我和全国的专家们正紧锣密鼓地撰写《中华耳鼻咽喉头颈外科学》。这是一部汇集改革开放四十年来学科发展进步,具有史诗般影响的巨著,是我们专业的"四库全书"。这是全国专业同道们的期盼,也是建国七十多年来中国的主流声音。我希望在中文版的基础上,翻译成英文版在全球发行。

2001年以来,作为第一完成人,我曾三次获国家科学技术进步奖二等奖;曾获省部级以上科技成果奖18项,获实用新型专利15项;获"何梁何利基金科学与技术进步奖";承担国家及省部级课题38项;以第一或通讯作者发表中文文章312篇,其中SCI文章180余篇,日文5篇;使学科相继成为国家重点学科、国家生命科学与技术人才培养基地、国家精品课程、教育部重点实验室、首批"国家临床重点专科建设项目"。

所有这些成果,都有赖于实践与理论的紧密结合,及时归纳整理所成。

好大夫不仅能治好病，其实做学术理论研究也是职责所在；不然，何以留下学科进步的印记，以省后学呢。

多项专利

在长期的临床实践中，我和同伴们发明并申请了很多专利。这些专利都是实用新型专利，是可以制造和使用的医用器物，最初是为了方便自己的诊疗，有了专利意识后，便申请专利。

鼻科方面，我的第一个专利是2000年申请的"鼻腔清洗器"，之后陆续有"鼻腔手术硅胶管""电动鼻腔冲洗器"；与同伴一起申请的有"可调式鼻腔清洗器""儿童鼻腔冲洗器""便携式可调式鼻腔清洗器"。

耳科方面，我申请过"鼓膜穿刺针"专利；和同伴一起申请的专利有"人工耳蜗植入电极推进器""耳科手术皮瓣保护器""耳科手术骨床测量器"。

喉科方面，我申请的专利是"可调式食道镜""带光源的间接喉镜"；与同伴一起申请的专利有"声带手术专用针""可吸收性声带防粘连膜"等。

此外，我还有"防雾盒""医用处置盒"等专利；我和同伴们则有"加湿口罩""防过敏口罩""防感冒口罩"等专利。

近几年，在国家科技部重点专项研发课题中，作为项目的首席科学家，我主导的实用新型以及发明专利近百项。

大多数专利，都是在诊疗过程中自然而然产生的实用工具。就像小时候去海边捕鱼，为了能提高捕鱼的效果，就需要有一只好船，需要将船上的零件配备好，而遇到新问题或者有了更好的材料，能改进就尽量改进。我想，这是同样的道理。

总之，无论做什么，都应该在做的过程中多思考、多改进。有了这种习惯，便可能自然而然地产生新创造、新发明、新专利。同时，好的生产工具能起到事半功倍的作用，甚至能引起划时代的根本变革。

"生产工具在生产资料中起主导作用"的论述是正确的，对于创新生产工具的成果，专利是重要的表现和保护形式。新工具是解决问题促进发展的源头，也是不断步入新时代的钥匙。

院长十二年

意外的任命

2000年11月初的一天,北京市委组织部、市委宣传部领导找我谈话,正式任命我担任北京同仁医院院长。事情来得很突然。

那时我早已是临床主任医师、教授了,在北京市耳鼻咽喉科研究所所长的位置上已有近八年时光,打下了专业发展的良好基础,专业几乎成了我生活的全部。

早在1991年底,我就提出了"三年打基础,三年图发展,三年上水平"的大学科发展目标,并就此开足马力,全身心地投入重点学科建设的洪流之中。随着局面的不断拓展,身边的伙伴也越来越多,总有干不完的活儿。

那时候工资不高,奖金也不多,一群心怀梦想的痴男痴女,白天晚上几乎昼夜兼程地干活。临床工作中不断引进开发新技术,研究所不断申请新课题。科所结合携手并肩,人们穿上了"红舞鞋"。

北京地区一些远比我们强大的学科,作为被追赶的标的,不断被超越。北京同仁医院耳鼻咽喉科和北京市耳鼻咽喉科研究所越来越被人们所关注。

鼻内镜外科技术研究、人工听觉技术研究、睡眠上气道阻塞诊疗技术研究、喉癌微创外科技术研究、鼻颅底外科基础与临床研究以及嗅觉功能研究等已经获得国家、卫生部以及北京市一系列重点基金的资助……

为更好地整合人财物资源，我还组建成立了一些实验室和研究中心，如北京市眼耳咽喉科高新技术实验室、北京高新技术实验室项目——北京眼耳鼻咽喉疾病研究中心、北京市耳鼻咽喉科会诊中心、北京市呼吸睡眠监测中心……从那时起，大学科发展理念集教学、科研、临床为一体，为国家重点学科建设打下了坚实基础……

如此势如破竹般的技术进步，无形中给当时人们的思想认知、思维方式带来了不少冲击。

1998年新年后，我被北京市卫生局组织处任命为北京同仁医院副院长。本想为医院发展多做些有益的工作，可事与愿违，我被安排与分管科研的副院长两人共管科研工作，实际上被"束之高阁"。

哎……为什么呢？

思考中我认识到，快速发展的激流不断冲击着传统的利益格局，旧的思想观念也在不断被冲破，持保守态度的人们对我的认知和作为看不惯。

再则，太多好事集中在一个人身上，堆出于岸，水必湍之。表面不好挑什么毛病，供在那里，让你心急吃不得热豆腐……

即便是一些再正常不过的业务，也会遭遇意想不到的阻碍。

医院1958年建的住院楼，是北京当年十大建筑的同期建筑，据说是用修建人民大会堂剩余建材修建的，高大明亮，雄伟壮观。可是，经过三十多年的风吹日晒，熟铁结构的窗户都已经锈蚀了，不断地掉着铁锈。有的合页破损，完全关不上，只好用废弃纱布拧成的绳子拉着。手术间墙壁上的瓷砖多处脱落，水泥墙面裸露。

工作、就医环境很不好，国内外来宾参观交流时，医院陈旧的设施让人觉得很难堪。

担任副院长之后，我张罗着对我所在工作场所进行必要的维修。按理说，这是一件很正常的事儿，但实施起来并不顺利。

院长办公会上，我刚提出这个想法，便有人表示："修楼会耽误医疗工作的。"我说："是的，可否白天出诊看病，晚上开修呢。"对方不说话了。

眼见着要施工了，又有人从犄角旮旯里找出一些理由，说："那些旧的铁质窗户是伴随新中国的文物，如果要修，必须保留旧的铁窗户，把铝合金窗安放在外面。"

这叫什么意见？里面铁窗户已经锈蚀得不像样了，如果按照他的说法来做，卫生怎么打扫呢？

总之，即便是好事，也不想让你干好。

怎么办呢？总不能半途而废吧。

于是，我努力排除各种干扰，在总务处同志们的帮助下，先在我管的区域内换了崭新的铝合金窗户。窗明几净，漂漂亮亮，办公环境得到了很大改观。

尽管如此，酸溜溜的话还是不少的："没什么好说的，谁都能干好。""为什么非要用铝合金窗户呢？有没有拿回扣啊？"

医院班子会上，一些人不允许被别人超逾的狭隘排他意识作祟，找我的毛病，几乎是常态。经常性的漫无主题的神仙会，十分消耗时间。到后来，我实在难以忍受，善意地提出："可否在会前征集会议主题，做好准备，会上讨论些有意义的事？"

有人当即反驳："这很有意思呀。你受不了的时候，就是我们最有意思的时候。"

这是什么话？故意激怒你！

我很无奈，开会的时候，就拿些作业，埋头做自己的事儿。有人就更不舒服了，经常点我的名。

再往后,实在没办法了,我提出:"请一年假行不行?"

院长说:"一年假批不了,半年可以。"

于是我被恩准,请了半年假。

这半年时间,我干什么了?全国各地周游。

先是在北方就近的城市唐山、石家庄、锦州等地推广新技术,示范鼻内镜手术。后来,又去了南方的广州、深圳沿海一带。那些地方是国家改革开放的前沿,经济发达,思想观念转变得也很快。我也确实治好了很多疑难杂症,名声和学术影响力不断扩大,不少病人专门从香港、澳门过来请我看病或请我过去做手术。

没多久,业内又有人不高兴了,说我到处造势,想抢班夺权。

唉,真是一言难尽。人们思想意识的碰撞在各个方面都是普遍存在的。

无论走到哪里,我都以推广先进技术为主,牢牢把握自己的底线,经常免费为经济困难的病人做手术。因为疗效好,一传十,十传百,我成了"香饽饽"。

在那种不大友好的氛围中,你需要有力排众议的定力,更需要有真刀真枪斩将过关的技术能力。

一些国内外的医疗设备厂家找来了,跟在我的后边。

为什么?因为看病、办学习班展示了他们的设备,而且不接受任何利益输送,不要他们的钱。

一股新风气,满满的正能量。

忙碌中,转眼间小半年过去了,良好口碑在不断传播。

我只想把主持的那些研究项目做好,把学科做强;不想,也没有时间同任何人扯皮。

1999年底,北京最有影响的一家三甲医院发出邀请,想调我去做院长。这可是一件非同小可、在业内将产生巨大影响的大事件。

我舍不得已经打下的一片天地,并没有积极响应。

出于多种因素考虑,2000年11月底,北京市委宣传部把我从厦门紧急调回京城。

部长开门见山地说:"我们对你将有一个重要任命。任命之前,你先到党校学习。"

我一脸茫然,准备任命我担任什么呢?

她没有直接回答,只是说:"先到党校学习吧,我们会正式找你谈话的。"

没过多久,部长找我谈话了。北京市委宣传部正式任命我担任首都医科大学附属北京同仁医院院长。那时候北京市委宣传部是北京卫生局的上级主管部门。

对于这一突如其来的正式任命,我是不能随意回避的。

在北京同仁医院的全院职工代表大会上,面对着当时医院那种令人窒息的禁锢状态,人们为市委的任命感到振奋,以长时间热烈的掌声表达了对我的认可。

热烈的掌声,伴随着大家热切的目光,让我突然感到压力山大。我真的要认真想好,怎样做个合格的院长。

我是1990年底留学回国的,那个时候国家各方面都处于发展期。由于当时学成归国的人不是很多,青黄不接之时,我备受重视。先是破格晋升主任医师,接着担任学科的副主任,研究所副所长、所长,副院长……

忙忙碌碌中的我,对这每一次进步都没有预想过。

十年磨一剑,本来是我在学术发展上的目标,没想到竟然当了院长。这样的转变,让我不能不重新定位,规划自己的人生。

2000年11月14日,在院长的任命大会上,我充分准备,做了一次非常认真的讲话。

我讲了同仁的百年传承,讲了医院"精诚勤和"院训所包含的历史责任,讲了医院在国家医疗卫生体制改革与事业发展中的历史定位,讲了中国加入世贸组织带来的竞争与挑战,讲了医院重视人才、重视管理运行机制改革、改善工作环境的重要性……

讲着讲着，不经意间，台下响起一阵又一阵掌声。

阵阵掌声，传达着人们对你的信任，对你兑现承诺的期盼。

"前辈们的艰辛，铸就了今天同仁的金色品牌，我们要百倍珍惜，不断擦亮它！"

台下又是一片掌声，不断坚定着我将身家性命与百年同仁的发展大业融为一体的决心。

那个场面，如火山爆发，涌动着，又如突然间敞开的大门，拥抱着我，点燃着我内心的激情，燃烧着……

至今每每想起，还会让我激动不已！

要干就要不负众望，就要干得最好！带领百年同仁再创辉煌，这其实也是我的性格使然。

转眼间，"掌舵"同仁12年，浅浅深深留下了一路足迹。

新官上任

人生好比一台戏，每个人都会在漫长的旅途中扮演不同的角色。

在家庭中，幼小时候要扮演儿女的角色；在学校要扮演学生的角色。到了工作单位，开始是跟从者，等成长到一定程度，会扮演师长或领导者之类的角色。

每一个角色都会遇到形形色色的问题。担任了院长，我开始扮演管理者和决策者的角色。

千头万绪的工作中，伴着数不清的问题，随着职务的变迁突然涌将过来，让人猝不及防。

想要处理好这方方面面的问题，并不容易。尤其是处理复杂问题，需要了解事情的来龙去脉，知道轻重缓急；需要分寸拿捏准确，把握好时机，规避风险，做出正确的抉择……

找我的人一下子多了起来，需要我处理的事情，大大小小没完没了。开会、调研、走访、听汇报……忙个不停。我很快感受到，带领上万人队伍的主官在责任的驱动下，不知不觉中变得被动起来。

辩证地考量，其实也很好理解。当拥有更大主动权的时候，被动因素也将随之增加。主动与被动，是一个平衡。非常现实的问题是如何把握好发展要素，平衡好各种利益和矛盾，这是门学问。

重担之下，需要静下心来想明白，如何做好一个称职的院长。

白天总是忙忙碌碌，没有时间用心琢磨；到晚上万籁俱寂的时候，我开始一点一点梳理那些纷乱的头绪。

我是在21世纪初被赋予使命的。党和国家信任我，看重我身上的一些特质，把我定位为一个开拓型的院长。

那么，如何做好开拓型的院长呢？

当然，首先要有顺应国家发展大势的思维定位，勾画医院的规划蓝图，用发展的眼光解决存量问题，而不是被延续不断的历史问题牵着鼻子走。

如何化被动为主动呢？

首先要解放思想，开放人们的视野，破除固有思维模式的束缚，既要看眼前，更要思考未来。

制定一个能牵动人们心弦的医院长期发展规划，是必须要做的。

想到这里，我很自然地联想到当年为耳鼻咽喉科制定的十年发展规划，心里有底了。

不久，在医院的干部会议上，我绘声绘色地向大家描绘了未来十年的发展蓝图，锁定了建设一流大型现代化医院的发展目标。

"一流"，代表着国内外医学发展的先进水平，代表着高水准，着眼于未来的现代化医院。

为了实现这个目标，我提出了三项任务：

一是抓好重点学科建设，提高医院的学术引领性。发挥眼科、耳鼻咽喉科重点学科的引领和带动作用，促进内科、外科、妇儿科等学科的均衡发展，不断建设新的重点学科。

二是抓好硬件建设，创造良好的医疗环境。酝酿规划现有新旧病房楼的改造。寻找机会拓展新的发展空间，解决医院发展空间狭窄的窘境。

三是抓好软件建设，提高医院的学术影响力。适应中国加入世贸组织对医疗市场带来的冲击，稳定和培养好技术骨干队伍十分重要。医院要主动采取措施，强化人才队伍建设。

为此，我组织设计了首席专家制度。建立以首席专家为核心的学术梯队，设定：重点学科的首席专家在国内有一定的知名度和学术影响力；二级学科的首席专家要在北京市有一定的知名度和学术影响力。

在专业技术干部的管理使用方面，采取"老人老办法，新人新办法"的原则，对老同志要宽，对新同志要严。建章立制，实行严格的考核制度。

这次讲话中，我依然能清晰地感受到会场上人们对发展蓝图的关注，感受到大多数人对新事物的期盼。

接着，我又进一步诠释了未来十年三步走的具体规划。

前三年：巩固、发展已经确立的眼科、耳鼻咽喉科、心血管疾病诊疗中心三个重点学科在全国的学科引领地位，培养、建设高素质的学术技术梯队。

中三年：完善已经确立的学科专业特色项目，建立新的重点学科，力争形成4—5个具有国内先进水平的重点科室。

后三年：建立起与国际接轨的医院管理体制和运行机制，实现国内一流大型现代化综合医院的发展目标。

入世推动了中国市场经济的蓬勃发展，医院开放搞活、谋发展成为主流，无疑给我们带来了施展拳脚的难得机遇。

"知止而后有定"，有了这个十年发展规划，大家心里就有数了，知道了如何在医院整体发展中找准自己的定位。这个十年规划是有历史意义的。

如今回头看，当年设定的十年发展规划基本上都实现了，很多方面还远远超出了预期。

第一把火——人才激励

俗话说"新官上任三把火"。按照十年发展规划，在医院党委张盼弟书记的有力支持下，我开始推动医院的全面改革，并热火朝天地干了起来。当时也并没有想什么"三把火"，现在归纳起来，倒是可以按这个思路聊一聊。

第一把火，大张旗鼓地制定人才激励政策。

"进入21世纪，最缺的是什么呢？"很多人都会脱口而出："当然是人才。"作为院长，我的感触会更深刻一些，人才短缺，尤其是创新型、复合型人才。

那时候，论资排辈、因循守旧思想在医院领导层相当普遍。

尤为突出的是一些中层干部，他们接受新事物的能力有限，对新技术的掌握更少，做个PPT都唉声叹气；但仗着资历老，理所当然地享受着各种待遇；但他们有着复杂的社会连带关系，即使院长，他们也不一定放在眼里；面对院里布置的各项任务，常常是一拖再拖。

这种风气由来已久，像阴霾一样笼罩着。如何破除这盘根错节的陈旧氛围呢？

权衡再三，我决定从制定新的人才制度着手，响鼓重锤，敲打出一片尊重知识、尊重人才的新天地。

这响鼓，就是人才鼓励制度；重锤，就是人才激励政策。

经过一段时间的酝酿准备，2001年年中，医院举行了首席专家和临床专业技术骨干颁布大会。

会场打出大字横幅:"尊重知识、尊重人才、促进发展",烘托开创先河的隆重气氛。

医院不仅要求首席专家和骨干们努力履职,也为年轻后学自我完善和不断发展制定了标准,树立了榜样。

建立首席专家和临床专业技术骨干制度打破了很多人心中墨守成规的条条框框,震动很大。

紧接着重锤不断,医院出资100万元对1996年以来开展的新技术新项目进行奖励。奖励标准:以获得国家和北京市科技进步奖为基本入选条件,同时考虑以新技术新项目的学术价值、经济效益、人才培养情况等综合指标进行评审。

100万元奖励数额,在那个年代是相当大的一笔钱,以前未曾有过,引发了院内外极大关注,冲击改变着旧有观念。

市场经济大潮洗刷着每一个人,同仁医院不断出台的以人才制度为代表的新方法、新举措,成为更新观念、更新管理制度的弄潮点。

我也成为重点奖励人员,本想回避,评委会不同意,希望尊重他们的劳动。

无论什么时候,人们都应该本着"君子爱财,取之有道"的做人做事原则。我也希望在全院职工心目中形成一种价值取向:要靠自己的真本事挣钱,而不要靠红包、回扣之类的歪门邪道来发不义之财。

第二把火——解决卡脖子问题

我上任伊始,国家还没有要求对医疗器械、药品等进行统一管理。

医院的重要耗材曾被一家医药公司垄断,价格不但高,还常常断货。医药公司以这种方式把需求胃口吊得高高的,哄抬物价。

这样卡脖子怎么能行?不仅严重影响医院正常的业务运行,侵害医院利益,也严重危害着广大患者的权益。

我意识到这是一个绕不开的,也必须面对的难题!

拿定了主意,我在院务会上提出"制定规则、竞聘招标、打破独家公司垄断"的建议。同时,也做好了迎接风暴的心理准备。

果然,竞聘招标制度一经实施,即刻触犯了一些人的利益。有位供应商老板很有背景,公开拿了一大包钱,扬言要把我摆平。

见面后,那位老板直截了当地说:"咱们第一次见面,送点礼物,表表心意。科室里的事,你就别太过问了,不要太认真,你好我好大家都好。"

我见他如此嚣张,决定当场开战,打掉他的气焰,说:"你如果能拿出钱来把医院所有职工都招待好了也行,只招待我一个人,这不是逼我以权谋私吗?你这些钱又不多。你真弄个5000万,给我们医院干点正事也可以,你又拿不出来。你给我的这钱,我只能交给医院,你肯定不愿意。因为这不是你的初衷,是不是?还有呢,我也想留个好名声,受贿这种事绝不会干!"

听我这么说,他一下子蒙了,反应过来后,又直接威胁我:"你要不拿这钱,咱就走着瞧。"

我根本不怕这一套,正视着他说:"医院不是你家的,也不是我家的,是国家的!走着瞧,瞧什么呀?顶多你在背后害我!可是国家法规明摆着,对我有保护,我还是人大代表,你敢在我身上下刀子?为了利益,你把性命搭进去,这个账能算得开吗?"

这番话也是他没想到的,一时不知说什么才好。

我继续说:"我知道你的后台挺硬,但是你想过没有,和国家一比,你那后台就不算什么了。我劝你别动这脑筋,为一己私利,要和国家对着干?你想明白了吗?"

听我这么问,他仍然不知该说什么,又好像在想什么。

我直视着他接着说:"一、不要贿赂我;二、不要恐吓我。因为这两招对我都不灵。"

见他没有再敢威胁我,我便以解决问题的态度,换了一个口气说:"如果你实在想在医院做点买卖,可以参加公开招标竞聘。成功了,算你走正路,光明正大。"

这句话似乎打动了他,我又进一步说:"如果参加招标竞聘,你还有机会。如果不参加,那就当我没说,我也不想再见到你。"

他想了想,终于再次开口:"我可以考虑参加招标竞聘。"

我并不想树敌,看他让步了,便继续开导:"医院发展很快,还有很多你可以公平竞争的机会。如果不走正路,违法违纪,行贿我或真跟我斗,我可要告发你!别人有没有拿你的钱,我不知道;但是你要行贿我,我是知道的。行贿是犯法的,害人害己,总有一天会被揭发出来。人要想立足长久,歪门邪道走不到底,你自己要好好掂量掂量!"

最终,他服了。第二天又来找我,说:"我回去在公司里讨论了这个事,大家认为韩院长说的在理儿,必须绝对配合。"

这之后,医院成立了采购中心,设置了采购中心办公室。医疗器械、药品、耗材采购这类卡脖子问题终于得到了有效解决。

第三把火——重点学科建设

重点学科是医院发展建设的基石,具有举足轻重的牵动力。它更是一面旗帜,可以带动众多资源,促进医院加速发展。

2000年3月,在我的倡导下,北京市耳鼻咽喉科会诊中心、北京市呼吸睡眠监测中心成立,标志着耳鼻咽喉科的重点学科建设又向前迈进了一大步。

耳鼻咽喉科是我钟爱的事业,情有独钟。担任院长后,作为医院的主官，主要精力和关注点发生了很大变化。

既要突出重点，分出轻重缓急，又要一碗水端平，只有这样，人们才会信任你、依靠你，才会形成更大的凝聚力。

在重点学科的建设方面，我的大量精力放在眼科和心血管疾病诊疗中心这两个领域。

翻开百年同仁的历史长卷，眼科一直是医院的骄傲。

始创于1886年的北京同仁医院起源于眼科，尽管当时规模很小，却以独特的磨镜技术结束了华北人民漂洋过海配镜的历史。

20世纪中叶，张晓楼教授与汤非凡教授合作，成功地分离出沙眼衣原体，并荣获国际沙眼金质奖章，使同仁眼科在国际医学界享有盛誉。

眼科在同仁的历史上占有重要地位，是医院发展的支柱，加强眼科发展一定是不可动摇的选择。

那么如何加强呢？

核心任务是申请建立国家重点学科，把眼科打造成名副其实的国家队。

2001年4月6日，北京同仁医院眼科中心成立，整合了眼科和北京市眼科研究所的学术与技术资源。

为加强对眼科中心的支持力度，医院党委经过慎重研究，决定委托我兼任眼科中心主任。

为了引进人才，我多次南下拜访中山医科大学，邀请中山眼科医院的一位专家级教授到同仁医院担起眼科发展的重任，并指定为院长助理，任命为眼科中心常务副主任等。

这位教授到位后，我们很快组织制定了眼科十年发展规划，提出了很多缓解眼科就医难的解决方案和措施。重新竞聘上岗的眼科中心管理团队更是充满了活力和干劲。

接下来，是如何组建心血管疾病诊疗中心。

此前，由北京市卫生局出面，著名心血管疾病专家领衔引进了心血管疾病方面的8位优秀专家到同仁，同心内科组成团队，在心外科、介入治疗、心电生理、超声心动检查和临床药理等方面已具有了建成国内一流诊疗中心的基本条件。

心血管疾病诊疗中心正式成立后，开通了冠状动脉造影、冠状动脉扩张、冠状动脉内支架、冠状动脉搭桥等一系列诊疗项目的"绿色通道"，同时也陆续开展了瓣膜疾病和小儿心脏病诊疗。并将心脏内、外科融合形成了一体化诊疗体系。局面很快打开了。

眼科中心、心血管疾病诊疗中心步入了预定轨道。

接下来，我又回过头来，推动我所在的专业建设。不久，北京同仁耳鼻咽喉头颈外科中心成立，会上同时召开了全国大中城市耳鼻咽喉头颈外科学术会议，展示了重点学科建设的丰硕成果。

这样，同仁眼科、耳鼻咽喉头颈外科、心血管疾病诊疗中心三足鼎立的重点学科态势初具规模，内科、外科、急诊科、麻醉科等亚重点学科也呈现出加速发展的势头，北京同仁大型综合医院形象开始展示在世人面前。

重点学科发展牵动着全院职工的激情，人们几乎每天都在期盼着新的发展，几乎每天都可以看到新的变化。

这时候，多项人才管理措施也初见成效……

我适时提出了"苦练内功、精于内涵、追求卓越、超越自我"的医院发展理念，制定了"技术精湛、服务一流"的服务目标。

对管理干部的要求

毛泽东主席说过："政治路线确定之后，干部就是决定的因素。"

担任院长职务不久，经过多次思想交流和实际工作的磨合，我同医院党委张盼弟书记在思想感情和各方面工作的认知已经高度一致了。她言行、表里一致，为我成功履职奠定了基础。

接下来的重要课题，就是如何发挥好中层干部的作用。为此，我认真备课，开始了"当好中层干部，当好科主任"的第一讲。

对于中层管理干部，我主要提出三方面的要求：

第一，找准方向，明确定位。

医院中层干部要树立好服务意识，服务于医院发展，服务于学科进步。除了要努力学习掌握党的各项方针政策，也要密切围绕医院总体发展目标，配合制定学科长远发展目标，布局学术技术发展制高点。

第二，加快人才培养与梯队建设。

医疗市场的竞争归根结底是人才竞争。为此，管理干部要胸怀宽阔，学会抓重点，有要求，敢要求。通过内部加强培养、外部招聘等举措，促进学科人才结构、特色与技术专长培养，做到"科有特色、人有重点"。

第三，合力筑成学科专业优势。

在锁定学科发展目标的实践中，胸怀大局，眼光要远，胆量要大，敢于思考，善于思考。希望不折不扣落实医院制定的三级标准首席专家制度，并要求形成动态管理机制，有待遇、有管理、有要求、有退出。

对于如何做好科主任，我也做了一些阐述：

一、善于学习。要关注国内外学术发展动态，准确了解学科发展前沿，善于发现热点，知己知彼，心中有数。

一个好的科主任，应有广博的社会知识和基础科学知识。对于新的技术，如纳米技术、分子生物学、遗传基因研究对人类疾病控制的影响，显微外科技术、影像学、信息技术等对疾病诊断治疗的影响，科主任都应该有所了解。

二、要有突出的业务水准。

一位合格的科主任应该具备良好的综合素质，学术水平应在业内具有影响力，专业技术过硬具有带动性。在科室建设上有思路,具备率领一个学科整体进步的能力。更要学会调动年轻人的积极性,允许年轻人后学居上。

三、善于管理,敢于管理。

众所周知,管理出效益。提高管理现代化意识,调动每一个人积极向上的热情,是一门复杂的学问。首先需要根据学科的发展需求,建章立制。俗话说"没有规矩就没有方圆"。大家共同做好一件事,必须善于把人力、财力、物力向重点发展目标倾斜;允许不同思想展开讨论、允许竞争,前提是建立在统一的标准下;有目标、有要求,才能最大限度地发挥每一个人的作用。

四、情智并重,建立和谐的人际关系。

科主任应该高度重视医院、科室的文化建设,营造浓厚的人文关怀氛围,让每一个人都感到温暖。要采取老人老办法、新人新政策的灵活措施,对老同志体现一个"宽"字,虚心听取他们的意见,多一些理解,多一些帮助;对中年人体现一个"促"字,促进他们努力迈上新台阶;对年轻人体现一个"严"字,严格要求、严格管理,打下不断进步的坚实基础。

作为中层管理干部,要有大局意识,具有掌控蓬勃向上的大好局面、控制一方的能力;要有令人敬佩的人格魅力,一视同仁、平等待人的优秀品格;要有游刃有余处理复杂矛盾的能力。

总之,当好医院的一方主官、一科之长并不容易,要对自己有明确清晰的定位。要善于学习,学习管理艺术,不断完善自己的知识结构,不断提高管理能力和不断提升个人的综合素质。只有这样,才能成为一位名副其实的优秀管理者。

未曾有过的人事改革

2001年11月底,中层行政干部任期三年已满。

基于当时中层干部中存在的年龄老化、知识结构不合理以及工作效率低等问题，为适应医院进行改革从而快速发展的要求，职工代表大会上不少代表提出建议：希望利用中层干部任期届满的契机，实行全员竞聘上岗。

这正合我意。

然而，面对医院错综复杂的内外人际关系，在全院范围内对所有中层行政干部，包括临床医技科室管理干部实行重新竞聘上岗，这可不是个小事。这是非同小可、要伤筋动骨的大事，可不是一拍脑门子就能决定的事。

在这件事上，我必须非常慎重，不仅要在国家政策鼓励之下，从整个医院的利益出发，做好完备的统筹规划，也要做好随时应对风急浪险突发事件的心理准备。改革的每一步都要依靠党委和群众的力量，真正做到顺乎民意合乎民心，每一步都要有章可循。

首先，在党委的领导下，由我组织医院主要人事行政机构制定整体规划，出方案，确定干部岗位数额、竞聘任职条件、岗位说明书等。

接着，竞聘者要求采取个人自荐方式完成资格申报，审查合格后方可通过民意测验、竞聘演讲答辩、评审委员会评审等程序进行相应岗位竞聘。

这在当时是个新鲜事，对很多年轻人来说，也是很好的展示机会。

如此大规模公开竞聘中层干部，在同仁医院还是第一次。人们期待着，激动着，准备着，但不少面对竞聘压力的原班干部却是忧心忡忡。

时代潮流涌动着，人们似乎在等待着看一场大戏。

竞聘会如期召开。整个会场被围得水泄不通，人们一批批地上台展示自己的才华，充分阐明竞聘理由，陈述管理策略，表达自己的信心，展望科室未来。不少人径直喊出口号："请大家支持我,我将会是一名最合格主任人选!"台下叫好之声不绝于耳。

会场呈现出高昂的蓬勃之气,对比医院前期萎靡不振的状况,形成强烈反差,人们看到了希望。

为了使竞聘工作公开、公平、公正,我们还邀请了一些兄弟单位的同志也过来参加竞聘演讲。大家开阔视野,八仙过海,各显其能,好不热闹。

最后结果出来了:任命干部113人次,其中竞聘上岗46人次,免职干部31人,还设置了一支由52名主任助理组成的后备干部队伍。

以干部竞聘为契机,我们顺势推动了全院的人事、分配制度改革:确定了对中层干部进行半年及年终指标考核的制度,对其下属管理部门各岗位人员明确了任职资格、岗位职责,制定了岗位工作量表及考核制度;加强了对干部,尤其是年轻和新任干部的培养,全方位实行评聘分开和未达标人员的降级、转岗制度。

此后又开展了全员岗位测评,建立起符合医疗机构特点的、体现技术复杂程度、劳动强度、职业风险、职业道德和工作实绩的责、权、利相一致的岗位薪酬制。

这些改革一一落实后,拓宽了干部遴选渠道,形成干部能上能下,优中选优的良性竞争态势,年轻干部脱颖而出的新机遇;有能力、勇于承担责任的职工得到了相应的回报,没有能力、事事推脱的干部被调整。

在当时,这样大幅度的改革在全国范围内是罕见的,绝无仅有。实施过程中确实遇到了不小阻力。那些没有能力竞聘的干部,抵触情绪很大,新旧干部之间矛盾十分激烈。

为了缓解这些矛盾,医院采取一些老人老政策的措施,以最大程度地保证同仁老人的根本利益。比方说,脱聘干部,只要不到退休年龄,保留原工资待遇不变,适当补发原岗位津贴。按理说,这也够人性化的了。但有些人还是不依不饶,明里暗里折腾着，搞匿名信告状，制造谣言，蛊惑人心，确实给我带来了很大压力。

好在，这些压力都在我的承受范围之内。我比较了一下，与在农村当生产队长时你死我活的斗争烈度相比，医院里的矛盾显然弱了许多。

这样换个角度看看，心里反而很坦然。

不经历风雨，怎么见彩虹？我是得罪了一些人，但那是为了履行就职时候的诺言，以生命系于医院兴衰。

在我的内心深处，时刻牢记着：是党和国家、是人民给了我这个院长的位置。只有敢于承担、善于承担责任，维护医院发展的核心利益，才能不辱使命。

放弃了个人的安危荣辱，心底无私天地宽，工作迎来了蓬勃向上的崭新局面。

医院是战场吗？

很多人把医院比作战场，这种比喻对不对？我的看法是，也对，也不对。

为什么说这个比喻对呢？因为在医院，我们会看到太多的痛苦与拯救，还有太多的生与死的较量。尤其在和平年代，医院可能是看到病痛与死亡最多的场所。说它是战场，毫不夸张。

可是，为什么又说这个比喻不对呢？因为战场中的双方是敌对的，而医务人员与病患及其家属却是同一战壕的。如果有人将医患关系敌对化，那就大错特错了。即便有些场合，医患之间会出现一些矛盾，但无论如何，医生与患者的目标是一致的，就是共同与病魔做斗争。如果非要把医院看作战场，那么这个战场中的争斗，就是医务人员同患者共同与病痛和死亡的搏斗。为了这一次次搏斗的胜利，需要医患之间非常融洽地合作。所以，在医院，为病人做好医疗服务，妥善处理好医患关系是十分重要的。

我刚担任院长前后的一段时间，医院发生过不少医患纠纷，严重影响了医院声誉，干扰了医院服务秩序。

为此，我开始了调查研究：听取了医务部近两年医疗纠纷情况汇报，对有代表性的个案进行分析；倾听近期发生医疗纠纷的责任医生讲述经过；听取了急诊科、眼科的两位主任针对科室存在问题的分析，努力找出其中原委，避免"一叶障目，不见泰山"。

分析导致产生医疗纠纷的各种原因，从中汲取经验教训，应当放宽视野，否则容易出现维护局部利益、护短的偏执。

从外部讲，病人需求增高，自我保护意识增强，媒体对医疗纠纷屡屡高调曝光，推动社会舆论，形成高额赔付。从内部讲，规章制度不健全、医疗质量管理漏洞多、医疗纠纷防范和处理滞后、工作环境差以及分配制度不合理导致单位时间内工作质量不高等等，都可能直接或间接地影响医患关系。

面对医疗纠纷的棘手难题，我没有抓住当事人穷追猛打，而是先后组织管理干部开了几次座谈会。通过深入分析，决定从以"努力做一名好医生"为主题的医生大会做起。

会上，我通过梳理医疗服务存在的问题，分析产生医患纠纷的诸多因素，强调医生救死扶伤的职业使命和"把握病人生命钥匙"的职业责任，谈到医生维护病人利益、保证每个家庭乃至社会稳定应具有的良知。晓之以理、动之以情地呼吁全体医生珍惜医院的品牌，珍惜我们大家赖以生存的基础。

从努力做一名好医生开始，提倡大家努力做到：在个人素质方面，要有能让病人信得过的医德医风，能让病人康复的高超技能；在法律意识方面，要学会依法规行医；在处理医患关系方面，要具备善于化解矛盾的能力。真情唤起了人们的觉醒，关于"努力做一名好医生"的大讨论和形式多样的助推活动，在全院如火如荼地开展起来。

说到这里,我想插入一个话题,就是患者应该如何对待医务人员。

很多身患绝症的患者及其家属,几乎把希望全部寄托在医务人员身上,希望他们有回天之术,这是可以理解的。然而,俗话讲得好:"医生看得了病,救不了命。"

医务人员毕竟是人,不是神,尤其面对不可逆转的死亡,即便再努力也可能无济于事。发生了这种情况,患者家属在丧失亲人极为痛苦的时候,如果把怒火倾泻到医生身上,谁还愿意当医生?

医务人员被称为白衣天使,他们理应尽其所能救死扶伤;而患者及其家属,也应该充分尊重和理解他们。从某种意义上,医生本就是一个高危职业,需要全社会广泛的理解。

我亲眼目睹过医务人员被愚昧的患者捅伤的惨状,那种情形,实在令人心凉。后来,当我得知耳鼻咽喉科的一位医务人员被患者打死,义愤填膺地写了一篇公开谴责的文章。内容如下:

> 2014年2月17日10时左右,齐齐哈尔北钢医院耳鼻咽喉科孙东涛主任在出诊时,被突然闯进的一名19岁患者用铁棍残忍地殴打致死。
> 又是一起暴力杀医事件,又是一起将心中的愤懑发泄到治病救人的医师身上的惨案!温岭杀医事件的阴霾还没有从我们心中散去,接连而至的暴力伤医事件让我们身心俱疲!国家提倡创建和谐社会、高度重视维护医疗行业秩序,医疗团体在呼吁"医疗暴力零容忍"、在展现医师救死扶伤的正能量,为什么还是不断有医师因为患者的主观臆断而丧生?法治社会怎么能容忍如此亵渎法律、轻视生命的杀人罪行!广大医务人员面对凶狠的杀戮,难以平复心中的愤怒!
> 我谨代表中国医师协会耳鼻咽喉科医师分会对凶杀无辜

医生的残暴行为发出强烈谴责,一定要严惩凶手,维护安全的就医环境!

请国家、政府及相关法律部门一定采取严厉有效的措施,打击医疗暴力犯罪,呼吁新闻媒体积极发出正义的声音,痛定思痛!为广大医务人员创造安全平和的从业环境,为我们子孙后代还能有病可治、有医可寻而努力!

中国医师协会耳鼻咽喉科医师分会会长
韩德民

发生这件事时,我已不是同仁医院院长了,但对这类事件,我的态度向来是一致的。

同仁论坛组织了"怎样做一名好医生"的专栏。耳鼻咽喉头颈外科、眼科、内科、骨科分别选出四位优秀医生担任论坛嘉宾,与年轻医生开展互动。

我也欣然接受邀请,在会上做了即席发言,谈了对好医生优秀品质的认识:一是病人利益至上,品行端正,心底充满阳光;二是专业技术精湛,能拯救病人于水火之中;三是胸怀坦荡豁达,营造团队协作氛围;四是积极进取,努力追求新知识,探索新技术。发言引起了年轻医生们的热烈讨论,并在全院传播开来。

随后,医院党委趁热打铁,组织了全院干部培训。经过一番准备,我再次阐述了一个好医生应具有的特质。

一是医术精良。精良的医术从哪里来?这需要有扎实的基本功,要多学、多看、多记,还要善于用脑、用心,再用手,尽其所能地把聪明才智用到为病人解除病痛的工作中。

二是以德为重。怎么能做好医生工作呢?社会上,有两个职业后面是带着"德"字的。一个是教师,要讲"师德";另一个就是医生,要讲"医德"。这个"德"字,主要是指责任——敬畏生命的一份沉甸甸的责任。

一个好医生的力量不仅来自精湛的医术，更来自对病人疾苦的感同身受。我国外科学鼻祖裘法祖老先生说过："德不近佛者不可以为医，才不近仙者不可以为医。"就是说，一个好医生在德、才两方面都要超越常人。德，要近乎普渡众生的佛家子弟；才，要近乎妙手回春、神通超凡的仙人。这就是裘老先生为医生设定的一生都要苛求的标准。

三是善于交流互动。医患关系紧张，原因是多方面的，有认知层面的差异，有价值观念的不同，当然也有主体责任缺失的原因。应该说，医生应有主体责任。为什么呢？如果医生没有同病人建立起交流和互动的信任关系，感情上没有同情理解病患，就不会懂得善待病人。相互间缺乏信任，病人会有意见，家属也会闹事。由此，一个好医生要善于沟通交流，建立好与患者进行良好互动的信任关系。

社会在进步，医疗行为应具有更多的社会属性，这是个通则。

我还对如何建立好医患交流互动的信任关系谈了看法。

医生内心要有视病患为衣食父母的真情。没有病人的需求何以为医？没有病患一次又一次的以生命相托，哪有医生无以计数的人生精彩？

如果对病患的信任有感恩之心，理性地看待每一位患者，就会懂得理解、尊重、体贴，就会用耐心去"抚慰"每一位患者，让他们感受温暖，感觉有依靠，这样病人在心里才会产生信任。

这样一来，好医生的责任意识、服务意识就会体现出内心的真诚，服务态度自然就会体现出人文关怀。与病患进行有效沟通，建立相互信任关系，本身也是治疗的一部分。"有时去治愈，常常去帮助，总是去安慰"，这是医圣希波克拉底所给的医生定位。

"努力做一名好医生"的大讨论持续了很长一段时间，引起了广泛共鸣，形成了普遍共识。

事实上，百分之九十五以上的病人和家属都是通情达理的。理解、体贴、关心患者本身也是医疗的一部分。每一次救治，未尝不是对医务人员自身的提升，度人与自度是相辅相成的。

疾病千差万别，每一个个体都不一样，交织起来就更为复杂。这就要求好的医生一定要具备沉着、冷静、勤于思考、独立判断、去伪存真的鉴别能力。与此同时，在行医过程中，我也身体力行做好表率。除了加强医德修养，更要时时处处从病人角度做换位思考，不断改进提高医疗技术，尽可能减轻病人的痛苦，从细微之处、从一件件小事做起。

比如，观察中我意识到，患者施行鼻部手术后，整个鼻腔被填满油纱条，不能经鼻呼吸，头部剧烈胀痛难忍。这个细节，常常被医生忽略。经过观察分析，我发明了鼻腔硅胶通气管，可以有效解决手术后的鼻腔通气问题，头部闷胀感有了大幅度改善。这个解决法现在已成为全国通用技术。

在长期的院长工作中，我几乎没有发过脾气，但在诊疗过程中如果遇到慢待病人的情形，我会变得非常严格，有的时候甚至会怒不可遏。

有次手术后，助手本应该用油纱条轻轻填压鼻腔，保持两侧对称。没料到他动作粗糙，竟把患者另一侧的鼻中隔软骨压翻了出来。他虽然不是故意的，但我非常气愤，严厉地说："你知道这种粗暴操作会给病人带来多大的痛苦吗？"那位助手被说得脸红脖子粗，知道自己错了，赶紧仔细地对伤口做了认真处理。再往后，他就非常注意这些细节了，周围的医务人员也都十分在意了。

在我看来，一名好医生要时刻关注病人的感受。只有把病人的利益放在第一位，才能在有限的时间里实施最有效的救治。

作为医院管理者，不断加强和细化医疗质量管理是十分重要的。为此，我还组织开展了以下几方面工作：

一是制定院内医疗工作守则，开展院内医疗活动中涉及法律问题的咨询活动，纠正违法行为。

二是修订各种医疗护理常规，完善评价标准、质控管理制度，并严肃进行检查与考核。要求重点科室编写本专业护理手册,健全护理工作三级(院、科、站)垂直管理模式。

三是引进技术评估机构,制定科室用药考核量表(药品收入比例、医师处方药品统计、指导合理用药情况等),并建立药理基地,开展新药研究、药事监测与科研。

四是扩大院内感染监测范围,将事后监测变为实时监测,量化奖惩。

五是制定病案书写与检查的新标准,加大检查覆盖面,制定表格病历,规范门诊病历,探索使用电子病历。

为加强公共监督力度,质控部门制定群众满意度调查和社会评估办法,定期在院周会上发布公告。同时还建立了合同客户网络,扩大院外公共联系。

为提高门急诊服务质量,设立了病人导医服务台、咨询电话,建立导诊服务大队,开设重急病患优诊绿色通道。

为加强医患沟通,开展了争做文明医生、文明护士、文明同仁人的活动。在病人中开展文明病人、文明病房及文明病友活动。

经过"努力做一名好医生"的大讨论,以及不断强化医疗质量管理,医院的医疗服务氛围变得和谐,时时面对医患纠纷的复杂被动的局面明显得到了改善。

本土人才队伍建设

医学人才体系建设中,重点人才或关键人才引进十分重要,不能简单认为是锦上添花。俗话说,千军易得,一将难求。但是如果缺失了本土人才队伍的培养,就会失去人才队伍建设的基础,有言道,基础不牢,地动山摇。这方面的体会我还是很深的。

人才招聘是针对学科骨干以及医院建设的急需人才,虽然可以解燃眉之急，但之后伴随而来的水土不服以及调配工作团队的任务也是蛮艰巨的，同时引进带来的资源分配旱涝不均也是大问题，需要时间来消化。

改革发展中，加强本土人才队伍建设是不可回避的核心问题。

我曾反复提过："不要怕手下的人比你强。"而且提倡所有不同层次的技术干部、管理干部都应该有这样的胸怀。

实际生活中，确实有不少技术骨干以及管理干部有"教会徒弟，饿死师傅"的心理，所以，他们整天像防贼一样防着，生怕手下人超过自己，强硬地把持着公共资源不放手，造成上下级之间关系扭曲。

我曾了解有这样的情况：学科里有一位年轻的副主任医师技术不错，外语也很好，经常有参加国际性学术会议的机会。可是科主任吃醋，想到自己都没资格参加，你做下属的怎么可以参加呢？于是想方设法抵制年轻人参会，逼得下属反复申请调离。接下来，科主任还硬把下属的一项重要学术成果占为己有，科里离心离德现象十分严重。

如此，学科人才梯队建设从何谈起呢？

这种现象比较普遍，严重影响了本土人才队伍建设。

为此，我做了不少调查研究，分析了医院各个学科存在的问题，在院长办公会上提出了加强年轻医生培养的建议。

对现有学术或技术骨干，有计划、多渠道地创造出国培训、外出进修、参加学术活动等多种机会，加强全方位交流培训。

鼓励在职职工攻读研究生；聘请中外专家联合培养研究生，学者带徒弟。

严格住院医师培养和管理，实行规范化培训，打好专业基础。

加强中级以上专业技术人员的继续教育，建立科技骨干人才库。

继续进行优秀人才的评选和考核，由此产生更多的首席专家、临床技术骨干、科研教学骨干、护理技术骨干……

在科研方面，鼓励以多种方式展开对外合作，开展学术交流。包括：建立蛋白质组学技术平台；将科研成果、发表论文与科主任业绩挂钩；确定医院内部"核心杂志"标准及SCI收录论文奖励标准；加强对重点实验室、重点学科项目、首都医学发展基金项目的检查、考核……

不过，新问题仍然层出不穷：分散的、不成规制的人才培养，在可持续性方面存在短板；在资源有限的情况下，也容易造成部门间的矛盾……

怎样解决这些不断出现的新问题呢？

为此，我回顾医院的发展历程、不同时期人才构成和需求特点，结合现实问题，从制度上找寻解决问题的根本方案。

建立标准化人才培养制度，是我反复思考后提出的，上报党委会讨论通过。内容主要包括三个方面：一、干部队伍建设方面，采取送出去请进来的策略，加强内外交流；二、对现有的博士、硕士研究生加强重点培养使用；三、加强医院人才体系建设。

先说第一个方面。干部队伍建设中，只有加强内外交流，才能不断开阔大家的眼界，改变固有的观念，很自然地形成进步的潮流，创造出许许多多的机会。机会多了，有的人再想压制就不容易了。形成潮流，大家共同向前。

为加强管理干部培训，我曾多次带队到国内改革发展有成绩的医院参观学习，请人讲课，开阔视野，提高管理干部的履职能力。

再说第二个方面。为加强对现有博士、硕士研究生重点培养使用，我提出重点学科核心管理骨干要具有博士学位及不少于两年的海外留学培养经历，否则，不可以做一把手。这项制度在当时是有点儿超前，引起了不少争议，我没有退缩，使其成为医院大力推进人才制度建设的风向标。

结果是学子们普遍意识到只有努力奠定学业基础，才能不断进步，同时也看到了考研攻博不再是件吃亏的事儿，由此大大加速了本土人才队伍建设的步伐。

当然，这样的制度建设并不是适用于所有行业。比如很多伟大的艺术家、作家并没有什么学历，你硬要他攻读硕士、博士反而可能害了他。这些显然不在我现在的讨论范围之内。

最后说第三个方面。这是我从医院未来人才需求的角度着眼进行的长远布局。其内容可概括为：从本科生开始选择优秀苗子，进行本硕、硕博连读，并选派到国外留学，最后再返回来在本院工作，形成完整的标准化人才培训体系。

入职耳鼻咽喉科的张罗同学就是当时推行标准化培养体系培养出来的人才。首医毕业后进行了硕博连读，专业轮转，确定专业后送到国外培训，回国后又力排众议，集科所力量进行了重点培养。他先后获多项国家自然科学基金、重点基金、杰出青年基金等基金的支持。成为教育部耳鼻咽喉科学重点实验室副主任、鼻病研究北京市重点实验室主任、国家卫计委变态反应科临床重点专科负责人、中华医学会变态反应学分会主任委员等。

标准化人才体系建设，为医院本土化人才培养创造了优越条件，成为人才培养的摇篮。

如今，经过北京同仁医院培养的管理与技术干部，已广泛分布到北京及全国各地，成为改革发展的一面旗帜。

一石激起千层浪

2001年12月11日，中国正式加入世界贸易组织（WTO），中国改革开放进入新的阶段。中国的医疗卫生事业发展也迎来了新的挑战。

在这样的背景下，提高医院管理水平，向管理要效益成了一个时髦的话题。

为了弥补同仁医院职业化管理干部匮乏的短板，从2002年起，在党委的支持下，我从北大、清华分批次引进了45位MBA及管理专业的研究生。这是医疗系统从未有过的事。

一石激起千层浪，引起了强烈的社会反响。

为什么一定要做这件事？！

医院管理应该是一门专业学问，是一个职业。

没有一支懂管理、会管理、抓得住、干得好的管理干部队伍，是难以实现医院高质量高效率管理目标的。

在内在运行机制管理方面，要想用最简化的流程提供最有效的服务，就要有科学合理的社会分工。这些和我们传统理念之间存在相当尖锐的冲突。

因为用新的体系，免不了要用新人；要保住技术优势，就要海纳百川，吸收海内外的一批精英融入同仁的发展洪流。

这样一来，肤浅的既得利益受到冲击在所难免，矛盾甚至达到"你死我活"的程度，这是我未曾意识到的。

恰逢其时，久旱逢甘雨。北京大学、清华大学为我们批量提供了经过职业化高质量培训的MBA。MBA的英文是Master of Business Administration，中文称工商管理硕士。

引进MBA是一个曲折的过程。

第一批引进的两位，没多久因为水土不服，便一起离开了。等他们走了之后，我深刻反思，认识到旧的管理体系容不了他们。

于是尝试着制定了新的标准，采取切实有效的措施，为新引进的MBA保驾护航，提供工作岗位、待遇标准、生活安排等方面的必要条件。

第二批引进12人，先是对他们进行了系统的入职培训，我亲自担任教员。人多力量大。MBA们先通过大量的调研工作，在熟悉和了解医院管理现状的情况下，提出积极的改进方案，逐步将现代管理理念和先进管理手段运用于医院管理实践，在不断探索中增长了才干。

一年后，经过竞争、测试、公示等程序，他们分别被聘为院长办公室、人事处、科研部、质量控制部、财务处等十个部门的副职，正式走上中层管理岗位。

职业化管理人才进入医院中层管理岗位，快速推动了医院的发展进程。

此后，第三批又是十几个，最后有30多个，加上管理专业研究生，共有40多人进入了医院的管理干部体系。

这些MBA，有的原本就是从医疗行业脱产去学习的，再次回到医疗机构融入这个群体，自然有些轻车熟路的感觉。

我与这些MBA的沟通是畅通的，使用、管理、培养方面是放手不放眼，该严格的时候严格，该放权的时候给予他们非常大的空间。"用人不疑，疑人不用"，一旦看准之后，不做太多细节约束，大胆放手使用。

与此同时，我绝不以领路人自居，而是主动和他们打成一片，向他们学习先进的管理理念，自觉地与医院发展结合起来。他们和我在一起觉得有了依靠，我和他们在一起总是感觉充满了年轻人的活力。

批次引进MBA，为医院发展增添了新鲜血液，产生了超乎寻常的推动力，为医院后续购买金朗大酒店、扩建亦庄新院区的一院三区建设以及后来同仁品牌的拓展等储备了力量。

如今的MBA们已经被北京市卫生系统广泛调用，分布到数十家医疗机构，成为现代化医疗机构的核心管理骨干。

如何应对故意曲解？

现在回想起来，当时的医院，尽管处在新旧的矛盾冲突中，有时候碰撞还是蛮激烈的,但感觉几乎每次碰撞都会带来新的发展。

在我的认知中,大家都来自五湖四海,是为医院发展的共同目标走到一起,应该紧密团结努力工作才是。

可是,实际工作中,理想和现实之间,充斥着错综复杂的矛盾,努力和结果之间落差巨大,以至于有的时候我竟成了有些人心中的"历史罪人"。

医院暗地里曾经有个"倒韩派",后来了解到主要由竞聘失利被解职的人员组成,甚至发展到班子内部,表面一套,背地里一套。

在极少数人的唆使下,他们总是在策划着故意诋毁我,并不分场合地故意曲解我,让我感到尴尬、感到困惑。

有段时间,我实在难以判断他们心里在想什么。思前虑后,我想还是要从源头说起,要弘扬正确的人生观、价值观。

我又开始讲课了,讲"人性与人格",提倡大家发扬人性中的美好,鄙弃人性中的丑陋,树立光明正大的人格,做一个心中充满阳光的人。

有的人不愿意听了。为什么思想不能见阳光呢?!摆到桌面上有什么不可以?不都是干部吗?不都是热爱同仁医院的群众吗?为什么不能搬到桌面上好好谈,而在阴沟里使劲搞事儿呢?

心里虽然这么想,但我从未发过脾气。为什么呢?因为群众之间的品性差别很大。

对那些脾气耿直的下属,我也向来宽容。包括有人公开提出反对意见,我也不会公开冲撞,而是主动找来谈话,让他说说自己的意见和解决问题的愿望。

只要说得有道理,我会表态:"行,没问题,我可以支持你。"如果觉得不行,我也会亮明自己的观点,说明为什么不行,并提出如何改进的建议,要让对方明白,在医院发展的共同利益方面我们是一致的。晓之以理，动之以情。这样一两个回合下来，对方就较能理解了。其实，这种人是好相处的。

另外一种人会当面说好话，背地里总是另搞一套，比较复杂，让你琢磨不透，防不胜防。

对于这些，后来我也想通了。因为无论从社会角度，还是从思想认知角度来看，这些现象都是不可避免的。社会中的人处于不同阶层，心理状况、认知程度不尽一致，对现实的反馈也会有很大差异，特别是在改革大潮冲击下，人们在权衡各种利弊取舍时，产生不一致的情况是必然的。

想通这些问题的必然性，再看待那些人和那些事，感觉很无聊，心里自然多了些平和。

事实上，作为那样一个特殊发展阶段的院长，确实应该有很大的包容性去理解不同的人群，还要善于做各种思想沟通工作。只有最大限度地达成共识，才可能带领大家共同发展。

对于那些由于利益冲突形成的难以调和的人际矛盾，只能留给不断的成功去消融，并将随着岁月的流逝而逐步消失。

小平同志说得好，要用发展解决所有过程中的矛盾，发展是第一要务。没有发展，什么都是空的。真正发展了，条件稳定了，环境改善了，群众收入提高了，病人满意了，不少问题就自然会得到解决。

用发展的眼光看问题、分析问题、解决问题，我一直这样努力着。

人为什么活着？

"人为什么活着？"这是我面试北大、清华MBA时提出的问题。很多人没想到我会提这样的问题，一时不知道该如何回答。

为什么要提这个问题呢？就是要看看他们的人生观、价值观。

我始终认为，有理想信念、矢志不渝的人，最终一定会成就一番事业。

人为什么活着？人活着，是为了痛苦、死亡？不是。人活着，是为了对美好事物、美好愿景的追求，这是人能活着的基本的意念。如果没有了这个意念，很难形成理想信念。没有了意念，没有了理想信念，没有了追求，人活着还有什么意义呢？

担任院长后，我依然主持着耳鼻咽喉头颈外科的多个研究项目，依然为病人做手术。

2001年，中央电视台直播"人工耳蜗手术"，将耳科事业的发展带向了新阶段。

2002年2月，以我为第一完成人的科技成果"慢性鼻窦炎、鼻息肉诊治研究"，首次在国内建立起了一套鼻窦炎、鼻息肉的分型、分期系统，获得2001年度国家科学技术进步奖二等奖，成为同仁医院近十年间获得的最高科技成果奖项。

在此前后，我还获得了"医德风范奖""北京市第一届留学人员创业奖""王忠诚优秀医学人才奖"等众多奖项；主编的《医患问答丛书·人工耳蜗》《临床思维指南丛书·耳鼻咽喉头颈外科误诊误治与防范》《临床医疗护理常规·眼科、耳鼻咽喉科诊疗常规》等书相继出版……

这些，应该都是我坚持理想信念追求的结果。这些成果和荣誉，对我带领同仁医院快速向前发展有着积极的推动作用。

有人说："2000年前后，中国公立医院缘于市场经济大潮影响，管理者们多是'棋局自谋'。在院长负责制下，公立医院的管理权比较宽松。"这些话客观反映了当时的一些状况。

2000年我当院长的时候，中国医疗体制改革正面临一个坎，随之而来的开放、搞活，给了我许多机会。那是一个没有太多束缚的阶段，可以探索着做些开拓性的事情。

比如，2002年6月，北京同仁医院与中国农业银行签署了合作协议书。主要内容是：中国农业银行在未来几年内协议提供50亿信用额度，支持同仁医院的建设和规划北京医学城发展。据悉，这是当时中国医疗行业涉及金额最大的合作协议。再比如，2002年9月成立的北京同仁耳鼻咽喉头颈外科中心，是当时国内综合医院中规模最大的耳鼻咽喉专业临床与科研基地。之后在北京亦庄经济技术开发区建同仁医院南区，收购酒店建同仁医院东区，多是些可以载入同仁史册的事件，也必然花费巨大的资金。

既能够大手笔地做成一些事情，又能够从始至终保持廉洁奉公，其原因应该是心中有理想信念，关键时刻才有了定力。

在我很小的时候，父母就教育我做人的底线：不该拿的绝对不碰。我的家族，历史上曾有因为权力而走背运的人；我的父亲见证过国民党的腐败，对其失望透顶。所以，我的父母和家庭对钱与权都有极高的警惕，并深深地影响着我，始终将金钱放在次要的位置。

在日本留学时，我并没有靠刷盘子之类挣钱，而是专注学业，大量的奖学金便随之而来，称得上是一笔"巨款"，足够支撑我和家里的开销；回国后，我靠自己的技术和付出，也获得了可观的收入。所以，在我的内心深处，始终将做人做事放在首位，而金钱只能是附属品。我也非常坚定地认为：只有我为人人，才能人人为我。只要把事情做好了，该你得到的自然会来。这就是我最基本的人生观、价值观。

所以，在金钱物质利益面前，我还是比较淡定的。这也为我潜心于专业报国提供了内在动力。

相反的是，在没有什么约束机制束缚、放开发展的年代，如果没有坚定的理想信念，缺少了心底的自我约束，就可能会跑偏，免不了干些贪污、腐化、欺男霸女之类的坏事出来，或堕落成令人不齿的历史弃儿。

在人生旅途中，树立正确的人生观、价值观是至关重要的。

挂号大厅的故事

再说说医院建设的事情。在谈大的规划之前，先讲个小花絮。

我刚到同仁医院工作的时候，就注意到一个现象：全国各地的病人纷纷到同仁医院看病，但看病过程却遭受非常大的痛苦。

同仁医院原来只有一个楼，楼北边有一个特别冷的地方，看病的人或病人家属们每天晚上一个挨着一个在那儿排队。号贩子也在那儿，而且出租被子之类的东西。被子脏得颜色都看不清了，黑黝黝的，但仍能租个好价钱。因为太冷了，尤其在冬天，没有被子熬不过一个晚上。

每到早上，人们都能看到排得很长的挂号队伍。挂号处前面，那儿用铁栅栏隔着每一个窗口。年长日久，由生铁管子焊在一起的铁栅栏被拥挤的人们磨得光光的。挂号的拥挤场面惨不忍睹，很久以来一直堵在我的心里。

当院长以后，我想，病人煎熬排队挂号的问题，必须有个解决办法。为解燃眉之急，我提出让挂号的人们晚上到门诊大厅过夜。

这应该是很好的举措吧。可是刚实行一个晚上，就出现了问题。

第二天早上，大家一进大厅，便感到臭气熏天。

原来，排队挂号者素质参差不齐，又是抽烟、吐痰，又是孩子撒尿，到处乱扔垃圾。那个脏乱程度，连清洁工都没法下手。

我呆在那里，无法理解我的上帝们，但事实就是如此。

好不容易把大厅打扫干净了，仍然很臭。到厕所一看，更脏，更不像样了。医院都没法正常工作了。

怎么办呢？我转圈琢磨医院那一亩三分地，发现医院南侧围墙内有个放着废旧物品的露天仓库，心头一动：把这儿清理干净，不就可以建造一个临时的挂号大厅吗？

想好了就干。我便雷厉风行地组织总务处的人们动手干，一点都没有耽搁。

很快，露天仓库被清理干净了。

没想到的是，正准备挖土建房的时候，城管就来了，不允许动土。

那个地方，空着的时候杂草丛生没人管，弄个仓库也没人管，可是要在自家的地方建一个临时挂号大厅，竟然有人管了。

那时候的城管说句话可是"一言九鼎"，不让你盖，你一点儿办法也没有。

我当然不甘心，想："这挂号大厅还得盖呀，地方都倒腾出来了，病人没有去处，不盖不行呀。"

然后，我就通知总务处，向城管提出临建的理由。报批以后，很长时间没有任何回复。这让我很着急，半途而废不是我的性格。

拿定主意之后，我决定亲自去见城管的领导。

见到那位领导后，一看他的状态，一脸憔悴，手不离茶杯，我心里有了想法。他是应该知道我的来意的，我却没有提盖房子的事，只是半开玩笑半认真地对他说："我给你相个面吧，你呀，任务很重，压力蛮大的。你看北京城管，特别是东城区，没一地儿好管。"

这句话说得他挺高兴。这叫语言融合，站在对方的角度，替他想。他可以不理解我，但我要先理解他。

接着，我又说："你咽喉部有些炎症，经常嗓子干，不喝水不行，喉头也经常感染，时不时地发烧，对不对？"

这些话让他很惊讶，他不知道我怎么会了解到他的情况。

看见他诧异的样子，我继续说："你还有很严重的问题，打呼噜憋气。睡不好觉，经常头昏脑涨，很难受，是不是？"

听到这些话，他觉得不可思议，就问："你怎么知道的？"

他以为我真会看相。其实，我这个看相，就是医生的看病。就像传统中医望闻问切中的"望"。有经验的耳鼻咽喉科医生，可以从病人的表象看出很多问题。

不过，我也没跟他讲这些道理，只是说："因为你工作压力大，再加上身体有这个问题，每天早上起来，心情都会受到影响。"

他睁大眼睛说："是呀！"对我完全信服了。

这样一来，事情就好办了。

他终于向我求助了，问："有什么办法吗？"

我说："这个事儿对我来讲不难，给你做个手术，修整咽部狭窄，把鼻子窄的地方也修好，你就焕然一新了。我掌握的这方面技术在全国是领先的，可以先为您解决问题。"

见他被这些话打动了，我继续说："治疗要一步步来，先解决咽部问题，感觉好了再修鼻子。都修好了，精气神各方面都会好，新的生命历程从今年开始。"

和病人打交道是我的长处，我的话让他在困惑中看到了希望。

我为什么敢说这些话呢？因为我有能力解决他的问题。要是没能力瞎说，盖挂号大厅的事可就弄砸了。

这个情节很有意思，我始终没谈一句盖房子的事。

几天之后他来做手术了，我照样没谈我的事，病人利益至上的真情在打动着他。咽喉手术做完了，他一下子觉得轻松了很多。然后，又给他做了鼻子的扩容手术。

没有多长时间，他抑制不住自己的兴奋，激动地对我说："哎呀，我真是变了个人。睡觉踏实，头也不疼了，喘气也舒服，精气神也不一样了。以前要么睡不着，要么睡过头，现在五六点就醒了，醒了以后也是头脑清楚，神清气爽。"

之后的故事，估计你也猜到了。城管部门主动办好了所有证件，挂号大厅也就顺利地盖好了。从此，百姓挂号方便了，也不那么乱了。我们也成了好朋友。

抓住双赢机会

挂号大厅盖好了，我开始着手推动整个医院的旧楼改造，同时筹划拓展医疗空间。

当时，医院设施经过多年使用，已十分陈旧，特别是1954年的老病房楼，需要更换全部上下水管，加装空调管道，为所有的卫生间整修做防水……

1992年启用的高层病房，也已进入维修阶段。

医院的全面整修，是件很难的事。20世纪80年代搞门诊大楼基建的时候，曾有过将全部医疗工作外迁到卫戍区医院、北京市第六医院、北京中医院的艰难经历。不只是医疗设备都搬迁，就连所有的工作人员也分散到各个医院，这样的难度可想而知。

这让人深刻地感受到同仁医院的空间太有限了。如果有一个大型的分院，何至于如此？

再者，院本部的27.5亩地已经用到了极限，没有了拓展空间。随着医院名声越来越大，医院的病人人满为患。再好的服务，挤在很小的空间里，也不可能让人满意。

多年来，医院一直面对这个问题，无法解决。

随着时光流转，拓展医院空间的使命便落到了我身上。我视线向外，寻找新的机会。

非常巧合，北京亦庄经济技术开发区的负责人到同仁住院做手术。看到这种情况，也为了完善开发区城市功能，他主动提出希望我们到开发区建所新的医院。我马上意识到这是个双赢的机会，必须抓住。

接下来，我多次到亦庄开发区考察。

当时的亦庄开发区，新征用来的土地没有耕种，是一片凄凉的荒草地。凉水河是北京的主要下水河，因为没有污水处理厂，大量城市污水自然排放，浓重的氨气、沼气，熏得臭气熏天，几公里外便闻得到，令人窒息。

多少家医疗机构曾派人视察考量建院事宜，因为环境不好、距离远、交通不便等原因，没有信心，离开了。

如果看当时，自然环境极差，确实很难让人下决心；如果看未来，亦庄新区规划已获国务院批准，凉水河污水改造方案已定，城际铁路建设在即。一切都在希望之中。

院务会很快做了抉择，决定在亦庄建院，作为同仁医院的南区。

没过多久，我们与亦庄开发区正式签订了土地划拨协议，建设北京同仁医院的南区。

2002年6月18日，我们举办了综合大楼开工仪式；年底时，主体结构已封顶。2004年5月18日，北京同仁医院南区开院。

整个过程中，年轻人当家，管理得相当不错，做到了低价位、高效率、高质量。由于建筑工程质量好，"长城杯""结构杯"等各种奖项都得到了。

建设同仁医院亦庄院区，这是件利国利民的大好事儿。没想到吧，其间不和谐之声也是不绝于耳：在那么偏远的地方建医院，会有病人吗？投入的资金什么时候能收回来？医院借下的债怎么偿还？我们的收入会不会减少？……

当时，我们曾向北京市商业银行贷款2亿元人民币用于南区建设。有人知道后坐不住了，甚至兴师问罪：不要为子孙后代留下孽债！

这个时候，作为医院的掌舵人，需要远见与魄力，也需要相当的定力。

结果情况如何呢？南区开院3个月，首都医科大学的北京眼科学院和北京耳鼻咽喉科学院在那儿挂牌成立。

截至2004年年底，门急诊量20000人次，出院病人2500人次，总收入2500万元，移植中心成功实施肝、肾移植手术。之后，大外科系统病房也搬迁到南区，同仁老院区重建、大规模调整就此拉开序幕。

南区拓展，东区开业，百年同仁整体发展实现了历史性跨越。

遗憾与收获

我曾经有一个宏大的构想，那是在做北京市人大代表时提出的议案，就是在北京建四个大型医学城，以此改变京城就医难的问题。为此，我下了很大的功夫。

2003年2月份的《工作报告》中，我提出未来三年医院工作的总体要求，其中提出了："大力推进医院规模化发展战略，全面提升核心竞争力。到2005年力争建成全新体制的医疗实体，实现同仁医疗产业集团化发展。"

那个时候，医学城各方面的前期筹划已经落实差不多了，第一个医学城的地点也已经选定，就是如今顺义会展中心那个地方。要建多大？5000亩。

可惜的是，所有手续基本办齐了，顺义的地也划定了，没想到上级部门出现大的人事调整，医学城的事耽搁了。紧接着"非典"来了，我也临危受命去当医疗救治总指挥……

总之，医学城没能建成，这是一件很遗憾的事。不过，也正是在那个时候，一个绝无仅有的机会悄悄出现在我的身边，而且被牢牢地抓住了。

什么机会呢？就是同仁医院路东的金朗大酒店，因为经营不善，破产倒闭，进行拍卖。

我的朋友很多，这个消息就是与朋友聊天时偶然获得的。

直到现在，我还能很清晰地记得当时的情景——真觉得是天上掉馅饼啊！

见到有这样的机会，我难以抑制自己内心的激动，脱口而出：

"行呀!""可是,医院能买酒店吗?"

确实,医院买酒店的事,历史上没有出现过。

不过,从同仁医院的发展来讲,这是天赐良机,绝无仅有。

同仁医院在崇文门边上,距离天安门也不过2000米,这样的地段,旁边哪能再出现金朗大酒店拍卖这种情况?而且,金朗大酒店全面破产倒闭时,正处于地产界的低谷,拍卖价格对我们十分有利。

在这件事上,我没有任何犹豫,马上召集院务会,当机立断,下决心把它买下来。当然,我们也申请到了政府部门的支持。

现在回过头来看,这个决策是非常正确的,各方面的跟进也是非常到位的。

当时的情况是:"SARS"已经来了,防治"SARS"的紧急事务接踵而至,很是忙碌。不过,我已经招聘了一批MBA,身边还有一群院长助理,都是生龙活虎的年轻人,正待用武之时。所以,策划、借贷、挂牌……收购金朗大酒店的每一项准备工作都做得井井有条,只等着最后参加拍卖。

4月22日,我们终于迎来了重要时刻——北京亚视金朗大酒店依法拍卖,同仁医院以3.36亿元人民币竞拍成功。

这件事很快就轰动了北京。第二天,《北京青年报》便刊登了《神秘"88"号拍走金朗大酒店》的报道。

"88"号,是我的学生黄志刚代表同仁医院参加拍卖时举的牌子。他现已是中华耳鼻咽喉头颈外科的主任了。

所谓"神秘",是因为我们没有对外公布身份。

当然,这件事很快就瞒不住了。更多媒体高度关注,并衍生出一个焦点话题:医院收购酒店能成功吗?这样一来,又引起不小的争议。

由于收购数额大,同仁医院内部也出现了不同的声音。还有那些时时刻刻盯着我的人,就更想找出点问题。

我呢,早想通了,觉得这样也挺好,有双眼睛盯着,你不可

北京同仁医院院训

2001年,中央电视台《同一首歌》走进同仁医院

能有任何闪失,不可能犯错儿。很多人以为我会采取一些手段对付那些反对派,结果呢,我没有任何反应。

负责金朗大酒店改造工程的年轻同事们,有着一股子极度敬业埋头苦干的劲头,誓以最好质量、最高效率交出一份满意答卷。

2004年2月18日,金朗大酒店成为同仁医院崭新的东区,正式开诊了,设病床305张。截至年底,门诊量95248人次,手术量15427人次,收入1.3亿元。

5月18日上午,北京同仁医院经济技术开发区院区(南区)开院,一期建筑面积约5万平方米,开放病床600张。

新院区的开业,为同仁医院发展创造了全新的机遇。医院本部改造随之展开。

2004年,我们完成93楼病房改造工程13200平方米,使其成

北京同仁医院东区住院部

为内科主体楼；紧接着，54楼得到全面维修……

如此一来，医疗环境、工作环境均得到彻底改善，老医院旧貌换新颜。

同仁医院实现了"一院三区"的历史性跨越,怎么评价它的意义都不为过!

"人使气,吾以理屈之"

《格言联璧》中有句话:"人好刚,吾以柔胜之;人用术,吾以诚感之;人使气,吾以理屈之。"改革与发展中,几乎每段时间,我都会遭遇误解、矛盾乃至冲突。沟通处理好这些问题,锻炼着我的能力,考验着我的素养。

有一段时间,也不知动了谁的奶酪,医院"倒韩派"们又兴起了风浪。他们将我从外面聘用人才说成是"占山头",将我收购金朗大酒店说成是给同仁医院造"孽债"……总之,无所用其极。他们还花样翻新,自己不出面,蛊惑那些已经退休的老先生们出面站台。

紧接着,一群退休的老先生们气势汹汹地来到医院,要求参加职代会,向我问罪来了。

本来,按规定,离退休人员不再代表医院职工参加职代会,可那一次他们要选代表参加。"倒韩派"则在医院内部配合,设计好了,让我在全院职工面前直面这些"老同志",想找我别扭,让我当场出丑。

我觉得这事没什么可回避的,去吧。

会场有几百名职工代表,在工会的安排下,那些退休老先生们坐在最前面。我一进会场,主动打招呼,他们不理我。

我没有在意,开始做院长工作报告。

这时候,老先生们中间有反应了,不时地有人鼓反掌,故意让我下不了台。

我没有理会,完成了院长工作报告。

接下来是分组讨论,工会的同志们有意将我同"老干部代表团"安排在一起。

有几位老先生显得很活跃，不断提负面问题向我发难。

我有备而来，淡定而坦诚，正面清晰地回答问题。比如，购买金朗大酒店对医院是非常必要的。可他们不愿意听这些，而是一个劲地说："不要都讲好的，把你的真实想法讲出来。"

那个场面，很猛，火药味十足。把参加会议的其他职工代表搞蒙了。

天子脚下，京城之中，医院很多老同志有着相当不简单的背景，我向来非常尊重他们。可是，这一次情况有些特殊，我必须严肃对待！

有位老先生质问："我们眼科有专家，你不用，为什么还要到外面找人？和你有什么关系？说一下你为什么要另立山头！"

面对她的质问，我心平气和地分析同仁医院眼科的基本状况，在全国的影响力；在岗专家同国内顶尖专家的差距，临床、教学各方面都难入潮流，确实需要引进核心骨干人才。

"引进专家和我有什么关系呢？他们没有一个姓韩的。还有，进行这种交流引进，有错吗？如果被认为是谋私利。那么，我这个私利就是同仁医院的私利，是同仁医院最高利益的私利，这有问题吗？！"

我这一问，对方不知该如何回答。

我便继续摆事实，讲道理："如果同仁医院本身培养的专家具备这样的水平，我用得着从外面请吗？可事实是不具备啊。大家可以看到，我从外面聘请专家的同时，也在着力培训我们内部的医务人员，千方百计地给他们创造条件，让他们接受一流的国内外培训。不少专家还被安排到国外培训。所有的这些，难道不是事实吗？"

我说完这些话以后，会场一下子安静得出奇，没有人接招。

不过，又有人很快转到了新的话题，质问："为什么要买金朗？你花了那么多钱，什么时候能还上？"

我回答："同仁医院地域狭小，病人太多，多少年想拓展也没找到合适的地方。金朗大酒店和我们只是隔着一条马路，恰逢拍卖，这对同仁来说，是天赐良机呀。买下金朗大酒店，我们的使用空间就大了，为病人服务的空间也大了，重点学科也能更好拓展开来，这不是挺好的吗？"

我解释得这么清楚，对方却根本不听，而是不依不饶地质问："你花那么多钱，留下的孽债谁还？"

我听到"孽债"这样难听的话都说出来了，心里着实也有点生气了。但动气解决不了问题，于是继续耐着性子解释："医院现在看起来有点困难。但我想，随着重点学科的影响越来越大，这么多病人需要住院，排队都住不上，所以很快就会住满。用不了多长时间，买楼的钱就赚回来了。"

对方还是继续嚷嚷，说："我不信。等赚回来，你早不当院长了，早不干了！"

见到有人如此歇斯底里，我决定和她认真掰掰手腕儿，说："革命自有后来人，我可以不干，后面的院长也会干的。这样的好机会，如果当院长的不愿意干，还算是合格的院长吗？"

至于说"孽债"，我想问："您提的所谓孽债，是什么概念？买了金朗大酒店，变成同仁医院的东区，一路之隔，方便了病人，方便了学科进步，医院收入也大规模地增加了。这是为子孙后代造福的事，怎么能叫孽债呀？医院大规模发展了，社会口碑，病人反应，没有说不好的。怎么在您这个老专家嘴里能说出'孽债'二字？您到底在维护谁的利益呢？"

说这些话的时候，我心里是有点气的，但情绪还是很稳定的。越是这种情况，越要保持理性。不管对方是谁，总得讲理吧。

我又反问："您把收购金朗作为一个'孽债'来论，有没有想过，我们已经看到它的成效了。您的'孽债'不能自圆其说，怎么交代呢？而且，年轻人会怎么看您呢？您又会留下什么样的口碑呢？想过吗？！"

这些话一下子把她噎住了。作为同仁的老干部，没有人愿意自己在同仁历史上留下不光彩的名誉。

我见局面有所稳定，便开导众人："大家都是老专家了。这一生都在同仁医院，对医院有很深的感情，我是理解的。但这个感情，一定要放在维护同仁医院发展的大局上，而不能道听途说。一部分人在改革与发展当中，个人或局部利益受到影响，便故意传播负面消息。咱们可不能被落后势力误导了，做负面代言人。这不符合老同志的身份，也不符合百年同仁医院的利益。"

说到这儿，我换个角度提醒他们："如果站在负面的角度考虑问题、提出问题，这个立场和着眼点就错了，子孙后代也不会念你的好。最可怕的是可能把自己一生的英明葬送了。老专家一定要把感情放在维护同仁医院改革发展的大局上，这样才有定力，才会赢得大家的尊重，这才是真正对同仁有感情的老同志所为。"

那些老干部，很多人其实是在不明真相的情况下受到挑唆了，所以，我的策略就是：真相展示在阳光下。

我又问："刚才提的几个问题，有几个是各位真正了解的？老楼里的墙皮脱落、电线扯得到处都是，不维修行不行？一动工维修，就说有人拿回扣了，有什么证据？如果有证据，可以依国法追究贪污罪责。在没有任何证据的情况下，作为老干部，这些事是可以随便说的吗？"

在我说这些话的时候，其他职工代表从激烈的争辩中醒悟过来，产生了很大共鸣，会场氛围发生了逆转。

我顺便扫了一下几位"倒韩派"。他们明显理亏，目光躲躲闪闪的。

接下来，我严肃地说："我正式向各位报告。在医院里面，我既不管后勤总务，不管工程，也不管仪器设备、药品耗材采购。我是有意杜绝拿回扣！我也郑重向你们宣誓：医院里公家的钱，我一分钱不会多拿。这一点，我说得到，也做得到，十分愿意接受群众的监督。我希望老同志们要站在维护医院发展的立场上，不要道听途说，不要没有根据、主观臆断地以有罪论推想，这不是共产党员应有的风格。"

这些话，把他们说得面面相觑。

讲完以后，我问："各位还有什么意见？"

这些人这个推那个，那个推这个，没有一个再站起来说话。

最后，我想缓和一下氛围，就说："从目前看，医院发展大势非常好，干部职工热情很高，我们要珍惜这大好局面。"

没料到，我刚想缓和，别人就见缝插针了，嚷嚷道："那是你说的。我们可没这么认为。"

我问："那你们怎么认为呢？"

"我们认为现在的干群矛盾非常严重，尤其对我们这些退休老干部很不尊重。"

我反问："如果不尊重，医院的职代会能破例把离退休的老同志请来吗？这是职代会史无先例的。你了解一下看看，哪家医院有过这样的安排？这件事就摆在眼前，能说不尊重老干部吗？"

这么一问，那人不再说话了。

事实上，大多数老干部都是有正义感的。这场职代会风波过后，绝大多数老干部对我的态度发生了明显变化。

离退休干部参加职代会这件事在北京卫生系统产生很大影响。没多久，卫生局专门派来一位专职书记了解情况。座谈会上，那位书记针对职代会的老干部代表团，说："离退休人员组织职代会代表团，这是不符合管理规矩的。"

这件事就这样结束了。

那一段时光很有感觉

在那个阶段,最感欣慰的是,我们每一步都踩在最合适的点上,每一步都抓住了最好的机遇,每一个过程都有精彩,每一个过程都在突破,而且没有任何一种力量能阻挡得住。

我的周围团结了一大批非常积极向上的力量。科研成果不断创历史新高,身边的人则喜讯不断,有的入选北京市"十百千"卫生人才,有的被评为首都抗击"非典"先进个人、全国卫生系统抗击"非典"先进个人,有的被人事部、科技部等七部委批准为首批"新世纪百千万人才工程"国家级人选,有的被卫生部授予"全国青年岗位能手"称号、有突出贡献中青年专家……

我自己也获得不少奖励,其中一项是在中国医学基金会等单位主办的"华夏医魂"活动中被评为"全国十大杰出医院院长"。我们医院则被评为"全国创建精神文明行业工作先进单位",被授予"首都精神文明单位""全国'三八'红旗集体""全国省级综合性医院文化建设先进单位"等荣誉。

大家把医院作为自己的归宿,更加热爱这家医院,为自己是同仁医院的一员而感到骄傲。这种归宿感,不仅体现在工作当中,还体现在工作之外的方方面面。

有一次开年底表彰会,会后宴请全院中层干部。宴会热气腾腾的,人们兴高采烈,不能喝酒的主任们也想喝口酒,表达一下自己的好心情。

我建议说:"乱喝不行,咱得有点规矩。一人半杯,喝干了就可以表达一下你的心情。达到这个标准呢,讲话;没达这标准呢,慢慢练。"

这也算一个标准,否则就乱了,受不了。

这话得到大家拥护,好多主任马上行动起来。

有的主任不能喝酒,可是有责任意识,觉得自己要不去讲话,怎能对得起几百号人的尊重？于是硬"冲"上去，干一杯，说一句话。

"好！"大家鼓掌。

他的感觉就非常好，觉得为了科室，自己有这股劲，有这个责任感，敢在关键时刻冲上去。

当然，不是说不喝酒的人就没有责任感。我只是想说说当年的那股劲头儿。

我向来瞧不起不敢承担责任的人。对于他们，我定位为缩头乌龟——有个壳保护着，有一点困难就缩回去，没想着再走一步。那你怎么能建功立业？

那个时代呀，是很有意思的一段时光。

为了整体利益，勇于承担责任，绽放光彩，这些都是人格与价值观融合的反映。敢于一事当前冲上去，是一种担当。同时，你也必须有这个能力。

现在回头看，我真不敢相信那段时光里能做那么多的事儿。

在国家发展需要的时候，在国家释放政策给予我们机会的时候，强烈的责任感与使命感，让我们有了实现最大程度跨越的可能。一套组合拳下来，医院迅速发展起来了，实现了基本现代化。

翻开当年同仁医院院刊，你会发现，2004年我部署医院主要工作时曾说过："明年我院将跨越调整改造的台阶，进入稳定发展的新阶段。"

又到了风口浪尖

2004年前半年，随着同仁医院东区开诊、南区开院，"一院三区"的格局已经形成，重点学科建设硕果累累，不断实现历史性跨越。

迅速发展中突破了不少旧的平衡，错综复杂的矛盾也应时而生，工作量剧增。

2003年6月，北京"非典"防控工作进入尾声。也许因为我在"非典"期间的工作受到了各级领导的肯定，坊间有不少传闻，我将被安排更高的行政职务。这个消息在社会上不断发酵，没多久我的身边便出现了不少谣言和匿名信，这是风风雨雨中的我未曾意料到的。

对此，我再次陷入了认真思考。疫情猖獗时，临危受命，担任了北京市"非典"医疗救治总指挥，这是权宜之计。如今，"非典"已被成功防控，共和国首部应急预案也制定好了，我的阶段性历史任务也就算完成了，可以重新回到自己的业务岗位上了。

经过一段时间的申请，我辞去了北京市卫生局常务副局长的职务，重新归队。

回到医院后，我的心情顿时感到轻松了很多，这儿确实就是我的归宿。没想到的是，医院的某些人有意见了，好不容易把我盼走了，怎么又回来了？

开始的时候，他们还只是一些小动作。到了2004年底，发现我回归医院大局已定，有些人坐不住了，写了很多污蔑我的匿名信，满世界发。

有人还散布谣言，说我们开展人工耳蜗手术拿回扣，而且还不少。

让我感到很委屈的是，对于这些故意的"有罪推论"，在什么都没有发生的情况下，全方位的盘查便开始了。

6月份，北京市审计局进驻同仁医院，一直到11月，对医院财务进行了全面审计。客观上，那次审查促进了医院财务工作规范化管理。但是，它也犹如一场疾风骤雨、一场洪水，把我卷入非常困惑、非常艰难的境地。我被放进了太上老君的炼丹炉。

能不能经受住这场考验，已经不是我一个人的事了，而是关系到这个群体，以及国家的重点学科——我们十几年努力发展起来的国家重点学科。

经过几年含辛茹苦的努力，医院已经奠定了非常好的发展基础，是全国改革发展的一面旗帜，是全国同行仰慕追求的目标，它不能倒下去。

想到这些，我感到自己身上的责任之重，我必须经受住荣辱考验。

面对流言蜚语和苛刻的审计，我照旧开各种会议，照旧做手术……

最困难的时候，我从手术台下来，带着一身的疲惫，还要面对各种调查。

这是必须经历的过程，我没说什么。

那时候的传言实在太多了，说我被"双规了"被"双开了"。对我来说，刚结束抗击"非典"的艰苦历程，还没得到喘息，又要承受那么多传言，确实感到心力交瘁。可是，又能说什么呢？怎么去解释呢？又能跟谁解释呢？

传闻，似乎将我的声誉诋毁到了最低点。

身边同我一起工作的一些同事，本来信心满满，可在那个环境下，也产生了动摇，觉得我靠不住了，要完了，感觉失望，甚至要离开我，不干了。

我给他们做思想工作："那些传言有什么根据呢？说我一年除了工薪，还从医院的其他地方拿了不少钱，你们信吗？"

他们回答："我们不信，可是传得太厉害了，而且又这样来审计你，查你。我们搞不懂啊！"

面对人们的质疑，我心里是清楚的，审计检查是国家规定动作，并不是针对哪一个人。

从进入医院第一天起，我就给自己定了个规矩，绝不贪占国家便宜。心里有底线，腰杆子就硬了。

在发展过程中,我的身上有不少光环,有人羡慕嫉妒恨,是很正常的;得罪些人,告你的状,折腾你也是很正常的。

按照世俗观点,认为你掌握医院权力就一定会吃拿贪占。因此,在每个关键节点、每一个环节都会有人告状。

最困惑的时候,我选择了去青藏高原,全身心地投入到"光明行"防盲治盲公益活动当中。

当时没有人能想到我会外出。那么多谣言、匿名信,那么大张声势地查,你走了,不查得更厉害吗?

我却坚信:"国家的审计一定是公正的,查清楚了,就可以还一个人的清白。这犹如一次健康体检,如果有病,查出来了可以治;如果没有病,查完了,你就会更有信心地干事。既然没做亏心事,怕什么?"

我的这种性格同坎坷的人生经历有一定关系。特别是知青时代多次面临生死的考验,让我很早就想过:"老天没让我死,一次次地给我机会,让我活下来,而且活得很健壮,我的每一天都是苍天赐予的。"

想到这些,我就会有这种感觉:我要对得起生命所赋予的责任,对得起信任我、给我一次又一次机会的父老乡亲们。

我不想把时间消耗在那些无意义的纠缠中,更不愿出现无谓的精神内耗,我要珍惜生命中最有价值的时光。

结果如何呢?都清楚了。否则,我还能当院长吗?

经过那个过程,大家慢慢都明白了,正面的评价越来越多。

很多很多人理解我了,甚至有些人一见我,直说老韩真不容易!真不容易!有人还说:"想不到啊,像一次'革命',怎么能挺过来呢?"

我反问:"为什么不能挺过来呢!"

几个回合下来,大家更信任我了,也凝聚了更大的力量。

梦想成真

一年四季，周而复始。

经历过火热的夏季、丰收的秋季、严寒的冬季后，我们终究迎来温暖的春天。

2005年新春，老区改造，东区运营，南区开业，医院的发展空间由此得到拓展，一个孕育于几代同仁人心底的梦想变成现实。

经过一段难以言表的艰辛，在阶段性成功带来喜悦的同时，我看到了医院精细化管理的新征程，任重道远。继续擦亮金色品牌，考量内涵建设与外延并举发展，尤其是加强内涵建设，是摆在我面前的一份新考卷。

人们常说，机会总是眷顾有准备的人。恰逢其时，医院等级评审不期而至。以"质量、安全、服务、绩效"为主线，迎接等级评审成为牵动医院内涵建设、开展全过程医疗质量管理的主题。与此同时，经过北京市严格的财务审计，医院财务管理步入规范化、制度化的轨道。

医院2004年总收入同比增长39.94%，其中，医疗收入同比增长63%，药品收入仅占总收入的33.93%；门急诊总量、总手术例数、出院者人数等医疗业务指标再创历史新高；科教工作捷报频传，重点学科不负其名，获得国家自然科学基金资助项目12项，国家级、市级科研成果奖5项……

可以说，2004年，同仁医院实现了整体性腾飞。

辛勤劳作结硕果，院务会上，我如数家珍般展示着上述数据，目光一一扫过那些熟悉的面孔。人们静静地倾听着，动容时目光中似乎在闪动着一些什么。

是呀，只有他们，和我一起奋斗过的人们，才知道这其中包含着多少艰辛！我们付出过，委屈过，悲伤过，欢欣过，激动过，经历过……酸甜苦辣如过山车，品尝后方知甘甜！

实实在在的成绩不是梦，是一份最好的答卷！

"展望2005，加强同仁文化内涵建设，建立多层次畅通的信息沟通渠道，调动一切积极因素，形成更大的凝聚力，为百年同仁再次腾飞而努力前行！"《新春寄语》中我如是说。

在当时，中国众多的医疗机构在市场化浪潮冲击下，确实出现了医疗监管薄弱、医疗公益性淡化、费用增长过快、病人负担加重、医保费用迟付、医患关系紧张、医疗机构过分依赖药品收入等棘手问题。

"看病难、看病贵"成为社会热点话题。

一路走来，我们始终牢记着一种推动社会进步的责任，即便在市场大潮的冲击下，我们也始终坚守着公立医院的公益属性。注重医德医风建设；注重学科建设，努力提升医疗服务内涵；注重开展"光明行""启聪行动""心血管疾病治疗"等各项公益活动。

这些公益活动，如果只从医院本身利益看，是耗费了一些资源和钱财，像有些吃亏。其实，需要看清楚的是，这些公益活动帮助了众多患者，为许多缺医少药的地方带去了福祉，为医院带来了良好声誉。医务人员体察到国情民意，受到锤炼，培养了珍贵的社会责任感。保持公立医院始终不偏离公益性轨道，不被任何暗礁险浪阻挠，这是多少金钱买不来的。在我看来，能不能算清这个账，是"小院长"和"大院长"的重要区别所在。

作为大型医院的管理者，需要有大局观，需要有很强的判断力与掌控力，需要切实把握社会进步的需求，身体力行地做一些有利于社会进步的事。心系黎民百姓，即使在错综复杂的环境中，也要把推动社会进步的责任放在心上。

升华金字品牌

"一院三区"大格局形成之后,我们将重点放在提高医疗服务质量上,更加注重纠正医疗服务过度商业化、市场化倾向。

坚持以病人为中心,采取切实有效措施缓解看病难、看病贵问题,张开双臂拥护卫生部"创建人民满意医院"活动。关于医疗服务质量的问题层出不穷,几乎没有止境,是个常抓常新的问题。分析问题解决问题的关键是要理清思路,找到根源。

2006年,在年初的院务会上,我分析了"一院三区"格局形成后,医院高速发展期伴随的问题:首先是面对"三区"管理新状态,部分管理干部不适应,很难实现高效统一;其次是学科之间发展不均衡,重点学科超常发展,技术实力已经达到国际先进水平,而某些弱势学科却还在求生存的期盼中苦苦挣扎;再次,年轻医务人员剧增,技术培训不够,能力不足等因素,导致医疗服务质量滑坡;最后,伴随当时医疗市场收入差距拉大,人员竞争日益激烈,医院个别科室出现了人心浮动、技术人员流失等不稳定因素。

针对这些隐患,我及时提出2006年工作重点为"全过程质量管理",并提出了明确要求,希望"一院三区"各有特点,在运行管理方面有分有合,实行一体化多元管理格局,共同维护医院总体发展目标。同时要求:人事部门要加强核岗定编,精简机构;科教部门要加强人才队伍建设;宣传部门要围绕医院核心工作做好舆论引导,唱好主旋律,创造协调发展的良好氛围……总之,无论医疗市场的无序竞争引发多么复杂的局面,每个部门都要有效地行使岗位职责,狠抓医疗质量,入细入微地做好医疗服务。

在科学化、规范化、智能化管理理念的推动下,全过程质量管理深化了医院管理内涵,百年老院的金色品牌又一次被擦亮。

在2008年北京市纪念改革开放30周年的成果交流会上，我为此代表同仁医院做了发言：

> 从缓解病人看病难、住院难入手，解放思想，开拓思路，东进金朗，南下亦庄，改造老院，经过合理的布局调整和定位，在"一院三区"发展格局的基础上，真正实现了重点学科特色突出，内、外科与综合学科布局合理，既有效地缓解了诊疗空间狭小、看病难、住院难的突出问题，又为新世纪新同仁腾飞留有足够的发展空间。

2009年3月，北京同仁医院荣获北京市政府"人民满意医院"称号，标志着"全过程质量管理"这项工作取得了阶段性成果。

北京同仁医院还有一大优良传统，那就是大多数职工始终心甘情愿地把医院与国家命运紧密联系在一起，愿意做好默默付出的那一位，与全国人民一道历风雨、共悲喜。

2008年，汶川发生了特大地震，在灾害的生死考验中，我们第一时间派出医疗队伍，庄严地履行了医务工作者的神圣使命。

在北京奥运会、残奥会的体育盛事中，作为奥运定点医院，派出80余名医护人员直接参与奥运医疗服务，前方后方无缝隙链接，确保奥运医疗服务万无一失。

品牌公益项目"光明行"中，同仁医院的医生远赴吉林白城、云南普洱以及宁夏、新疆、山东临沂等老少边穷地区开展医疗服务。并走出国门赴朝鲜、柬埔寨，还远渡重洋，多次到南部非洲各国实施白内障复明手术，为国家赢得了荣誉。

中国红十字基金会"天使回声行动"定点医院在我院落户，世界卫生组织防聋合作中心在我院挂牌成立……

开展这些活动，不是为了完成任务，而是非常主动地去做。它已成为同仁文化的组成部分，不断升华着同仁金字品牌的内涵。

那一年，人们的眼光看得更远了

2009年是我当院长第二个任期结束之年。在3月召开的全院职工大会上，我配合首都医科大学的发展要求，正式提出全面建设"学院型医院"的发展目标。

北京同仁医院早年只是以医疗为主，随着两家研究所的建立，形成了教学体系。我在两届任期内，强化人才培养，加强了研究生教育，完善了医教研体系，实现了产、学、研相结合的发展模式。

全面建设学院型医院，是以教育、科研带动临床医疗技术发展的模式。运行中将加大教学和研究方面的投入，以学术研究为牵动，有效提升医疗服务内涵，提高医疗活动中的创新力，并将源源不断提供技术人才支持，使大型综合性医院的发展更有底蕴。这一点有别于研究型医院建设模式。

确立学院型医院建设的目标，描绘百年同仁的未来发展道路，是可持续发展道路的选择，是一个漫长而非一蹴而就的选择。

选择正确的发展道路，要做好规划，起好步。为此，我组织各个学科在制定5年发展规划时，要求充分理解学院型医院的发展模式，找准目标、定好位，看到差距，调动潜力，用科学发展观谋求发展。

那一年，人们的眼光看得更远了，我们又向前迈进了一大步。

同仁医院"耳鼻咽喉头颈科学生物工程中心"获批准，成为首都医科大学第一个获得批准的首批北京高等学校工程研究中心。这一平台的建立，为今后学校及医院在科技成果转化方面奠定了坚实的基础，进一步强化了产、学、研的结合。

中医眼科学获得国家中医药管理局国家级中医重点学科立项，实现了同仁医院重点学科的又一突破。

由我主持完成的"阻塞性睡眠呼吸暂停低通气综合征研究和

诊治"荣获国家科学技术进步奖二等奖，耳鼻咽喉头颈外科获得国家级、北京市级优秀教学团队称号，我本人获首医吴阶平优秀教师奖、第六届中国医师协会中国医师奖。

全院全年申报科研项目获批48项，其中国家级11项，省部级9项，局级28项。在北京市卫生系统高层次人才队伍选拔中，我院以17人入选的成绩，在全市卫生系统名列前茅。

…………

学院型医院的发展道路逐渐成为全院职工的共识。2010年的院长工作报告中，我是这样阐述的：

> 学院型医院道路是百年同仁可持续发展的必然选择，是以科研实力和优秀人才储备为基础，不断提高医院综合实力，引领行业发展的必然选择。
>
> 实现这个目标需要全体同仁人坚持不懈的努力，形成全体员工的共识，营造浓厚的学术氛围，集合并培育出一大批有能力攻艰克难的高水准专家，建成一批国内外有代表性的学科，产出一批得到广泛应用的国家级成果，孕育出越来越多的效益增长点，为病人提供更加满意的优质医疗技术服务。
>
> 2010年我们要开展更多的医疗服务项目，产生更丰富的科研成果，继续完善人才梯队建设，更加紧密联系区域医疗机构，不断扩大优势，取得新的进步……

同年9月，在教师节的表彰大会上，为提高全体教职员工对建设学院型医院的认识，我又一次提出新的要求。

第一，要坚定学院型医院建设的发展目标。锁定这个方向开展教育教学工作。

第二，要建立完整的学术与技术人才队伍。要把临床发展中的热点难点融入教学研究中，实践中加强人才梯队建设，教学相长，促进提高临床水平。

第三，要建立良好的工作氛围，倡导学院型医院建设的主流文化，形成共同价值观。不断凝练主流文化，形成全院师生共同的认知。

这些，多是学术引领技术进步的一些考量，应该是大学附属医院坚持学院型医院发展道路的基本认知和实践活动。

功过是非

在任院长期间，有项规模有些宏大的改革，也曾一度引起不小争议。

新世纪伊始，我们做了不少拓展医疗品牌服务的有益探索，包括成立了由北京同仁医院控股的同仁医疗产业有限公司，兴建南京同仁医院、昆明同仁医院等京外大型医院。

2003年12月26日，我出席了南京同仁医院开工典礼；两天后，昆明同仁医院也在滇池国家旅游度假区隆重奠基。这两家医院于2005年建成。当时的想法，是要把具有百年历史的同仁技术服务品牌从北京拓展到长江以南和西南边陲。

此后，我们又组织成立了同仁产业集团，除南京、昆明之外，还在河南焦作等地建立了大型医疗机构、联合诊疗中心，把优质医疗资源带到全国很多地方。这个过程中，我倾尽心力为医院谋发展，希望真正实现自己医学报国的宏愿。

但随着国家医疗政策的调整，公立医院不可以做社会属性的延伸投资，不可以做经营活动；建立的医院一时间全部社会化了，放弃了同仁的主导，留下了有名无实的遗憾。

直到现在，当年的那些探索，仍然有很多积极的影响。我们将优质的学科资源向全国各地拓展，面向基层、面向农村。我想，这条路，它是没错的，只不过我们过早地迈出了这一步。

中国俗语有"出头的椽子先烂""枪打出头鸟""谁先吃螃蟹就可能被砸住"。我可能是被最早砸住的一个人。

千秋功罪，历史会做出公正评判的。看看今天我们国家的卫生健康政策，看看医疗卫生事业发展的重点，看看国家区域医学中心建设，看看我们医疗卫生事业所承担的医疗健康保障责任，历史证明我们的初心，我们走过的路，是正确的。

记得2005年前后，我接受采访时谈到了一些看法。限于认知的相对滞后，很多人对我的思想和实践还是不能接受的。

面对大量病人涌到北京，看病难、看病贵带来的各种社会问题，以及医疗资源短缺、学科建设基础薄弱等国家在改革与发展过程中存在的问题，人们在徘徊、观望……

医院的发展模式确实存在很多未知数。不过，也正是那样一个特殊的时代，给了我们很多机会，有了那些积极的探索。医疗卫生体制改革和运行机制创新是一个长期而艰巨的社会实践认知过程，需要我们坚持不懈地努力探索。无论采取何种模式，中国式医改无疑应该首先保障公众性和公益性，对个人及社会突发的紧急情况一定要有强大的社会保障能力。

应该为绝大多数人美满地度过一生提供基本的卫生健康保障。这种保障应该由政府、单位、个人和社会保险体系共同参与完成。在实现社会大众健康的基本保障之后，医疗健康服务应该适应社会各阶层的需求，提供满足不同层次人群需求的多元化服务。站在国家发展的战略利益上考虑和处理好14亿人口的健康和医疗保障问题，解决医改中的瓶颈问题，这是政府决策部门应该找准的定位。

肺腑之言

人活在世上，都需要承担一定的责任，有大有小，古人云"穷则独善其身，达则兼济天下"。

唐代医圣孙思邈曾云："凡大医治病，必当安神定志，无欲无求，誓愿普救含灵……"

我曾经把自己定位为"一块磨光了的铺路石"，一路上千苦万难磨去懦弱，留住了坚韧！

面对病患生死危难关头，凡大医应该有勇气面对风险挑战，挺身而出，彰显治病救人的医者本色。我经常提醒自己：作为一名医者，心底要装得下病人的痛苦；作为一位院长，要有披荆斩棘、全身心为医院谋发展的担当。

我始终认为：要做成一件事，格局开悟很重要，这是一种情怀——浓厚的家国情怀、集体主义精神。

作为学者型管理者，站在世界医学前沿引导团队发展，是一份荣耀，更是一份责任。为了承担起这份责任，一路风雨兼程，可谓功过得失不一而足……

2012年，我不再担任院长了，但是，习惯了关注医院发展的心并没有放下。

为什么会这样呢？

因为这里有着40年来，我和同人伴随着国家改革开放的人生经历，有着努力前行的付出，有着对金色品牌不断被擦亮的寄托……

生命中的大半时光融入这块熟识的热土之中，这里的一草一木，都寄托着我浓郁的情感，舍不得，也不忍心放弃！

情感与期盼，难分难舍。

北京"非典"救治总指挥

临危受命

2003年4月22日,在"非典"肆虐北京的时候,我被任命为北京市卫生局常务副局长,同时兼任北京市抗击"非典"指挥中心医疗救治总指挥。

早在20世纪90年代初,我已经被推荐为北京市政府的后备干部,有关领导也不止一次地找我谈话,希望我能担任政府的行政管理干部。因为实在太难以舍弃几乎同生命融为一体的专业了,也就没去。

"非典"来了,国难当头,匹夫有责,上前线,抗击"非典",我能说不去吗?

临危受命,自当义不容辞!我没提任何条件,像当年上山下乡、像当年留学回国一样,我到了抗击SARS的第一线。

传染性非典型肺炎,被我们简称为"非典",按英文简称为SARS。这为一种恶性呼吸道传染病,是人类过去所不认识的。

据了解,"非典"最早是2002年11月在广东发生的。当时由于缺乏流行病学调查资料,没有经验,没有认识到在人群中严重的传染性,在没有设防的情况下,很快传到了北京。北京的城市管理者和医疗机构并没有意识到"非典"传播有那么大的危害性。

"非典"患者混同普通感冒或上呼吸道感染病人，在医院检查和治疗过程中交织在一起，形成了全市性的大面积传播。患者像决堤的洪水骤然猛增，越来越多的医护人员倒下了，不断有患者死亡的报道，引起了全社会的高度恐慌。

当时的情况是：我们国家已经三四十年没有出现过重大传染病，政府管理部门还一直沿用着旧的医疗管理体系；整个医学界也普遍认为防控重大传染病的时代已经过去，工作重心多放在治疗各种慢性病和各种突发事件的应急救治方面。

"非典"突然造访，整个社会不适应。医疗管理部门在沿用以往的管理模式，希望加强内部控制，尽快控制病情，不让外界知道，避免造成社会不良影响，带来恐慌与混乱。

事与愿违，"非典"如洪水猛兽一般冲垮了当时的公共卫生管理和防御体系，在北京市全城暴发。

2003年4月12号，世界卫生组织把北京市列入疫区。患病人数在剧增，死亡人数不断增加，救护车拉着疑似SARS病人在城市里寻找可以接诊的医院，有限的传染病防治资源被挤兑。人们眼里充满了恐惧，没有章法地忙乱着，越忙越乱，北京的医疗救治失控了。

SARS的源头在哪里？有效防控措施从何处做起？

面对这场突如其来的生物战争，情急之下，4月19日，当时的国务院总理温家宝正式警告地方官员，瞒报少报疫情的官员将面临严厉处分。

大战前夕，4月20日，卫生部长、北京市市长被撤职。党中央国务院果断决策，迅速组建有能力解决新问题的干部队伍：国务院副总理吴仪兼任卫生部部长，高强任卫生部党组书记、常务副部长，海南省委书记王岐山被紧急调任北京市代理市长。

同日，新任卫生部常务副部长高强宣布，实行"疫情一日一报制"。北京市公布的"非典"确诊病例数从前一天的37例猛增至339例。北京日新增病例超过100例,疑似病例增至600人以上……

情况非常紧急,一场没有硝烟的战争进入白热化阶段。

作为北京市的后备干部,我已预感到特定的时期到了,对家人说:"也许我马上就要上前线了,要做好准备。"

当时我作为北京同仁医院的院长,虽然不是呼吸道疾病专家,但专业的相关性让我一直对SARS保持高度的关注和警惕。

3月27日,北京市卫生局要求我院组建防治"非典"医疗队。仅用一天时间,我们就动员组织了第一批医疗队奔赴佑安医院支援。4月17日,又组建第二批医疗队支援北京胸科医院。国难当头之际,我们是毫不含糊的。

在同仁医院内部,很早就建立起发热门诊和隔离病房,有专门的值班医生、护士负责。到4月20日,北京同仁医院已经组织形成了一套颇为完善的SARS防治体系,包括"医院SARS防治指南""医院SARS就诊流程图"等等。"防治指南"中包括门急诊区消毒指南、医护人员个人防护指南、门急诊区空气消毒方案、传染病区消毒隔离制度、住院区消毒指南。

与此同时,我们公布了北京市《关于做好防治传染病非典型肺炎有关工作的紧急通知》(要点)、《北京:防治"非典"紧急备忘》,让大家充分认识到北京疫情的严重性以及各自应负的责任。

4月21日上午,北京同仁医院成立了医院防治工作领导协调组,我任组长。在部署防治工作的全院中层干部大会上,我强调:"目前,北京地区已被认定为甲类传染病疫区,'非典'有较大面积传播的趋势,北京市乃至全国防治'非典'的形势十分严峻。针对这一严重危害人民健康的重大传染病,防治'非典'是当前的核心任务。我们要在党中央、国务院、北京市委和市政府的统一领导下,认清形势,明确任务,统一部署,采取一切有效措施,真正实现对国家负责、把人民利益放在第一位,及时、准确、如实报告疫情,动员一切可以动员的力量,做好最终战胜'非典'的全方位准备。"

针对当时的紧急情况,我在全院干部大会上同时做了具体部署:

特别要求全院中层以上干部坚守岗位,在没有解除"非典"疫情期间,停止各种外出活动(包括学术);各个科室要建立由科主任和党支部书记负责、科护士长协助的防治"非典"工作责任制;要充实我院防治"非典"工作医疗(包括院感)及后勤保障机构;建立完善信息宣传体系,正确把握舆论导向,弘扬正气,向患者进行广泛的健康教育;根据疫情变化及院内工作需要,各科室要及时调整工作,外科系统可酌情推迟已定手术,另择期手术。

在加强院内消毒、隔离、防护工作中要采取有效措施;制定完善防治"非典"期间质控、院感相关工作制度;完善"发热门诊"相关程序,严格按规范加强隔离防护工作;尽最大努力加强接诊一线及全体医护人员的防护,力争做到无人发病;严格消毒留观病人的分泌物、排泄物;隔离住院发热病人,控制可能的院内传播。

后勤保障工作要保证一线所需物资供应,做到保质保量、及时到位;安排好一线医护人员起居饮食,并照顾好一线人员的老人、孩子及家庭。

对外出参加一线救治的工作人员,除按市卫生局规定给予补贴外,其间并享受院内工资及奖金;工作完成后,将根据表现进行院内进一步表彰或奖励;对坚守在医院工作的临时工将给予一定奖励;凡拒绝组织调动或临阵脱逃者,按市卫生局处罚条例执行。

上午刚开完会,做了通盘的考虑和应对方案;下午就被召到市委组织部,赵部长同我谈话:"德民同志,市委决定任命你为北京市卫生局常务副局长、北京市抗击'非典'指挥中心医疗救治总指挥。基于目前情况,你必须迅速地在第一时间到位。"

当时，我脑子里闪过一个念头："接受这一任命的话，怕是难以重返专业了。"不过，还是那句话，国难当头，匹夫有责，我毫不犹豫地接受任命，迅速进入指挥战斗的状态。

当时的北京，有一种火烧连营的感觉。突然一下全城疾病暴发，到处都是病人，大家从来没有面临过这样的危急情况。

就像苏联卫国战争时期德国法西斯已经攻到莫斯科郊外的阶段，在生死攸关的关键时期，保卫莫斯科成为第一需要，其他任何事情都处在附属的地位。所有的人，不管是教授，还是有影响的科学家，为保卫莫斯科，发你一支枪，你就是战士，马上奔赴前线。

战斗的第一回合

我被任命为总指挥的同时，北京市委还同时任命吴世民同志为总指挥部督导，相当于政委。当时他是北京市信访办主任。

老吴来了以后，对我的支持很大，如要需要，只要一句话，他马上把事情办好，全力支持，让我很感动。

4月22日，我和老吴到北京卫生局上任的时候，卫生局的工作人员都分到全市各个工作点去了。这里没有办公室、办公桌，连一个助手都没有。我们好像从画里走出来似的。

怎么指挥这场战斗呢？

我就和吴世民同志商量："老吴啊，现在这个情况，你看怎么办呢？"

老吴说："这方面我不懂啊，我就是来给你做保障的、做后勤服务，你说怎么办，我就怎么办。"

当务之急是要尽快成立北京市"非典"医疗救治指挥中心，汇集各方面的精兵强将，形成一支能打仗的管理队伍。

卫生局的空间小，而且与别的机构在一起，一旦出现交叉感染，这仗就没法打了。所以，要成立指挥中心，必须找一个独立的地方。

想到这里，我就对老吴说："咱们首先得有个办公的地方。这样吧，咱们兵分两路。我下午去北京胸科医院，那儿是北京市最大的'非典'病人集中点，每天都会有病人死亡，压力特别大。你呢，最好能找到一家空下来的可以办公的宾馆。"

当时的宾馆已经拒收客人了，空着也是空着。

我们没有地方办公，信息通信手段都没有，怎么干这活？

老吴说："好，我马上就去联系。"我呢，找到分管胸科医院的工会主席做向导，直奔北京胸科医院。

工会主席人很好，但不是学医的，什么情况都说不清楚。一听说我要去北京市胸科医院，他马上阻拦，说："不能去，'非典'病人都在那儿，很乱，你去了一旦感染上怎么弄？"

我说："越是这样，越要去那儿了解情况，解决问题。"随后，马上出发了。

老实说，当时首都"非典"医疗救治工作比较混乱。

面对乱象，医务人员普遍呼吁，希望有位不怕死的局长亲临一线指挥，拨乱反正，重整三军。

北京市胸科医院在北京市郊的西北面。距离那儿三公里的地方，我就看到了隔离网和穿着厚厚隔离衣的工作人员。一看到这些，我心里想："这是把防控盲目扩大化了。"虽然SARS的传染性强，也没有必要在空气畅通的状态下，隔着三公里就穿隔离衣呀。由此也可以看出当时人们的恐慌到了什么程度。

那儿的工作人员见我没穿隔离服，就戴个口罩，马上劝阻："这是核心隔离区。你这样进去不行，风险太大了。"我说："不要紧，我知道该怎么隔离。"了解到我是总指挥，工作人员没有继续阻拦。

当时，一些医院已派出多支医疗队进驻北京胸科医院。可以说，医务人员是冒着生命危险到集中隔离救助点工作的，随时都有可能被感染，甚至回不去。这是一项以生命为代价的艰巨任务，能够报名参加救治医疗队，面对生死未卜的局面，本身就是英雄壮举。

在SARS这个陌生的恶性病毒攻击下，不少医务人员倒下了，很多医护人员产生畏惧心理。如果缺乏主心骨、缺乏有效的管理，人性中的弱点就会抬头，这是要认真对待的。

我到了胸科医院，见到的场面比较杂乱。医护人员们扎在一起，不知道干什么。对那些重病人，医生怕感染，护士也怕，弄个竹竿把药挑到病房，让病人自己输液，这怎么能行呢？还有，尸体放了很长时间没人处理……

见到这些情形，我马上开了一个现场办公会，把胸科医院的负责人和各医疗队的队长召集到办公室。

来开会的人都很紧张，穿着隔离衣，戴着防护口罩和防护眼

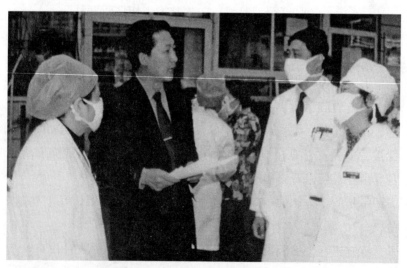

韩德民院长、张盼弟书记、毛羽副院长和刘江波副院长在抗击"非典"战役的严峻时刻现场办公

"我们一定能够战胜SARS",院领导和广大职工为奔赴一线抗击"非典"的医疗队员壮行

镜,全副武装,生怕一不小心就会被传染。到了办公室,一看我没穿隔离衣,有的就不好意思了,马上换成了平常的白大褂。

我认真听取了大家的工作汇报,很快就认识到当时存在的主要问题:医护人员虽多,但无法正常发挥作用。

问题主要出在管理上。8个医疗队的队长都是各大医院的副院长,北京市胸科医院的级别较低,无法管理大家,于是就乱成了一锅粥,职权不清晰,不知道谁管谁。结果是几家医院轮换看一个病房,看似大家都管,实际上却可能都不负责任。所以,任务分工要明确,职权一定要到位。

找到管理问题的症结,我果断地做了几个决定:第一,5支医疗队迅速返回自己的医院,作为第二梯队,休整待命;第二,明确留下的3个医疗队的职责范围,让他们分别负责三个区,不要搅在一起;第三,指派一人做这个地方的总指挥。这样一来,医院的混乱情况很快就理清了、稳定有序了。

明确职责范围后,每一个医疗队所负责的区域情况马上得到改善,工作规范有序。确定轮休制度后,第一批上阵的医护人员轮休时，换第二批；第二批结束后，再换一批新的上来。大家的工作压力、心理压力因此缓解了很多，医护工作质量明显好转，病人死亡率得到控制。

高效有序的指挥中心

上任北京市"非典"医疗救治总指挥的第一天，我便急奔重症患者最集中的北京市胸科医院。其目的，一方面是要稳定军心，另一方面是要最快地了解前线的真实情况，以便做好下一步的整体部署。

作为总指挥，面对全市大面积暴发的疫情，我不可能一个地方一个地方去救火。如果是那样，就是有三头六臂也起不到多大作用。

我的主要任务是纲举目张，开展科学决策，组织好北京市的各方面力量，整合好医疗资源，实现各种资源的高效配合，围绕打胜北京这场大战，组织形成一股巨大的防治力量。

4月22日，卫生部公布疫情，报出的北京确诊"非典"患者由前一天宣布的339例增加到482例，还有疑似患者610例。到4月26日，累计确诊已达988例，疑似1093例……每天新增"确诊"加"疑似"平均200人以上，高的时候逼近300人。这种草原野火般的社区传播，感觉"全城像着了火一样"。

此时此刻，作为一线总指挥，我的每一举措都牵涉到千百万人的安全，牵涉到首都北京乃至整个中国的公共卫生安全。我该有一个什么样的心态和状态呢？

古人云"每临大事有静气"，沉着冷静，遇事不慌，这是一个优秀指挥官的必备素质。即便压力再大，也必须让自己冷静下来，镇定、果断、及时做出决策。

几乎昼夜不停地紧张劳作，压力与责任要求我充分调动内在潜能，始终保持思路清晰、精神饱满的状态。

我和老吴不断商量，迅速组建团队，进行统筹安排，启用信息化管理手段，进行科学管理，以稳定军心……力求每一步都能做得最好、最合适、最到位。

老吴联系好佑安大酒店后，我们仅用一天时间就搬到了那儿。4月24日，在北京防治"非典"联合工作组医疗组的直接领导下，北京市"非典"医疗救治指挥中心成立了。短短的一天时间，便集结了一支实力雄厚、代表国内一流水平的超级团队，担负起首都医疗救治工作的指挥、组织、协调等重任。

开始，指挥中心的大部分成员，是我从同仁医院紧急调来的。他们是我熟悉的老部下，是我开展工作的基础。

还有一部分是管理专家团队，由北京市卫生局原来的老局长朱宗涵教授以及几位退休不久的老院长组成。他们分别是北京友谊医院原院长高东宸、北京积水潭医院原院长蔺锡侯、北京朝阳医院原院长高居忠、同仁医院原院长贺仁诚、北京安贞医院原副院长高明哲。他们有着丰富的管理经验，对北京市的情况也十分熟悉，而且分别是呼吸科、疾病甄别诊断、重症治疗等方面的专家。

40余名知名专家组成的专家团队，也迅速云集到指挥中心，其中包括著名ICU专家陈德昌教授、席修明教授，传染病专家王爱霞教授，呼吸病专家王辰教授，结核病专家马玙教授，放射科专家赵荣国教授等。

指挥中心启动伊始，以规范高效管理为先导，我连夜组织拟定了工作规则，制定了工作流程。尽管指挥中心的筹备与成立非常仓促，在以计算机网络、传真、直线电话为联络手段的基础上，迅速搭建起一套高效管理运行体系。大家信息通畅，分工明确，该干什么、如何干，层次分明，紧张而有秩序。

军心稳，泰山移

医疗救治指挥中心成立之初，SARS疫情愈演愈烈，猛烈地冲击着北京的医疗卫生队伍。

佑安、地坛、胸科3家北京市具备收治能力的医院共200余张床位迅速爆满。病床告急！消毒液脱销，口罩断货，防护服、呼吸机紧缺，各种物资告急！

大批医务人员倒在了一线战场上，"非典"病人的死亡人数不断攀升！

令人窒息的严峻形势下，指挥中心上上下下承受着巨大压力……

每一天晚上，我都要向北京市领导小组的医疗救治组汇报工作，每次都要根据疫情及防控工作情况做好充分准备，用几句话把要做的事情说清楚。时间很紧迫，没有更多犹豫与讨论的时间。工作任务明确后，马上布置执行。在疫情瞬息万变的特殊条件下，一个决定没有及时地布置下去，局部情况就可能失控，出现被动。

刚开始，因为我同市长没有工作交往，彼此不熟悉，他有些不放心，把我叫到办公室，了解我对防控"非典"的总体思路。我简明扼要地向他做了汇报，他反复嘱咐我说："疫情的所有情况一定要组织力量调查清楚；所有的汇总数字一定要准确，不能含糊。"简单说就是："情况明，数字清。"

临走前，市长还很实在地说："咱俩现在是一根绳拴的俩蚂蚱，谁也跑不了。做好了，是咱俩应该的。做不好，你好不了我也好不了，历史会找我们算账的。"市长诚挚务实的态度深深地打动了我。

有一次，他问我"非典"到底什么时候能够结束。我回答："任何事物，有开始就有结束。历史上'瘟病'在我国有太多次传播的记载，最终都被战胜了，'非典'也是一样。"几次下来，他心里有底了。

最初的几次，我汇报工作的时候，他还会就具体事务提出一些问题。到后来，我汇报完，他知道了，我们就可以开干了。

指挥中心的工作实在太多了，处理各种突发事件是常态。几乎每个人都没有脱衣上床整块的休息时间，工作连轴转。长时间超负荷地紧张工作，依然没有控制住疫情的趋势。

"非典"病人仍在不断增多，熟悉的医务人员仍然在不断倒下甚至死去。所有的这一切，严重地打击着大家的信心，不知何时才能看到曙光。

我当时唯一的信念就是："北京不能垮下去，我们的医务人员不能垮下去，我们作为指挥者更不能垮下去。""既然上了战场，拼了性命也要全力以赴组织力量把敌人挡住。"

那个时候的情况，与卫国战争没有什么两样，生死决战，你死我活。战情瞬息万变，每时每刻都会遇到各种各样的问题，很多问题都是火烧眉毛，必须当机立断、雷厉风行。

这种情况下，作为指挥官，如果事事都怕担责任，都要上报，那就什么也别干了。所以，敢于承担责任，敢作敢为，敢于冲杀是必需的。

当我觉得必须马上拍板的时候，向来毫不犹豫。如果有人犹豫，我会说："有什么问题我承担！"这样就会消除他们的顾虑，增加大家的信心。反过来，人们也会更加拥护你，非常自觉地服从你的指挥，上下同心，形成一支百余人的战斗力极强的指挥队伍。

对待同事，在艰苦的环境中，我是从来不会发脾气，总是带领大家认真分析疫情，冷静应对各种局势。认真倾听各方面的汇报，重大决策十分注意倾听大家意见，该决断的时候果断决断，用规范化、智能化的管理思想统帅和整合首都的医疗卫生资源及技术力量。指挥中心的工作始终保持紧张有序、忙而不乱。

我的另一项重要任务，就是稳定北京市医护人员的"军心"。

在当时的条件下，北京医护人员的高感染率是一件非常严重的事情。北京当时的注册医生有32000人，有正规资格的护士34000多人，但真正熟悉呼吸疾病的医生和护士不到3000人，占总数的4.5%。一些综合医院，SARS患者急剧增加时，在专业医护人员不够的情况下，只好把心脏科、外科等医务人员急征过来。再加上呼吸道传染病很长时间没有暴发过，很多医院缺乏这方面的硬件投入，呼吸机（有创及无创）、血氧监护仪、床头X光机等专用设备严重不足。

可以说，面对突如其来的"非典"，旧的医疗系统出现了大量短板和漏洞，医疗资源挤兑。这种情况下，医护人员由于接触"非典"病人机会多，成为人群中发病率最高的群体，死亡人数的比例也是最高的。5月1日之前，已有300多名医务人员被感染，严重影响到整个医疗队伍的军心。

怎么办呢？要想稳定军心，首先必须解决医护人员高感染率这个问题。为什么出现高感染率？最主要的原因还是大家不知道如何应对SARS，不清楚如何科学合理地加强自己的防护。

针对这些问题，我迅速组织14名医学专家，经过24小时艰苦鏖战，编撰完成《SARS临床工作指南》，并于4月28日发放到医务人员手中。

这本小册子起了很重要的指导作用。它从SARS临床诊断治疗、医务人员防护措施、SARS病人转运、消毒隔离、病人出入院标准、尸体处理等方方面面制定规范，提出标准化管理要求，可操作性强，被临床一线医务人员称为"黑夜里的航标灯"。

此后，相关的规范性文件不断完善。与此同时，我们加强了人员培训，医护人员的感染率很快降了下来。

与此同时，我需要重点消除一线医务人员队伍中普遍存在的不稳定心理。针对一线领导力量薄弱、神龙见首不见尾的尴尬局面,医务人员普遍呼吁,希望北京市卫生局的主要领导靠前指挥,同他们一起在前线浴血奋战。我听到这些呼声,十分理解一线医务人员的巨大压力,恨不得即刻到一线指挥战斗。

现实是,我天天要回到指挥中心开会,又几乎每天要同中央各部委、北京市的主要领导见面、开会。我要感染上了,传播开来,整个抗"非典"中心将面临全军覆没的风险。这是有压力的。可是你不去前线,将士们军心不稳啊。这也是矛盾,需要我迅速做出选择。

当时我就想:第二次世界大战中,各国的联军总指挥不也到前线去了吗?而且做了很多宣传,为什么?稳定队伍。现在又到了这种战争局面了,如果前线总指挥不能亲临一线,这个仗也就没法打了。

所以,我很快到了多家医院,穿上隔离衣,下到重症病房,组织医生一起诊治重症病人……这样一来,消息传得很快,很多医务人员就说:"都是人,领导不怕死,我们也不怕。"整个队伍很快就稳定住了。

当然,这些事我没有讲,也没有向领导报告,情况特殊,严格防护,开会的时候我会有意躲领导们远一点。我也担心,一旦感染上了,我倒了不要紧,波及领导群体,抗"非典"的任务就会出大问题!

指挥中心的很多决策都是面向医护人员的,全社会对我们的支持也是方方面面的,使我们的决策布置也具有很高的权威性,将令如山倒,执行力非常强。

举个例子:医务人员在一线作战,非常危险,也非常辛苦,这个时候一定要保证他们的睡眠,保证他们的精力,这就需要轮休,以保障医务人员的休息和健康。

可是,医务人员没法回家休息,怎么办呢?

我们建议征用一些宾馆。很快,这个建议得到了有力的实施,对保障医务人员的健康安全、稳定医务人员的军心都起到了很好的作用。

瞬息万变的复杂战况

指挥中心成立初期,有一个令人很困惑的悬念,就是北京市到底有多少病人。没有人能回答得出来。虽然之前已经有了公布的数据,可是那个数据到底有多高的可信度,人们似乎心知肚明。

老实说,不是人们想隐瞒什么,而是当时的"非典"还没有早期或一旦被感染即可认定的实验室诊断标准。

不像现在有核酸检测,那时候医护人员只能靠肺部症状进行诊断。于是常常出现这样的情况:等患者达到临床诊断条件时,已不知传染了多少人。

这是很多医院应对"非典"不力的主要原因。

针对这一棘手难题,我紧急组织疾控、传染病以及呼吸疾病等方面的专家,成立SARS诊断与鉴别诊断专家组,从诊断、疑似诊断以及防护治疗等方面编写形成了《非典型性肺炎诊疗手册》,迅速签署发布全市。

有了基本标准,全市防控操作有了依据,公布的"非典"患者数字也就越来越准确了。医疗救治指挥中心每天都要和北京市所有的医疗机构电话联系,每天报数字,这样我的心里就有数了,领导层心里也有底了。

当时还有一个问题非常严重。那就是,突如其来的"非典"疫情,让人们惊慌失措,不少医院的门诊部、急诊室流感病人、疑似"非典"病人和其他各种病人混在一起,交叉感染十分严重。原来不是"非典"病人的,在一起集中后也成了"非典"病人。

在那个时间段,呼吸道传染病,包括流感几乎都没有了,都成了"非典"和"疑似非典"了。其实，一多半并不是"非典"关联病人。因为没有诊断的"金标准"，缺乏筛查，以致病人们混在一起，没有隔离条件，只要有一个"非典"病人，就会通过空气传播，传染一大批。

针对这个问题，我们迅速提出要求，在全市二级以上医疗机构建立发热筛查门诊，隔离其他病人，加强筛查工作，避免了"非典"发病像滚雪球一样越滚越多。

我还在全市防控工作电话会议上提出："38℃以下的病人，没有出现肺部感染，要居家隔离，不要到医院去。"这样，就把一些常规感冒的病人一下子压到基层，降低了大医院的院内感染率。

那时候的整体目标是"提高收治率，降低感染率；提高治愈率，降低病死率"。指挥中心第一阶段的主要工作是围绕"提高收治率，降低感染率"展开的。为此，设在京郊的5家定点医院开始集中收治"非典"患者，全市147家二级以上医院全部开设了发热门诊……

这些措施，对于控制感染率发挥了重要作用。

不过，新的难题仍在不断涌现。每一个难题，都像战场上必须攻下的山头。

比如，100多家医院设立了发热门诊，但它们绝大部分不是传染病医院，而且大部分发热门诊都设在医院主体结构内，一时间竟成了新的传染源。

发现这个问题后，指挥中心马上组织管理专家商讨解决方案，提出了规范发热门诊的建议。5月6日开始，全市调整和规范发热门诊，减少了交叉感染。

再比如，定点医院的调整问题。

本来，定点医院设在郊区，是为了让SARS远离人口密集区，减少交叉感染。这一出发点无疑是好的，但第一批6个定点医院显然太少，这些医院的整体医疗水平也远远无法满足当时的救治需要。

针对这个问题，我们主要采取了两个方面的措施。

一方面，我们将北京市SARS定点医院增加到16家，并以城市三甲医院为主体。16家定点医院中，也包括新建成的小汤山医院。5月1日，中央军委调集1200名官兵开赴小汤山定点医院，800张SARS病床投入使用，使得我们的防控资源得到了进一步加强。

另一方面，我们充分整合了北京市的医疗卫生资源，采取全方位对口包干支援的方式，明确了责任，提高了效率。例如，同仁医院对口支援酒仙桥医院；安贞、东方、宣武、友谊、儿童医院对口支援地坛医院；北大、友谊、安贞、首钢、矿务局、广安门医院对口支援北京胸科医院……

从4月26日开始，接收"非典"病人的二级医院由三级甲等医院派专家进驻，实行对口包干支援，并迅速将散在社会上的和散在各医院发热门诊的大量病人收到定点医院，形成一条龙管理，迅速缓解了大医院的压力。

必须直视现实

在抗击"非典"的战役中，涌现出很多感人的事迹，这是值得我们颂扬、好好学习的。很多年过去了，只要有机会，我还会到"非典烈士陵园"祭奠死去的医务人员。

不过，既然是总结历史经验教训，我们就必须直视一个现实：国难当头之际，并不是所有人都向前冲的。

冲上去的人不少，但未必都想冲上去。因为第一次遇到这种随时死人的严重疫情，那么多医务人员被感染乃至牺牲，冲上去就意味着生死未卜。在生死考验面前，不是每个人都有勇气的。

记得当指挥中心提出集中优势医疗资源，加强重患集中管理，北京名牌大医院要做定点医院的时候,马上就炸锅了,"做传染病定点医院,不符合我们医院的要求呀""一旦做了这个定点,以后怎么弄?还能看病吗?"这是很多医院的顾虑,有的人甚至直接表达出来。

当时情况紧急,没有果断决策,很难扭转病人不断死亡的局面。商讨结果是,由抗击"非典"指挥中心确定中央管的医院和北京市管的医院,各自领了6家定点医院。

有一家医院的管理者不愿意做定点医院,竟然制造口实找借口,在采访时展示防护服不符合要求,说:"你看,发给我们的防护服一穿就破了,怎么隔离呀?"

我一看,他在电视上展示的防护服不是我们集中采购的,这里面一定有问题。本来,各家医院出于自身利益考虑,有些顾虑是很正常的。国难当头了,竟有人示假惑众!这怎么能容忍?

我怒不可遏,马上组织力量调查,果然是假的。

我当即找他的上级领导谈话,要求免掉这个院长,立刻换人。见到对方有迟疑,我毫不含糊,说:"你不免我免!"

对方一下子就感到事情的严重性。这样,撤掉一个极不负责任的管理者,军威也就立起来了。

军中无戏言,将令如山。危急关头,这些都是必需的。

特殊时期也经常会出现一些意外事故。有一家大型综合医院,"非典"发病率、死亡率特别高,在北京地区产生了很大的负面影响。我去那儿视察的时候,院长很紧张,担心我迁怒于上级主管部门,撤掉他的职务。

可是,出于一贯以来对他的了解,我说:"第一,这个病突如其来,大家都缺少这方面的知识,医院不具备隔离条件,出了问题,是有客观原因的;第二,免职并不能弥补已经造成的损失,意义不大,还是让他戴罪立功吧。"

那个院长激动坏了,说:"韩局,您真是救我一命!"随后马上组织带领医院全力以赴开展隔离和救治工作，医院防控救治工作有了新的转机。

关键时刻，管理干部一定要保持清晰的头脑，处理复杂问题一定要科学准确，避免图一时之益。

那个特殊时候，真正有管理能力的院长是不能随意替换的。你换了，没人懂这家医院，就会打乱仗。

在处理这些问题的时候，我不带任何私情，一切决定都是从整个"战疫"取得最终胜利的角度来考虑的。

即使这样，关键时刻，进行有效调动仍然会遇到很多困难，不可避免地会得罪些人，涉及的人和事还是不少的。

总而言之，"非典"这场生物战争也是很残酷的，没有严格的纪律，没有严肃的行政命令，很难同仇敌忾、万众一心地进行科学救治，也很难在较短时间有效控制住疫情传播。

然而，严格管理也给我带来很多麻烦。"非典"之前很少有人写匿名信诬告我。可是，当我在前线浴血奋战的时候，就有人反复写匿名信进行诬告，恶意中伤，毫不相干的事件，换个名头就是我的过了，扰乱我的定力。甚至"非典"之后，也还有谣言惑众公报私仇的……

这或许就是磨炼管理者的必修课。心底无私天地宽，不经风雨何以见彩虹呢！

重大转折

4月24日北京市防治非典型肺炎联合工作组成立，组长由北京市市委书记刘淇担任，副组长包括北京市代市长王岐山、卫生部副部长朱庆生、中国人民解放军总后勤部副部长王谦，成员包括在北京的党政军部分相关部门的领导同志。在联合工作组下面，设立了"一室四组",一室就是联合工作小组办公室,四组就是四个工作小组:医疗组、信息组、防控组、物资保证组。北京市SARS医疗救治指挥中心属医疗组,是其中的一个重要环节。

5月6日,由45家医院院长组成的"北京地区医院院长联席会议"成立。联合工作组主要领导到场,布置任务,肯定北京SARS救治指挥中心的工作。这使指挥中心工作的权威性得到增强。

召开这样一个会议,是与北京地区的医疗管理体系密切相关的。之前,北京地区的医疗机构不是属地管理,有不少医院是由中央各部委管理的,有卫生部部属医院,有铁道部部属医院……,形成集中统一管理非常困难。建立院长联席会议制度联合管理,加强了医疗资源的有效整合,也使得16家定点医院的定点收治以及对口支援工作得到了加强。

指挥中心组织北京市各家医院的精兵强将进行对口支援,共派出医疗队29支,医务人员3435人,参加"非典"一线人员共计11586人。这是史无前例的。

5月6日,北京宣武医院启用,开放病床420张。5月8日,中日友好医院集中收治SARS患者,开放病床400张。这两家位于城市中心的大医院成为SARS诊治定点医院,重症病人从北京郊区定点医院转移到城市中心大医院,使北京地区的整体医疗救治水平上了一个新台阶,为最终实现重症ICU系统治疗奠定了基础。"非典"病死率由此开始了大幅度降低,这是面对全球的大事件,产生了很大的正面影响。

5月8日下午,市委宣传部在北京市SARS医疗救治指挥中心组织新华社、北京电视台、《北京日报》等首都新闻记者对指挥中心领导进行了集体采访。我向记者们通报了北京防治SARS工作已实现集中收治的目标,北京SARS阻击战已进入一个非常关键的转折点,具有深刻的历史意义,具体表现为:1. 将所有分散的病人从那些不具备隔离和治疗SARS疾病条件的医院集中到定点医院，从源头上控制疾病传播；2. 集中优势兵力，派出最优秀的医疗队到定点医院去集中救治一些重症患者和危重患者，提高了治疗救治水平，降低了病死率，实现了疑似以及诊断"非典"病人集中隔离救治这一目标，为全面控制SARS疾病在北京地区蔓延打下了坚实基础。

所有的这些调整、决策都是在动态中进行的。之前，因为担心城里人口太多，"非典"容易感染传播，大量病人向郊区转移。5月1日起小汤山医院建成，正式收治病人，在集中收治方面发挥了重要作用。

随后，郊区不仅扩充了多家定点医院，还把城市最强的一些专家派去，解救郊区那些患者……这些决策动机无疑是好的。然而，棘手的新问题仍然不好解决。把病人集中到小汤山以及郊区其他医院隔离救治在初期是可行的，可是对于重症、极重症患者，郊区的抢救、医疗条件还是跟不上，就会出现很多问题。所以，再次调整后，重患病人集中转移到医疗功能完善、医疗水平一流的中日友好医院和北京宣武医院。这样一来，医患双方的恐慌情绪一下就稳定住了。

当然，确定两家三级甲等医院为"非典"重症病人救治医院，是需要多方协调才得以实现的。

现在回顾每一步毫不迟疑的有效决策，都是非常值得回味的。

史诗般的转运

由于"非典"强烈的传染性，患者一旦被疑似或确诊，就需要集中收治，把他们安全转运到定点医院。这个重要而危险的工作，主要由指挥中心转运组与120急救中心共同完成。

那段时间，无论转运组成员还是急救中心工作人员，都是24

小时待命。转运组组长由同仁医院副院长王晨担任,转运组成员也都是呼吸、传染和病症监护方面的医学专家,被称为"专家护送队"。

每一次转运都有危险,必须严格履行周密的传染病防控程序。病人一般由医院要求转出,转运组的专家们要认真查看病历,甄别是不是"非典",有没有并发症,带什么药和抢救设备。还要报由指挥中心专家组审核,确定病人具备转运条件后,联系好床位,将病人资料传真到需要转入的医院。然后分别向转出医院、转入医院发转运通知单,同时向120急救中心发派车通知单。这些前期工作做好后,转运组成员和急救中心工作人员便穿好防护服、戴好防护镜,全副武装地出发。之后,从转出医院到转入医院,全过程密切监测病情,紧张工作。直到拿到病人安全转运的回执后,一个转运流程才告一段落。

由于各医院的情况有所不同,医院的呼吸机与车上的呼吸机有所不同,病人更是各式各样,所以转运人员的工作既危险又繁重。尤其是危重"非典"患者,转运人员总是提前一小时进入病房,为病人换上急救车的呼吸机,让病人适应后再上车。还有的病人,刚抬上担架就突然到了猝死的边缘,护送专家就必须通过气管插管等方式进行紧急抢救,待病情缓和后再进行转运。

一旦转运开始,救护车就加速飞奔,不再停车。既为病人抢时间,也为了护送人员在流动气流的车厢中减少感染的风险。

转运重症病人这项工作考验着每一位医护人员,考验着队伍的整体素质。任何一个环节出现问题,都会影响转运成败,甚至危及病人生命。

记得几次大规模的"非典"病人转运,为了避免造成交通障碍以及影响市民休息,都是选择在晚上到凌晨期间进行。

小汤山医院是2003年5月1日开始接诊,首次转运的100多位病人分别从15家医院转出。白天,转运组和专家组要挨个看转出病人的病历，并传真给小汤山医院，让他们做好准备；然后，要详细做好批次以及时间安排。晚上8时首批转运从北大医院出发，8时10分是佑安医院，8时20分是北医三院……最后，每位病人到达住进病房的情况，由小汤山医院逐一回复指挥中心，转运任务才算最终结束。

截止到5月7日24时，北京市将累计2163名"非典"患者转到了定点医院集中治疗，实现了从提高收治率向应收尽收、随诊随收、集中治疗的重大战略转折。此后，对"非典"患者的转运形成了一条脉络清晰的线：重症病人去中日和宣武医院，确诊的轻症病人去小汤山。

转运重症患者，甚至是"毒王"病人，危险性是极高的。为此，我们制定了更加严格的标准。什么样的病人可以转院，什么样的病人不能转，由专家说了算，以确保重症患者的生命安全。同时，急救中心紧急改装了5辆专门用于重症患者转院的救护车。除一般救护车的必备设备外，改装后的车辆配备呼吸机、吸痰器、血氧饱和度监测仪等各种先进设备。

大规模转运病人是最棘手的考验，哪些病人先转，哪些病人应该转往哪个医院，都要有条不紊，周密安排。部署任务时，我会一边认真听取专家组的建议，一边和转运组的同志商量，然后果断下令。

时间就是生命，遇到有人担心后果的时候，只要签字确定，我都会说："出现任何问题都由指挥中心负责。"强大的依靠力量支撑着转运一线的全体人员满怀信心全力以赴，几乎每次都圆满地完成了任务。每次当我看到夜晚的救护车长龙成功地完成转运任务时，心里都由衷地感到欣慰。

为了切断传染源，提高患者救治水平，指挥中心组织完成了将散在90余家非定点医院的"非典"患者全部转运到定点医院的任务。从4月21日至6月12日，在指挥中心转运组指挥下，共转运确诊SARS患者2868人次,没有发生一起人为差错。这样的转运是史无前例的。

指挥部·老房东·拍板人

最初,北京"非典"医疗救治指挥中心设在佑安大酒店,可是没几天就发现问题了。隔一个胡同,就是佑安医院的"非典"病房。离得太近,显然不符合防护要求。这个地方不行,如果是"非典"病毒传染过来,指挥中心就没法干了。还有,每天晚上我都要到市委领导小组开会,如果市委内部被交叉感染,后果不堪设想。所以,必须赶紧换,绝不能有丝毫迟疑。我一声令下,在吴世民同志的调度下,指挥中心马不停蹄换到了地质矿产部的山水宾馆。

山水宾馆位于西单附近,周围没有建筑物连接,隔离环境非常理想,各方面条件都很合适,便于展开工作。指挥中心的搬迁,靠的是群策群智、当机立断,迅速行动,消除了感染隐患,解决了大问题。

整个指挥部,在总指挥、督导的领导下,设置督导组和办公室,其下又设置了八个组:重症会诊组、转运组、甄别组、院感组、宣传信息组、中西医结合组、临床科研和休养组。大家职责分明,既分工又合作,形成高效团体。

重症会诊组充分发挥指挥中心一流专家的作用,指挥临床一线治疗。在治疗过程中,我们特别注重科学救治、提高治愈率。动态监测重患的病情,建立了重患上报制度,每日掌控150—300例次重患情况。建立重病人的分析标准,及时掌握每一例危重患者的情况。

通过专家和一线医务人员及时的网络交流,提供指导意见,共同确定如何采取医疗措施。

5月8日至6月6日，重症会诊组共对2480例次危重SARS患者的病情进行现场、电话、书面、远程等多种形式的会诊，做到了集中优势力量抢救危重病人，提高了重症抢救治疗水平，降低了病死率。我尽可能安排好时间，每天都要和大家一起会诊。

甄别组，是对北京市SARS定点医院和非定点医院所收治的确诊病人、疑似病人、医学观察病人进行甄别分类，协助确立诊断和鉴别诊断，尽快打通"出口"。甄别组由传染病、呼吸病、危重病、放射影像学及流行病学专家组成。本着严肃、慎重、准确的原则，从5月1日到6月10日，甄别组先后70余次到41家医院，共对1652名病人进行甄别。

院感组专家对26家医院及9个发热门诊的结构及流程设计和工程进行验收。这对尽快隔离传染源、降低感染率起到重要作用。

宣传信息组的工作也是非常重要和繁杂的。在SARS对整个社会造成恐慌的时候，我们需要一边干一边说，要通过媒体，让外界知道疫情的医疗救治情况；还需要每天与各医院联系，掌握、汇总大量准确的信息，迅速整理出来，每天有快报，最快的时候6小时一报。这些都是宣传信息组要做的事情。

小汤山医院紧急调集600余名正在轮休的医护人员录入病例，目的是建立北京SARS患者病例数据库。这项工作就是由宣传信息组组织完成的。

由于随时会出现很多紧急情况，所以宣传信息组的成员也是没日没夜地工作。同仁宣传部的李新萍主任当时就是宣传信息组的核心成员，很多事情可以向她了解。此外还有中西医结合组、临床科研组、休养组，每一个组都很重要，都和其他组互相配合，合力作战。

我那时候的工作，基本上都是白天在指挥中心、一线处理各种事务,晚上去市委开会,一开会就到后半夜,回来后还可能有很多突发事情需要处理,几乎没法睡一个稍微完整的觉。每天能睡两三个小时就不错了,大家都一样。

指挥中心的同伴们也会忙中取乐。不知什么时候,我被大家送了一个有趣的称谓——"老房东"。原因是,每天不管多晚,我都要到每个工作人员的岗位上走一走,看一看,询问大家有什么困难。时间一久,有人就会打趣:"老房东又要查铺啦。"你看,我们指挥中心的整体氛围是非常好的。

当时有人见我颜面浮肿,脸色苍白。为什么呢?就是因为连续高度紧张工作,没法睡觉。长期高度紧张状态下,累死人是很正常的。我没有被感染,应该说隔离措施做得比较好。当然,运气也比较好。

我每次到定点医院,都要鼓励医务人员,鼓励病人,给他们打气,传递满满的正能量。

我本身是一个耳鼻咽喉科医生,处理呼吸道疾病是有专业基础的。哪些病人长期插管,什么时候就可以拔管了……对于这些,我是有经验的。到重症监护病房查房时,发现有位病人意识状态正常,肺的功能也基本恢复了,可以拔管了,但是因为是重症病人,没有人敢做这个决定。病人意识清醒的情况下,气管里仍然插着管子,那是十分难受的。我经过详细检查,果断拍板拔管。病人恢复得很好,很快出院了。

多年以后的一次会议上,有人突然跑过来,说我是他爱人的救命恩人。我很纳闷,因为没有一点印象。之后一聊,才知道当年重症监护病房里插管的那位病人是他的夫人。她回忆自己当时太难受了,已经绝望了,不想活了。幸亏我及时给她拔了管,救了她一命。

这种情况下,真正懂专业,又能够深入到一线拍板救治,还是挺重要的。

捐助物资管理

我要特别感谢当时社会各界的捐助。在疫情突然来临、压力巨大的时候,物资在短期内很匮乏,需要社会各方面的支持。

国内外的捐助都很多。在一个短的时间内,大量的物资积蓄需要迅速有效地调配,要避免乱发,要有的放矢,就需要很好的管理。开始的一段时间是比较乱的。因为没有一个综合调配中心,大家不明确自己的工作,会出现一个部门管、其他部门在看的低效率工作,比较麻烦。

担任总指挥后,这个问题就摆在我的面前了。

怎么办呢?我就提出:物资必须统一调配,要成立一个强有力的指挥中心和调控中心来管这个事。

我的建议得到督导吴世民同志全力支持,马上协助市委、市政府,把中心成立起来,把各种力量集中起来,很快就有了一个非常大的物资调配中心。将所有的物资都集中到调配中心,设定专人集中管理,按需求有效发放,形成一个闭环,非常有效。

物资管理迅速稳定下来,混乱低效的问题解除了。

中医的作用

"非典"期间,有很多令我感动的事情。在SARS病毒猖狂肆虐下,也许我们的医务人员也出现过一些担忧甚至害怕,但是他们一旦步入自己的战斗岗位,就会毫无顾虑舍生忘死地奋战在一线,由上而下形成一股巨大的合力。

中医治疗在当年"非典"的防控中也发挥了关键的作用。

北京的中医界自愿组织了很大一个队伍到指挥中心请愿,希望能到一线去为病人号脉治病。队伍里有年轻的中医,也有老中医。我觉得这种积极性是非常可贵的。面对烈性传染病,能够不顾个人安危,强烈要求到一线去号脉,我确实特别受感动。可是从科学防控的角度看,中医也是人,他们也可能被感染,如果我贸然答应了,让他们到一线去号脉,这显然对中医体系人员安全不负责任。

怎么办呢?我权衡后,利用医疗救治指挥中心的统一管理,把中医专家组织到几乎所有的定点医院。不采取直接号脉的方式,而是让他们了解情况,针对病人的热症、湿症等症状以及病情的不同程度开出方剂,然后把验方汇总起来,做成汤剂。

这样,针对不同病情特点的中药汤剂很快被大面积送到临床一线,对 SARS 初期和轻症病人的治疗很有效。在后期的分析总结中,中医药专家也为我们提供了很好的建议,为我们战胜"非典"做出了贡献。

疫区解禁前的谈判

2003年6月24日下午3点,世界卫生组织正式宣布解除北京地区的"旅行警告",并将北京从近期有当地传播的疫区名单中删除。

当时,我正在指挥中心组织全市各专业领域专家,通过网络对中日友好医院、北京宣武医院的几名重症患者进行会诊。这一振奋人心的消息传来后,指挥中心突然就沸腾了。大家高兴地鼓掌、握手、相互问候,几位女同志难以抑制激动的心情,掩面而泣。

指挥中心成立已经有两个月的时间了,所有的人都没日没夜地紧张工作,不惜耗尽心血与疫情奋战,不知经过多少艰难和险阻,面临过多少严峻的挑战和考验。因此,当来之不易的巨大胜利真正来临时,大家的激动难以言表,兴奋的掌声、欢呼声久久回荡在办公室。

我也不禁动容,虽然我在前一天和世卫组织官员谈判后就知道了"双解除"这个结果,但还是忍不住内心的激动!

我为什么要和世卫组织代表谈判呢?因为从6月2日起,北京再没出现一例新的确诊"非典"病例。6月9日,北京又迎来五个"零"———无确诊病例、无疑似病例、无死亡病例、无既往疑似病例被确诊、无既往确诊病例转为疑似。到6月23日,北京已完全符合世卫组织对一个地区撤销旅行警告的条件:连续20天没有发现新的患者,包括留院病人少于60人;连续5天平均每天新增病例保持5人以下;本地区的传染链被控制;没有向外地输出患者。以上也完全符合从发生本地传染地区名单中排除的条件。世卫组织是在4月12日将北京列入疫区的,这对北京乃至中国的影响都很大。所以在战疫期间,我们把世卫组织解除疫区禁令的这些条件作为重要的参照,努力去实现。

在没有满足这些条件之前,我们没有提出任何要求。可是,当满足了这些要求之后,我们派出代表和他们联络的时候,他们并不相信。这使我们当时的联络代表非常被动,心里没有底,不敢多说话,也没能解决问题。

联络代表把不利消息反馈给我的时候,我先是了解情况,知道世卫组织很谨慎,北京这么大的疫情规模,一旦解除禁令后再反复,就不好向世界交代了。我迅速再次把全市情况全盘过一遍,确信北京已经有了解禁的足够条件。我决定亲自去谈判。

这个事情很重要。一方面,解禁带来的正面影响无论从哪个方面分析都十分重要;另一方面,也涉及到国际舆论的巨大压力等问题。先一步在其他地区或国家前解禁,就能说明我们在全民防控方面做得很漂亮,也是为国争光。

我掌握着第一手材料,胸有成竹,满怀信心。6月23日晚6点钟左右,就坐到了世卫组织联络处官员的对面,和他面对面地交流、谈判。

开始的时候,并不顺利。我把情况完全说清楚了,对方仍然不同意解禁,态度很坚决。

见他这样,我也就不客气了,直接开始"逼宫",说:"事实摆在这里,我是总指挥,代表指挥中心,代表北京市政府,很负责地向你们正式提出这个申请。希望世卫组织尊重事实,尊重我们的工作,及时宣布解禁。如果不同意,我们会感到你们对中国有政治歧视。明天早上8点,我会以总指挥的名义召开新闻发布会,宣布我们的疫情管控已经完全符合世卫组织解除疫区的所有要求。至于为什么没有解除疫区警告,可能是因为世卫组织的不公平、不科学或带着某种歧视。"

听了这番话,世卫组织联络处的官员们一下子紧张起来,联络代表满头是汗,马上用手机给日内瓦世界卫生组织总部打电话。

为什么这么紧张呢?因为这件事,北京疫区解禁是当时世界关注的焦点,关系重大。

之后,世卫组织审慎地同意了我们的申请。

我是有备而来的。见他们同意解禁了,马上拿出事先准备好的书面文件,请那位官员在上面签字。

签完字后,我告辞而出。从6点钟到8点钟,谈判耗时两个小时。

出来以后,我给市长打电话,告诉他这个消息。

市长特别高兴,说:"老韩,你再说一遍,真的?"

我说:"签字了,我一会把签字的文件原本传给您。"

市长激动起来,说:"老韩,太好了。老韩,你这是首功一件呀!"

第二天,世卫组织"双解除"的讯息传出后,北京市的人载歌载舞,以各种形式欢庆。我们也在指挥中心庆贺一番。首都稳定了,整个国家稳定了,我们也尽力了,一场战役结束了。

寄语：身负重任前行

对于这场可以载入史册的防治"非典"战役，北京市SARS医疗救治指挥中心并没有向外界宣传自己的成绩。为给历史做个记录，由李新萍策划、执行编辑，我们出版了一本内部画册——《北京市SARS医疗救治指挥中心工作纪实》。

在这本画册中，按照编辑的要求，吴世民督导和我都写了寄语。老吴的寄语标题为"用生命拯救生命的赞歌"。

我的寄语标题为"身负重任前行"，寄语如下：

在中国历史的长河中，瘟疫多次侵袭神州大地。中华民族历经磨难而不衰，在与疾病的抗争中繁衍、生息、进步。

今天，中国的综合国力已非昔日可比，面对SARS病魔的挑战，在党中央、国务院的领导下，在中共北京市委、市政府的直接指挥下，我们无所畏惧，众志成城。

在抗击SARS战役的危难时刻，北京市SARS医疗救治指挥中心成立，为实现"提高收治率，降低感染率，提高治愈率，降低病死率"的目标，运筹帷幄，指挥若定，迅速整合首都医疗卫生资源，发挥专业技术优势，率领全市参加一线战斗的万余名医护人员前赴后继，连续作战，不怕牺牲，赢得了一个又一个胜利。

在数不清的岗位上，在无以计数的医疗救治中，全体医务人员用生命拯救生命，在历史难以忘却的短暂历程中付出了沉重的代价，留下了深深的足迹。

回首昨天，可以问心无愧地说：我们没有辜负全市人民的期望，没有辜负全体医护人员的信任，圆满地完成了历史赋予的神圣使命。

SARS在北京的顽强抗击下退缩了，但病毒并未从我们身边消失,防止SARS反扑不可掉以轻心。不断完善传染病防御体系,建立全新的北京市公共卫生安全体系,我们重任在肩!

我亲爱的战友们,感谢你们在危难时刻挺身而出,不辱使命所做出的卓越贡献。

在寄语的末尾,我情不自禁地用了"亲爱的战友们",表达我最真诚的情感。

共和国第一部重大传染病应急预案

"非典"疫情控制下来以后,我所做的一件重要事情,就是组织力量做重大传染病应急预案。

很多人最大的问题是遗忘。事情一旦过去,就干别的去了,时间一久前面的事情便忘却了,很多宝贵经验也无法留下来。对此,我是深以为戒的。

"非典"疫情控制住以后,我就想:不能把这个过程都忘了;这么复杂的过程,应该总结出一套明确的应急标准。今后如果再出现疫情的话,后人可以按这个标准去操作。

"非典"后我仍然担任了一段时期的北京市卫生局常务副局长的主持工作,只要我牵头认真去做,就有可能把这个想法转化为成果。

6月24日以后,在完成阶段性的SARS抗击工作以后,我就进一步考虑如何采取有效措施防止疫情的反弹,特别是总结经验,为国家公共卫生体系的建设奠定新的基础。之后,由我牵头,专门成立了一个几百人的队伍,认真研究,并多方征询意见,不断改进。经过一段时间的努力后,共和国第一部重大传染病的应急预案《北京防治传染性非典型肺炎应急预案》初稿被制定出来。

8月25日下午，在北京防治"非典"联合工作小组第十九次会议上，我专门向中央和北京市的有关部门领导汇报了《北京防治传染性非典型肺炎应急预案》(简称《预案》)的内容。《预案》的总体思路是以保证今冬明春不出现疫情反复为目标，包括：着力构建灵敏准确的监测预警体系，确保早发现；建立准确及时的信息报告体系，确保早报告；构筑严密有效的预防控制体系，确保早隔离；建设坚实可靠的医疗救治体系，确保早治疗。这就能切实地把北京"非典"防治工作纳入制度化和规范化的轨道。

《预案》共包括总则、组织管理、工作措施、应急响应、保障措施和附则六个部分。明确了指导思想及六项工作原则，即预防为主、依法管理、属地负责、分级控制、快速反应和依靠科技；确定了三个级别的疫情预警，从低到高依次是三级、二级和一级，这样分级建立应急响应机制，确保快速反应；明确了决策领导机构，同时按照疫情等级，建立相应的指挥体系，明确区县政府的职责……

这个《预案》后来经中央接管，成为国家的重大传染病应急预案。现在我们所执行的传染病防控体系基本是以这个蓝本为基础的。这是一个历史性的贡献。

我们还不断地把《预案》落实到实际当中，以落实《预案》为主开展了很多工作：完成了区县CDC与辖区医疗机构的热线联系，由专人负责并建立工作网络联系表；建立了流调小分队，对发生的群体性发烧进行流动观察；建立了专家预警委员会，开展了"非典"早期预警工作；建立发烧门诊60家，做好早期筛查工作；规范发烧门诊，制定发烧门诊筛查设备的标准，为了使发烧门诊不引起社会的恐慌，将其改成长效门诊；转运系统和转运队伍也做了准备；建立了一整套的医院感染管理标准，加强了安全方面的工作；组织了督察组，对北京地区的医院、疾病控制中心和各种相关科研机构做了全面的检查，针对薄弱环节提出了工作任务，建立责任追究制度；严格疫情报告制度，不断进行专业方面的培训，对主要的技术人员进行严格的考核考试；把握尺度适当宣传，科学规范地接种各种流感疫苗，严格执法切实加强实验室的管理；加强社会新闻媒体方面的工作，提高整个社会对传染病的防控意识……

总之，我们一方面防止SARS反复，另一方面将防治工作扩展到其他各种传染病，使北京公共卫生体系的建设得到很大的完善。

北京公共卫生体系原来存在的问题有很多，包括投入不足，结构不合理，应急机制不健全，监督执法工作不到位，农村工作比较薄弱，没有建立真正有效的突发公共卫生事件的应急救治体系……通过防控"非典"以及"非典"过后的众多革新、改进，北京公共卫生体系得到了很大的加强。

"非典"后的思考与期盼

就我个人而言，亲身经历"非典"这样一场重大战役并承担历史性任务和使命，感受很多，反思也很多。

对于防治"非典"这场战役，国家投入了很大力量。党中央的战略决策是决胜千里的。关键时刻，从中央到地方，启动战时管理与用人机制，建立了一套联合防控"非典"的体系，果断而有力地实施制度，很快就收到了成效，稳定了人心。

关键时期，看到了国家的强大力量。

基于我当时的工作成绩，可以争取不少荣誉称号。但是，当我想到"非典"过程中死去的医护人员、病人，还有感染"非典"的许多医务人员和病人，他们都是无辜的。特别是那些被感染的医务人员，是在一线倒下去的，他们是真正的英雄！和他们比起来，我的健康存在就是最大的福报。

想到这些，我从心底对自己有明确的要求：不争任何荣誉，也不做过多表白。记得为了勉励自己，我还做了一副对联，上联是"壮士凯旋时"，下联是"满堂英雄花"，横幅"一言不发"。国家有难，匹夫有责，个人力量毕竟是沧海一粟、滔滔江水之一滴。

不过，从现在来看，尤其是发生新冠疫情后，那段历史还是应该被真实准确地记录下来。这是一种责任、一种传承，要让一代又一代人更多了解那个时期发生了什么，我们付出了什么代价，汲取了哪些教训，今后在传染病防控当中，怎么能够做得更好，怎么能用更少的代价对社会安全有更多的保证……最终使我们社会有一个更稳定、更和谐的发展环境，这是我的一份期盼。

"光明行"与中国防盲、治盲工作

引子：有个地方

我曾写过一首诗歌，叫《有个地方》。

这个地方，可以是现实中的某个地方，也可以指向我心中那些向往的"光明之地"。这个地方，紧密依连着我事业的理想境地，也连接着"光明行"。

全诗如下：

> 一个去了，
> 还想再去的地方。
>
> 留下一种感觉，
> 持续多久不会消散。
>
> 是一种文化，
> 平息静思才能品味；
>
> 是一种境界，

无论你在天南地北；

更是一种追求，
冰苦炎凉置若罔闻。

那里
春风和煦，
万物萌生；

那里
百舸争流，
沉舟侧畔；

那里
山高路远，
辟谷幽静；

那里
炽热的胸怀，
温暖着你的躯体。

那里，
一个去了，
还想再去的地方。

启动"青藏高原光明行动"

20世纪中后期，我国的防盲工作形势依然非常严峻，每年新增45万盲人，几乎每分钟就有一个人失去光明。1984年，在世界卫生组织的倡导下，全国防盲技术指导组成立，以此加强全国范围内的防盲、治盲技术支持和眼健康指导工作，促进各地区以及国际的协作与经验交流。在过去的十多年时间里，全国防盲技术指导组组长都是由卫生部的领导兼任。由于大部分领导身兼多职，日理万机，全国的防盲工作起色不大，世卫组织也不是很满意。

为此，当时卫生部主管医政的朱庆生部长经过再三考量，决定从新世纪开始将全国防盲技术指导组的管理权下放到一个实体单位，代为行使全国防盲治盲的技术指导工作。

多年来，北京同仁医院眼科在全国具有技术的引领性，专家云集，北京市眼科研究所是世卫组织中国防盲合作中心办公室所在地。著名眼科专家、沙眼病毒发现者张晓楼教授曾任第一任所长。当时院所合署领导。

作为北京同仁医院院长的我，被推荐为全国防盲技术指导组组长候选人。

经过一番筹划，2002年9月11日，世界卫生组织/中国卫生部/国际非政府发展组织第四届中国防盲工作协调会在西安召开。大会开幕式上，卫生部医政司吴明江司长正式宣布聘请我担任全国防盲技术指导组组长，同时宣布了四名副组长和代表全国31个省、自治区、直辖市的委员名单。

会场的人们在感到振奋的同时也充满了诧异，全国防盲技术指导组的组长为什么要选一位耳鼻咽喉科专家，而不是眼科专家？能行吗？

会上我做了接受任命的简短发言，没做任何解释。会后，全国防盲技术指导组的牌子挂到了北京同仁医院。

我当时担任北京同仁医院院长，并受医院党委的委托兼任着眼科中心主任。这是我开展工作的基础。当眼科界的朋友们得知这个情况，也就不再说什么了。不过，我心里明白，大家嘴巴上不说，心里肯定还是有想法的。我只有组织做好这件事，最终用实际行动说话，才能真正把全国的同道们带动起来。

全国防盲技术指导组是全国性机构，从挑起这个担子的第一天起，我便不再局限于北京同仁医院本身，而是更多地琢磨如何站在国家层面，整合各种资源，动员社会各界力量，形成医疗、教学、科研、科普一体化的防盲、治盲体系。

做好全国防盲治盲工作，第一要务是组织制定国家防盲规划，要形成各级政府催办文件。有了各级政府的督导，组织整合各种力量共同发力，在国家政策法规的统领下，防盲治盲工作才会真正有起色。这是我最初的思路。

然后，我便下了很大的功夫，又是咨询又是调研，从源头设计到组织管理，一项一项地弄清楚，从而明晰了整体规划。同仁眼科主任王宁利教授、北京市眼科研究所所长徐亮教授作为指导组委员，胡爱莲教授作为指导组办公室主任，他们积极配合工作，给了我很大支持。

我们的工作是高效的。没过多长时间，经过充分征求社会各界和全国委员的意见，再次召开了全国防盲治盲工作会议。这次会议上，当我把组织制定的国家防盲规划草案展示出来后，大家眼睛一亮，态度马上就不一样了。为了使规划能够得到落实，我充分征求眼科专家意见，提出四种可治性致盲眼病——白内障、青光眼、眼外伤和沙眼——的具体防治计划，并组织开展全国性流行病学调查。大家看到了，我是在用心做这件事。多少年没有弄明白的事，这一次清清楚楚搞定了，力量搭配合理，落实可圈可点。

一年后，国家防盲规划以八部委的名义颁布。

我的组织管理能力被人们认可，就能更好地开展工作了。经过进一步统一思想，我们确定把白内障防治作为带动落实国家防盲规划的第一步。

接着，我以全国防盲技术指导组组长的身份，邀请白内障发病率高、防盲压力比较大的各省省级领导进行协调。因为有国家防盲办背书，很有号召力。大家表态，坚决支持开展工作。随后，以白内障复明项目为牵动，各项工作有条不紊地展开了。

2003年4月8日，在卫生部医政司、中国残联康复部和青海省、甘肃省、西藏自治区卫生厅的参与下，由全国防盲技术指导组主办的"青藏高原光明行动"启动仪式在人民大会堂西藏厅举行。

由此，全国范围以至于全球范围的白内障复明行动拉开了序幕，"光明行"轰轰烈烈地启动了。时至今日，已是20年了。在"光明行"的带动下，我国的防盲治盲工作发生了翻天覆地的巨大变化，为全球做出了表率，也为世界的防盲事业做出了巨大贡献。

"光明行"的第一站，为什么选在偏远的青藏高原？

其一是那里海拔高、氧气稀薄、紫外线强、食物中维生素含量低，冬季大面积积雪反射阳光对于眼睛的刺激比较严重，导致那儿的白内障发病率相当高，是全球的高发区。其二是那儿的交通不便，居住环境落后，当时几乎没有医疗保障，当地白内障患者无法及时接受治疗，影响畜牧业、农业生产和家庭生活，因盲致贫致困现象十分严重。防盲治盲与脱贫高度契合，所以，首选青藏高原送光明。

"青藏高原光明行动"，肩负着多重使命。既与全国防盲工作治疗白内障患者的主要目标相契合，又响应了世界卫生组织"视觉2020，消灭可避免盲"全球战略行动，把最好的医生、最好的技术、最好的服务送到最需要的人群和地方。

在我担任全国防盲技术指导组组长的时候，卫生部拨款10万元作为行政费用。其余的费用来源，是希望我们充分调动各种社会力量，积极探索防盲工作资金筹措新模式。

我首先调动北京同仁医院的力量，由医院和眼科研究所各出10万元，以保障正常展开防盲组的前期工作。接下来，我便充分运用各种渠道和资源，通过社会资助和捐赠方式，免费对生活在高原地区的白内障患者实施复明手术。

2003年，我们首先在北京同仁医院发起自愿募捐的倡议。当年4月，同仁医院近2000名员工为"青藏高原光明行动"捐款3万多元人民币。以每位患者800元直接成本计算，可使40位白内障患者重见光明。启动"青藏高原光明行动"，首先做出贡献的，是北京同仁医院的员工。

好事多磨，就在我们要迈出"光明行"第一步时，北京等地的"非典"疫情肆虐起来，大家都投入到防控"非典"的战斗中，"光明行"被迫搁置。

可是这件事我们始终牢牢地记在心里，待"非典"防控工作结束，我们很快启动了"光明行"。

2003年8月12日上午，美丽的西宁，"青藏高原光明行动"青海项目启动仪式隆重举行。我以全国防盲技术指导组组长的身份出席大会并讲话。启动仪式结束后，来自北京、广州、解放军和武警等医院的眼科专家分别在青海省人民医院、青海医学院附属医院举行义诊，接待约500名患者，实施角膜移植手术4例，赴互助土族自治县人民医院完成白内障示范手术10例。

在时间紧、任务重的情况下，参与活动的专家和医护人员不顾旅途劳顿和高原反应，积极投入工作，表现出高尚的医风医德，为"青藏高原光明行动"开了一个好头。

9月初，9名眼科医护人员组成的"青藏高原光明行动"医疗队出征，前往西宁、贵德、互助，为472名白内障患者实施了复明手术，取得了很好的成果，赢得了社会的关注，也初步探索了规范化、低本高效、可持续发展的防盲模式。

青海班玛行

在"光明行"启动阶段的活动中,社会影响最大、印象最深的是2004年春天青海班玛县光明行。

那是一次终生难忘的公益活动,对我自身也是一次深刻的身心净化。

21世纪初,在中国医疗卫生体制机制改革的大潮中,北京同仁医院由于改革力度大,利益矛盾尖锐,汹涌的暗流把我拉到了重重矛盾旋涡的中心,匿名信像雪片儿,谣言不断,我成为举国关注的焦点人物。

难以申诉的委屈,使我对医改产生很大的困惑,压力剧增。在最困难的时候,我选择去青藏高原,想在世界屋脊最荒凉偏僻的、最缺医少药的地方为贫苦民众解除疾苦,实现一次浴火重生,洗刷心底的郁闷和困惑,摆脱那些挥之不去的纠缠。

我行动起来了,全方位地组织各种力量,进行防盲工作的全国动员,搞一次轰轰烈烈的"光明行动"。

经费紧张,不怕!西南重工、西南矿业、民革基金会、海航集团、中信集团……全国很多机构都被带动起来。危难中我救治的病人很多,朋友自然也就很多。大家稍一集中,这力量就相当大啦!

2004年7月12日,赶赴三江源头。青海果洛州班玛县的"光明行"队伍有精选的来自全国各地的医务人员,有资助单位的代表、新闻媒体的朋友们,还有青海当地的朋友们,上百人的队伍浩浩荡荡奔赴班玛。

班玛县处于青藏高原腹地,从西宁开车前往,需要14个小时。全程都是山路,有很多云中路,也有不少大峡谷;云里雾里的盘山路,到处是急转弯;不少地方还在修路,有的地方只修了一半,坎坎坷坷,颠簸不断,时不时地还可以看到跌翻到山谷里的汽车。路途中要穿越类似鬼门关花石峡那样海拔超过5000米的几座高山。高原险路，对谁都会是一种生死考验。

经过一天的奔波，傍晚时分，我们接近班玛县。当地牧民骑着马，呼喊声伴随着马的嘶鸣，从四面八方赶来。他们高举旗帜，其中最为耀眼的是五星红旗。

我们汇合了，迎接的马队开路，车队断后。天色渐渐暗了下来，路两侧出现"火贡"———一种用松树枝燃起的篝火，绵延不断。当地的官员告诉我，"火贡"是藏民们迎接尊贵客人的最高礼仪。在藏民心里，医生就是活菩萨！

湛蓝的天空之下，白天与黑夜之间，我们在送出光明的同时，也在接受更大的光明和心底的真诚。

激动之中，严重高原反应的人们好像活过来了。马队、车队，一会儿疾驰，一会儿慢行，与两侧的牧民们互动。过了很长一段时间，我们以为该到目的地了。传过话来，至少还要半小时。后来了解到，牧民们的马队出迎近三十公里！

第一次去三江源，没想到的事还真不少。

第一个想不到的是：到了驻地，据说是安排了当地最好的宾馆，但那宾馆都是石头垒起的房子，看上去时刻有坍塌的危险，没有胆量还真不敢住进去。窗户上的玻璃早已破碎，用帆布费了好大劲才堵上，估计已是许久没人住过了。也不知用了多少时间，接通了电，漆黑的夜里有了灯光。对着镜子看看自己：黑色的脸，紫色的嘴唇，严重的高原反应引起头面部肿胀，眼睛成了一条缝。心率已经超过了一百次，越想越觉得气短，几乎是和衣躺在冰冷的床上，久久难以入睡。

第二个想不到的是：当我看到班玛县医院的医疗条件时，完全惊呆了。这哪是一家医院呀！三间土坯房，一个听诊器，软胶管已经软化粘到了一起；没有消毒设备，没有任何标识性诊治流程；内地捐赠的X线诊断设备胡乱地堆在地上，用篷布覆盖着，根本没有用的意思。

这样的医疗条件和环境，生了病能不能扛过去，看来是天说了算。

震撼之余，我想，改善这里的医疗条件，提高医疗服务保障能力，一次"光明行"的医疗救助活动只是杯水车薪。

第三个想不到的是：当我们开始准备为藏民们做白内障复明手术时，那些饱受失明之苦的藏民们首先想到的不是自己，而是坚持要求先给当地患有白内障的藏传佛教法王和僧人做手术。与此同时，活佛、法王以及僧人们则以他们特有的方式，诵经祈祷医疗队能给更多的藏民带来光明。

在医生的心目中，需要医治的僧人和藏民是一样的，都是病人。然而，在接受医疗照护时，需要治病的僧人想的不是自己，而是牧民；牧民们却坚持要在僧人之后接受手术。这让我感慨当地宗教影响之大。

在极其恶劣的高寒高海拔环境中，一种真诚和友善在人们心中传递着。我自己并不信奉什么教义，但是我认为，作为一种文化传承，经久不衰的存在，确实需要我们尊重和深入研究。

第四个想不到的是：开饭了，当地县政府的朋友们为我们支起大锅煮羊肉，一片盛情。可是，端上来的热气腾腾的羊肉，根本咬不动。为医疗队特意蒸出来的馒头，咬一口，黏糊糊的，根本没有馒头味儿。原来啊，烧开的水才80度！牧民们为我们送上油炸面食，这些还不错。不过，当端上来牧民们认为珍贵的带血的新鲜生牛排、生牛肉的时候，几乎无人敢问津……

医疗队的医护人员都是好样的，他们克服着高原反应，在医疗条件极其简陋的环境中忘我工作。

因为县医院没有病房和手术间，手术室设在临时搭起的帐篷里面。牧民们也分散住在他们自己搭起的帐篷里，漫山遍野，在十分壮观的群山峻岭中，像一幅美丽的画。

医疗队的医生护士们每天连续工作要超过12小时。近两天时间，为1000多名眼病患者进行了筛查，为200多名白内障患者实施了复明手术，直到用完了带来的所有用品。接受手术的患者中，60岁以上的老人占90%，其中年纪最大的93岁，失明时间最长者已有五六年，手术全部获得成功。

由此，我深刻感受到当地牧民对优质医疗资源的渴求，理解了牧民们为什么要骑马跑出几十公里迎接医疗队了。

见证了班玛县医院极端简陋的医疗环境，当地缺医少药的严酷现实让我心碎。授人以鱼不如授人以渔，提高这些偏远地区的医疗保障条件，让这儿的医生也拥有做手术的能力，留下一支不走的医疗队是个重要选项。

于是，首先，我在当地安排了"光明行"活动中的医生培训项目；其次，选择当地一些综合条件好的五官科医生到北京同仁医院或国内的一些大医院进修。这样几年下来，还真给当地培养了不少眼科医生。

再后来，听说这些经过大医院培养的眼科医生，随着技术水平提高，大部分被当地州、市级医院抽调走了。但不管怎样，接受培训的这些医生还是留在了当地，只是服务区域更大了。

在医疗救助活动中，我本人也抽时间在耳鼻咽喉科等领域给当地的牧民们做些医疗服务。其中有一位活佛患慢性化脓性中耳炎，鼓膜大穿孔，当地没有治疗条件将其转到北京。开始的时候，我因脱不开身，便让助手为他修补鼓膜，可是修补后近一个月了也没有愈合。病人不愿开刀，我只好披挂上阵，显微镜下仔细清除穿孔边缘的上皮，然后贴上蛋膜，穿孔竟然奇迹般地愈合了，有些神奇！

青海班玛"光明行"非常成功，受到了社会广泛的赞誉，为以后的"光明行"打开了一条宽敞的大路。我自己也受益匪浅。对比三江源的自然生存条件，在北京，真像是生活在天堂里。在那离天最近的地方,心灵也得到了净化,对生命的价值看得更清晰了,也更加坚定了投入医疗改革事业中的决心。推动全国性防盲治盲工作的激情也是越燃越烈。单是2004年,以北京同仁医院为代表,以北京医疗资源为主体,先后派出6批医疗队,赴西藏、青海、甘肃、四川、云南等地区,行程数万公里,完成白内障复明手术3500例。

十年后,为迎接班玛县"光明行"十周年,我再次带医疗队赶赴班玛。此时的情况已经发生巨大的改变,从西宁到班玛的柏油路宽阔平整,以前十几个小时的艰难路程,四个多小时就到了,一路上山清水秀,风景秀美。新的县医院大楼拔地而起,宾馆同其他地方几乎没有差异。久违了的水煮羊肉,鲜嫩可口,加工方法已经完全变了。

西藏行

2005年7月6日,西藏行活动拉开序幕,一直持续到22日。那是"青藏高原光明行动"可持续发展防盲项目的第五站。

在很多人的印象中,西藏蓝天白云,景色优美,这是真的。

人们还不甚了解的是,生活在高原高寒地带的藏族同胞,因为山高路远,医疗条件堪忧,人们饱受着各种疾病的侵扰折磨。眼病便是其一,而且相当严重。据1999—2000年西藏眼病抽样调查结果:全区总人口为261.65万人,白内障患者382009人,白内障患病率为14.6%,比我国其他地区相同年龄和性别人口的发病率约高出60%。

在最需要救治眼病的地区,医生却是非常稀少的。2000年前后,全区经过培训的眼科卫生技术人员仅为100多名,其中眼科医生53名。眼科卫生技术人员的业务水平参差不齐,大部分眼科医生缺乏足够时间的正规培训，绝大多数县医院没有独立开展白内障手术的能力。

了解到这些情况后，我组织全国防盲技术指导组进行了协调，从北京同仁医院、北京大学人民医院、解放军总医院、中日友好医院、广安门中医医院、马锦明眼科中心抽调了17名眼科专家和护士组成医疗队，带齐了白内障复明手术器械包与必备的各种物品，包括人工晶体、针剂眼药、粘弹剂、手术衣等。然后，我就和全国防盲技术指导组副组长王宁利教授、防盲办主任胡爱莲教授等专家一起前往。

我们首先在拉萨进行了为期5天的常见致盲眼病培训班，来自日喀则、林芝、昌都、阿里等地区的16名眼科医护人员参加了培训。

根据前期调研结果，培训班的课程设置紧密结合当地实际情况，内容包括白内障小切口人工晶体植入手术技巧、眼外伤的预防和处理、眶壁骨折的诊断和治疗、眼科的常见治疗方法和基本技术操作等，有很强的实用性和针对性，学员们普遍反映受益匪浅。有的学员来自一千多公里以外的偏远地区，要乘坐汽车整整三天才能到达拉萨。提高他们治病的技术能力，可想而知有多重要。

培训班侧重培训了急病处理。有位学员就说："我们医院那里由于路段不好，经常出车祸，所以外伤病人挺多的。这次眼外伤专家教给了我们很多处理急诊的小窍门，特别实用，能够用最简单的方法为病人解决问题，真是太好了。"

通过对当地医护人员的培训，不仅要"输血"，更要"造血"，建立起一支专业的基层防盲队伍。

为了进一步了解西藏地区的医疗资源分布情况，我在西藏区委和当地朋友的帮助下，由日喀则驱车前往萨迦县。三百多公里的路，整整跑了一天。7月的西藏已到了雨季，道路泥泞，山体滑坡随处可见。刚修好的柏油马路，一场雨过后，满是大小不等的石块和泥土，越野车也难以行走。漫长的砂石路就更是煎熬：车子开得慢了，颠簸得头昏脑涨；开快一点，震得五脏六腑几乎要吐出来。

从萨迦县返程，暴雨过后，雅鲁藏布江峡谷的山路，处处是泥石流带来的路障。汽车在泥石流上颠簸爬行，轮胎时不时地被卡在石头缝里动弹不得，我们要下车搬开石头才有可能前进。天色渐渐暗下来，山体滑坡冲击的泥石流路，一眼望不到边际。司机是当地经验丰富的老行道，也要经常停下车来吸口烟，静静神再开。坐在行走在泥石流上30度倾斜的车里，想想身边幽深的雅鲁藏布江大峡谷，心里满是寒战，一不小心，随时可能跌入深谷，影子怕也看不到了……

这就是西藏雨季的路。

在全国防盲技术指导组的帮助下，西藏防盲指导组也正式成立了，填补了区域空白，有效推动了西藏地区防盲治盲工作。

医疗队还到了林芝、日喀则等偏远地区进行义诊。那次活动共筛查出眼病患者400余名，其中白内障患者占首位，其次还有青光眼、眼底病和眼外伤等。专家们在林芝、日喀则为136名白内障患者和两名眼外伤患者实施了手术。

完成工作任务返回北京，全国防盲技术指导组结合西藏地区总体医疗状况，对此次活动进行总结。

其一，由于多种条件限制，再好的医疗队也不能在任何一个地区长期留驻，所以为了实现防盲事业的可持续发展，必须从技术培训和增补医疗设备方面进一步给予西藏大力支持，变体外输血到自身造血。

其二，基于基层防盲组织较多、技术力量参差不齐的现状，要求整合全国范围内的优质防盲资源，尽快建立起完善、系统、规范的防盲工作机制。

其三，防盲事业是一项功在当代、利在千秋的光明事业，是全社会共同的责任，必须广泛宣传，动员全社会的力量参与。建议设立各地的防盲滚动基金，在政府主导下，组织各级医疗机构以及全社会的多方力量参与，共同推动我国防盲事业的可持续发展。

西路的故事

西路是一位藏族男孩，住在西藏林芝。林芝，藏语意为"太阳宝座"。那里空气清新，风光秀美，自然环境非常诱人。可是，由于此处偏远，医疗条件非常落后。在生活着16万人口的林芝地区，当时只有一名眼科医生，下属的7个县医院没有眼科。

2005年7月"西藏光明行"，我带队到了林芝。在县医院义诊结束后，当地朋友们知道我是全国防盲技术指导组的领导，希望我能到医疗条件更差的偏僻山村看看。

一天下午，我们到达了群山环抱、交通闭塞的林芝县布久乡珠曲店。那里的百姓听说北京的医生来了，从四面八方赶来。医疗队忙碌起来，除了看眼病，也兼顾看其他各种病。

村里有位德高望重的老人，常年卧床不起，没办法外出求医。在村里人的引导下，我深一脚浅一脚踏着泥泞和牛粪到了老人的住处，做了检查，赠送了一些药品，告诉他的家人如何服药。

这个时候，有位老奶奶径直走到我面前，跪倒在地。我大吃一惊，赶紧起身想把老奶奶搀扶起来。老奶奶不会说汉语，指了指身旁，我才发现有个五六岁满脸污垢的男孩也跪在那里。房间里有些昏暗，我竟没有发现这个孩子。

老奶奶流着泪，指着旁边的孩子在说着什么。通过翻译，我了解到老奶奶是为她的孙子来求医的。再一细问，得知孩子刚7岁，名叫西拉多吉。孩子出生后身体虚弱，经常发烧感冒，八个多月时因注射庆大霉素导致了耳聋。从此进入无声世界，听不到声音也不会说话。

"西路"，是家里人对这个孩子的另一称呼，藏语意思是"病重而没有死掉的人"，似乎隐含着大难不死能活下来的意思。家人们对这个男孩子满怀着希望，可现实确实非常残酷。

了解了基本情况，作为听障专科医生，我自然要为孩子尽力诊治。初步检查后，我犯难了，没有马上向孩子的奶奶说什么，而是想该怎么办？

孩子是重度神经性耳聋，治好的唯一办法就是植入人工耳蜗。

当时一套人工耳蜗设备需要20万元，术后培训和终身维护费用还要20万元，这个靠养羊放牛维持生计的家庭怎么可能拿得出来呢！

我盘算着，首先想到人工耳蜗捐助项目。只是，受捐者要符合三岁以下的规定，这样才能保证植入后的康复效果。西路7岁了，属于大龄聋童，术后康复的路会很艰难，况且还在西藏……

当时，海南航空公司集团副董事长王健在我身边。他见我不说话，问："韩院长，这个孩子的耳朵能治吗？"

我说："能治。只是需要一笔不小的费用，治疗康复估计要40万元。"

他又问："40万元能让孩子听到声音？"

我肯定地回答："可以的。40万元，能让孩子听到声音，而且能够开口讲话，接受教育。"

王健听后，马上打了一个电话，然后告诉我："40万元已经解决了。刚才我同集团领导商量决定，海南航空集团全额捐赠40万元，给孩子植入人工耳蜗！"

我高兴啊，有了资金支持，第二天便把西路带到拉萨市人民医院进行检查，发现所有指标都符合接受人工耳蜗植入的条件。

7月21日，林芝"光明行"结束了，西路由他父亲夏加桑木陪着，同我们一起回到北京，住入北京同仁医院东区病房，做术前检查和准备。我经常抽空去看看他们父子,买些玩具,说说话,聊聊天,成了西路的"韩爸爸"。

西路植入人工耳蜗的费用解决了,但对于夏加桑木而言,在北京陪孩子同样需要花钱,这样的负担仍是难以承受的。为帮助他解决这个问题,我组织医院的职工们捐款,在13层病房前厅摆放了一个半人多高的"扶贫助残捐助箱"。在我的带动下,收到五万元的善款。随后,澳大利亚人工耳蜗公司的代表也表示,将以最优惠的价格为西路提供人工耳蜗,并承担住院及治疗费用。

7月29日,我亲自主刀,为西路顺利实施了人工耳蜗植入手术。术后一个月开机调试,一切正常,开始进入康复阶段。由于西路年纪偏大,没有语言基础,康复过程是比较艰难的。

因为青藏高原即将进入冬季,西路的父亲必须回家安置牲畜过冬,不能长期在北京陪护,提出要回家。西路长时间在医院也憋得受不了,孩子的母亲也很想念,夏加桑木要带西路回林芝。

这让我很担心,回去后就意味着语言训练会中断,所有努力可能前功尽弃。一个月后,我们还是说服了西路的家人,再次把孩子接回同仁医院。

同仁医院是一个充满爱心的集体。西路的故事早已被同仁医院的所有职工所了解。为了帮助西路完成术后康复,很多医护人员付出了心血,从语言训练到日常生活,对他关心备至。

由于西路从小不会说话,没有小伙伴一起玩儿,他性格变得内向、孤僻、不爱理人。大家便绞尽脑汁让他开心,拿来了各式各样的玩具和新鲜好吃的水果、糖和牛奶,还给他买了卡通版的儿童画册,给他讲故事,带他去公园玩,尽可能地让他感受到温情的呵护。慢慢地,西路开朗了,不再把自己封闭起来了。

一次在食堂的门口,耳科的护士们看见西路十分焦急地寻找着什么,问了陪他住院的姑姑,才知道他的饭卡丢了。西路的饭卡是医院特地为他和姑姑准备的，里面有钱，西路看得很重。人们赶紧劝慰，买来饭菜，并说一定帮他们找回饭卡。第二天，护士们自己凑钱办了一张新饭卡，等西路上课回来后，告诉他饭卡找到了，并将新饭卡递到他的手中。西路太高兴了，一下子跳了起来。当护士们转身离开时，竟然很意外地听到一声"谢谢"，那是西路说的第一句话。

漫长的等待，终于有了好转，这让我们都很激动。

2007年3月3日，在同仁医院举办第八次全国爱耳日系列活动时，西路与听力培训中心的聋儿们集体表演了一个诗朗诵。看到他灿烂的笑脸，听着他稚嫩的童音，大家不禁万分欣慰。

有付出，就有回报。西路的故事，同仁医院的全体职工都不陌生。西路从入院，到接受治疗，再到语言培训，近三年的光阴，凝聚了不知多少人的真诚付出。

西路回到西藏，我关心着他的学业，在西藏自治区政府的帮助下，西路成为一名唐卡绘画师，还给我寄来了不错的作品。

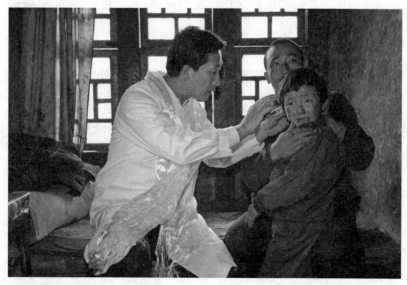

给西路做检查

对于生命的爱

给别人送去光明，会为自己带来更大的光明。给别人送去希望，也会为自己实现理想和宏愿带来更大动力。

"光明行"活动，越来越多地受到社会广泛的关注。数不清的企业、社会公益团体、机关单位纷纷来函表示支持和希望参加"光明行"，各大媒体的报道也十分活跃。

2007年9月3日，为期一周的第八次光明行动——"新疆光明行"在新疆的巴州和伊犁州启动，由全国防盲技术指导组组织协调。由中国民主促进会、澳门明德慈善会、海航集团资助，以北京同仁医院眼科专家为主的医疗队，为近400位白内障患者实施人工晶体置换的复明手术。

2008年8月至10月，光明行医疗队分别前往吉林白城、云南普洱、宁夏、山东临沂，并第二次远赴新疆，开展白内障复明手术和防盲治盲工作。

这一年，我们的医疗队还首次走出国门，前往朝鲜、柬埔寨实施白内障复明手术。

借助国内外白内障复明手术的股股热潮，我们发起并配合国家卫生部正式启动"国家百万白内障复明工程"。国家调配资金十余亿，分配到全国各地。由此，在各省、市、自治区防盲协作组的积极配合下，全国各个省、市、自治区几乎全部启动了光明行动。最初是由全国防盲技术指导组同各地协调，并协助派医生前往各地，到后来当地医生被逐步培养起来，防盲工作更加顺畅，运作自如，更有成效。比如我们到玉树囊谦的时候，青海当地红十字会医院便承担了手术任务。

2010年7月初，光明行医疗队第三次赴新疆，前往喀什地区。位于喀什地区的解放军第十二医院对此次光明行动给予了密切配合，抽调20多名医护人员参与活动，对1100多名患者进行了登记预约,并安排783位白内障患者到医院做了各项检查,筛选出符合手术条件的患者,腾出80多张病床专门收治白内障患者。医疗队为211位贫困白内障患者免费实施了复明手术。"喀什光明行"是军民结合的一次成功案例。其间,我还应邀为解放军第十二医院官兵以"学院型医院"和"鼻腔扩容术"为题作了讲座。

"喀什光明行"活动得到了民进中央,兰州、新疆、南疆三级军区,喀什地区卫生局,地区红十字会等军地领导的支持。中央电视台、中国新闻社、健康报社及当地媒体记者给予跟踪报道。

三次赴新疆,我们共为1200余名患者免费实施了复明手术,形成了非常好的社会影响。

通往世界的光明大道

"光明行"活动,不仅是中国的,也是世界的。

世界卫生组织发起"视觉2020",是一项全球性战略行动。即从2000年到2020年,在全球消除一切可以预防和可以治疗的致盲性眼病。为此,我们连续20年组织医疗队、医疗组,足迹遍及全国绝大部分省、市、自治区,会诊眼病数千万人,为各地培训了大量技术骨干,极大地推动了我国防盲、治盲工作,为消灭可避免盲的防盲战略做出了杰出贡献。

在此期间,中国防盲工作还出现了另一重大转变,就是从防盲受援国转变为对外援助国。

自2007年起,"光明行"便走出国门,在朝鲜、蒙古国、柬埔寨、越南、孟加拉国、巴基斯坦等国家实施了"光明行"活动。这些活动不仅治病救人、播撒光明,而且传递友谊,凸显中国作为负责任大国的国际形象。当时的巴基斯坦总理评价:"这支医疗队作为中巴友谊的使者,承载着传递中国政府关爱、播撒中巴友谊的神圣职责，为巴基斯坦民众做了实事，做了好事。这充分表明中巴友好不仅存在于政府层面，也真切遍布于民间的交往和互助。"

2010年11月中非合作论坛10周年之际，"中非光明行"大型医疗代表团首次进入非洲内陆国家津巴布韦和马拉维，为612名白内障患者免费实施了复明手术。这样的援助，如同雪中送炭。

当时，津巴布韦有1335万人，其中约12万人患有不同原因致盲眼病，而整个国家只有20名眼科大夫。马拉维有1300万人，约6万盲人，其中多数为白内障患者，很多盲人长期无法得到医治。当我们到了那里，受到非常热烈的欢迎。津巴布韦总统穆加贝称赞："中国眼科专家为我们治好了病人，使数百人摆脱失明的痛苦，还带来了先进的医疗技术和设备，提高了我们的治疗技术水平和工作效率，推动了我们国家防盲治盲工作的发展。"

我们的大夫都是技艺精湛的，朱思泉教授则被当地媒体和患者称为"神医"。当穆加贝总统看到朱思泉两三分钟便完成一例白内障复明手术时，感到十分震惊，称："中国医生的精湛技术和吃苦耐劳精神令人十分感动。我代表津巴布韦政府和人民感谢你们。"

马拉维总统穆塔里卡也盛赞"中国-马拉维光明行"，称："中国医疗队使我国300多位白内障患者重见光明，这是一个奇迹。如果不做手术他们将终生难见光明，马拉维人民感谢从中国远道而来的光明使者。"

"非洲光明行"，能够更直接、更迅速地把实惠落实到普通老百姓身上，解除他们的痛苦，为他们送去光明，迅速提高了中国医生代表国家在当地民众心目中的影响力。

2011年，作为中非建交55周年系列活动之一，"非洲光明行"再次启程，选派顶尖专家组成的医疗队，携带115箱手术物资，由海航派出专机，昼夜兼程赶赴非洲。在随后短短的6天时间里，队员们克服了天气炎热、语言不通、患者病情严重复杂等多重困难，以精湛的医术、超负荷的工作，帮助514名津巴布韦白内障患者摆脱了黑暗，迎来了光明。

时任国务院副总理的王岐山正在津巴布韦进行为期两天的访问，他专门到医院看望了中国医务人员以及患者，向重获光明的患者表示祝贺，并做了富有激情的演讲，称："光明行动是我们两国人民、两国政府友谊中间的一件小小的事情，但是对于那些失明而复明的人，就是天大的事情。""我们应该感谢这些专家医生，我们就想祝贺这些重新看到光明的人们，我们将坚持持之以恒地把这个光明行动进行下去。"

此后，医疗队又前往赞比亚，完成手术109例，再次引起轰动。

津巴布韦、赞比亚两国总统均亲赴现场看望医护人员及患者，对来自中国的医疗队表示由衷的感谢。具有开朗与奔放性格的非洲人载歌载舞，以他们特有的方式感谢我们。

与国内"光明行"相比，"中非光明行"涉及更多的交通运输、病人组织、语言交流、后勤保障等实际问题，难度之大可想而知。为此，中国驻非洲各国大使馆、海航集团有限公司、安徽省外经建设（集团）有限公司、中国民主促进会、中国对外友好协会等机构，都为"光明行"的顺利实施提供了无私的帮助。

如果翻开当年登记患者信息的记录本，可以看到上面认认真真、工工整整地记录着患者的详细信息，包括视力情况、初筛结果……这都是当地医院按照中国医生帮助设计的流程一一记载下来的，工作细致明了。

来自海航集团有限公司、安徽省外经建设（集团）有限公司、中国对外友好协会等单位的志愿者们纷纷投入为患者服务的工作中，扶助患者，现场翻译，安慰疏导，发放纪念品和餐饮……一天下来，志愿者们累得直不起腰，直言"真正体会到医护人员太不容易了"。

在"中非光明行"团队中，集合了医疗队员、志愿者、当地医护人员、媒体记者等多支团队。尽管每个人的任务不同，角色各异，但是共同的目标与信念将大家紧密团结在了一起，携手并肩，用辛勤的汗水和艰苦的劳作，共同构筑起通往光明的大道。

2012年9月23日是个难忘的日子，为表彰中国在防盲治盲、防聋治聋事业中做出的巨大贡献，我作为中国医务人员的代表，在第67届联合国大会上被授予"南南·国际人道主义精神奖"。这是全球首位医生获此殊荣。

在美国纽约华尔道夫酒店举行的颁奖仪式上，我真诚地感谢了我的团队，感谢来自中国和世界各地的眼科医生、耳鼻喉科医生和护士们，说："是他们在过去十多年的时间里，在'光明行'活动中为包括中国在内的亚洲和非洲十余个国家约五万余名贫困白内障患者免费实施了复明手术，帮助他们重见光明。为中国近两万名聋人免费实施了人工耳蜗植入手术，帮助他们重返有声世界。"

我希望更多的人了解我们的工作，了解"光明行"和"启聪行动"，参加我们的公益行动，帮助更多失明和失聪患者重返光明的有声世界。

回顾这些往事，历历在目。如今，我已不再担任全国防盲技术指导组组长的职务，但我仍在关注所有的"光明事业"，仍在以"华佗工程"等项目推动中国的医疗健康事业。

我们的未来将更加光明！

更加蓬勃的"光明事业"

从2014年起，我不再担任全国防盲技术指导组组长的职务了，但仍然尽可能地支持"光明行"以及所有的"光明事业"。这似乎已成为一种习惯，融入我的骨子里，一辈子也不会消失了。

大伙儿也很支持我。2016年，我在众多机构及爱心人士的支持下，发起了"阿坝州光明行"活动，眼科专家们在数月内为汶川、理县、茂县、红原、松潘、九寨沟、黑水7个县的白内障患者免费实施了白内障复明手术。那是对少数民族地区展开的一次健康精准扶贫行动,为很多人带去了光明,也增进了民族团结,很有意义。对于我个人而言,则是卸任全国防盲技术指导组组长后,最后一次组织"光明行"活动。此后,我更多地以"华佗工程"等项目开展公益活动,所涉领域是更加宽广的"光明事业",由此推动中国的医疗健康事业发展。

除了对穷困、边远、少数民族聚居的地区进行健康精准扶贫外,我还格外关注革命老区的健康医疗扶贫。不少革命老区为新中国的建立做出了重大贡献,但因为地处偏僻,医疗条件受到限制。这是我在组织"光明行"活动时就深有感触的。

十多年前,我就组织过对山东沂蒙等革命老区的"光明行"活动。如今,我依然通过多种方式扶助和支持革命老区的医疗健康。既注重以中国医疗保健国际交流促进会(以下简称"中国医促会")等机构为平台,组织、联系全国广大医务工作者参与进来;同时也注重广泛联合企业集团以及各界爱心人士的力量,支持他们的善举。

例如,在举国上下万众一心抗击疫情的大背景下,茅台集团投入巨资开设现代化医院,为改变贵州革命老区医疗资源匮乏的现状做贡献。这不仅是茅台集团为人民大众谋福利的担当,也是他们抗击疫情、共克时艰所做的真实努力。对于这样富有社会责任感的善举,我自然十分支持。所以,我代表中国医促会以及十余万全国医疗卫生领域各个不同学科的专家们,向茅台集团医院隆重开业表示了衷心祝贺。并承诺:"我会在新冠疫情防控取得胜利的时候,代表中国医促会、中国华夏医学科技奖理事会,带领院士团队,组织全国各地的专家们,分期、分批赴茅台集团医院义诊。大力支持茅台集团医院的快速发展。""我相信,茅台集团医院将凭借精湛的医术、高尚的医德和雄厚的实力为我国的医疗健康事业大发展注入新的活力！"

我也希望，有更多的企业和社会力量能够把人民的健康放在心上，与医疗卫生领域的专家们一道，立足仁怀，注重质量，提供全方位的优质的医疗健康服务！

这样，我们的"光明事业"将更加蓬勃向上，更加充满光明！

家园与未来

新生命·新使命

2013年，我当选了中国工程院院士，党和人民给了我崇高的荣誉。一时间荣誉和赞美声不绝，着实让我诚惶诚恐了一段时间，同时感慨自己又一次在坎坷中走出了低谷，焕发出新的强大生机。

说实话，我也没想到自己在申报中国工程院院士的过程中，会经受那么多意想不到的考验和历练。

2011年，我开始了第五次申报中国工程院院士。资料报上去，中审下来我排在医药学部并列第一位。消息传开，支持我的人再次给我鼓励。同时也有人坐不住了，用世俗的眼光考量我，以为我长期担任同仁医院院长、研究所所长，主持了很多重大事件，一定会有违法违规，一定会有贪污腐化。目的不同，出发点各异，心怀羡慕嫉妒恨的极少数人掀起了新一轮告状风波，千方百计阻挠我申报工程院院士。他们借机生事，严重的时候，甚至妨害我的生活，真是无所不用其极。

真正生事的人自己不敢光明正大地站出来，暗地里借他人之手四处诬告，不放过工程院院士审核的每一个环节，尤其是在终审投票节点，他们拼凑了有限的内容，进行了无限的散播放大，让审查部门没有时间调查核实。告状的主角，我们基本没有在一起工作过，甚至不认识。

院士申报审核是一件很严肃的事情，查核需要时间，当年的院士终审结果，我榜上无名。告状滋事又一次得逞。暗箭中伤，我只能在角落里疗伤，心里面窝囊啊。

我当然不服气。扪心自问，一路走来坦坦荡荡，从走上医院领导岗位的第一天开始，我对自己就有个严格要求的底线，那就是绝不多占公家一分钱；该给我的给我，不该给我的，绝对不要；至于众多改革措施，那是一份心底无私的责任。破旧立新不可避免地触犯到一些人的利益，那些人不从自身的能力、水平以及认知上找原因，却将矛头指向我。

对此，我有一股从黑土地带来的倔强，绝不退避。

当然，我也严格对照标准找差距，不断在科学研究、为人做事以及管理工作上继续严格要求自己，做得更加出色。同时，我也不断严格遵照恩师们的教诲，要把对手、反对者的意见当成一面镜子，用他们毫不留情的苛刻，放大自己的弱点或是可能存在的错误，把反对声浪当成一种不断克服困难、攀登人生新境界的不懈动力。这样一来，我就会从心底消除敌对意识，不会用自己手中的权力和社会影响力对抗反对声浪，反而心态更加平和，更容易集中精力做好本职工作。

继续申报中国工程院院士，这是我心中不可动摇的一个重要目标。这不仅是我个人的追求，更是学科进步的需要。那个时期，不如意之事还有很多，而且接踵而至，真可谓高处不胜寒啊！

心中的正能量也在呼唤着正义的力量。北京人力社保局有位主管专家学者服务的干部，很有个性，也很有水平。他了解到我的很多真实情况，包括当年在特殊情况下毅然回国为中国耳鼻咽喉头颈外科事业做出的开拓性贡献、在同仁医院大刀阔斧的改革、在抗"非典"、"光明行"等各种事业中的卓越表现。他认为，如果在审核院士资格的时候，只是因为听到一些不同看法和一些诬告，就没有人说话，没有人敢伸张正义，这是不负责任的。于是，他主动做了大量耐心细致的调查研究以及说服工作，还我清白。

经历了十几年的周折历练，最终我在2013年当选中国工程院院士。十几年高强度的追求，长期崎岖坎坷征程中带来的疲劳，一时间难以消除，对于长期支持我、鼓励我的人们，一时间也不知该如何报答。没有激动，没有手舞足蹈。我的心里很清楚，同老一辈科学家比，无论学术水平、个人修为，还是为国家做出的贡献，着实存在很大差距。所以，百倍珍惜院士荣誉，在新的起点上不忘初心，砥砺前行，在新的长征路上做一棵常青藤，应该是我新的定位。

2014年6月，习主席在两院院士大会上语重心长地对新当选院士提出要求，希望大家不仅要做好各自专业领域的领军人物，带领团队做好科学研究，还要做国家战略科学家，努力面向世界科技前沿，面向国家的重大战略需求，要积极参加国家高端智库的战略层面研究，为国家的重大发展战略出谋划策。这让我的家国情怀再次涌动，并将视野迅速拓展到健康中国新时代的发展战略上。

健康中国发展战略，是国家新百年新征程医药健康领域的重大战略选项。对此，我有着丰富的一线工作经历，也有着长期以来的思考与实践经验作为借鉴。如今，伴随着新的生命历程，我是老骥伏枥壮心不已。利用好院士的学术影响，利用好中国医促会团结全国医疗卫生领域专家学者的工作平台，把更多力量组织起来，在落实健康中国发展战略的实践中，针对国家医改中的难点、痛点，开展健康科学新的服务模式研究，努力将以医疗为中心转向以健康为中心，为健康中国战略落地生根开花结果尽心尽力。

中国医促会的改革发展

2015年,我当选为中国医疗保健国际交流促进会会长,这是我从同仁医院院长退下来以后的又一份重要社会职务。

中国医促会成立于1987年,有近30年的历史了。由于各种原因,发展有些迟缓。

上任后,我认真分析了发展缓慢的内外因素,并有针对性地对办会宗旨、组织管理结构以及人员搭配进行了全面调整。组建了以中国科学院、中国工程院两院院士为学术引领和管理的核心团队。顺应健康中国发展大势,提出以"三名办会"为依托,"三华办会"为内涵,服务国家重大发展战略,把健康科学研究、探索医疗健康服务新模式作为学会任务。组织全国专家,群策群力,几年光景,中国医促会的工作风生水起,迅速发展壮大起来。

如果总结经验的话,"顺势而为,把握机遇"是第一条。

2017年,党和国家提出了健康中国战略。2019年召开新世纪以来第一次国家卫生与健康大会,颁布了系列纲领性文件;习近平主席提出,把人民健康放在优先发展的战略地位。这是党中央在战略层面做出的关于加快医疗体制改革,促进健康中国建设的重大部署。

对中国医促会而言,顺应国家发展大势,为国家谋太平,为百姓谋福祉,这是历史性机缘,是改革发展的良机。我必须牢牢把握住,群策群力及时调整医促会的宗旨,确定发展目标,采取有效措施并落到实处。

第二条,对医促会做了全新的顶层设计。

有别于医促会既往习惯性的操作模式,我提出了新要求,调整顶层管理结构,聘请医药卫生领域的8位院士做副会长;常委也做了全面调整,邀请全国30余所医药大学及超过百家三甲医院的国内知名专家入常。由于这些副会长、常委本身就是领军人物,所以新班子一上任,在业界的影响便非同凡响,产生了强大的学术引领性。

这一步走好后,我马上对医促会领导的中国华夏医学科技奖(以下简称"华夏医学奖")管理体系进行全新的改革。

作为国字头的华夏医学奖,完全可以成为极具影响力的学术奖励品牌,发挥应有的影响力。我先是从学术引领性入手,进而提升华夏医学奖的学术口碑。医促会改革的重点,是要牢牢把握住学术引领性原则,必须有符合要求的人员参与进来。

怎么办呢?鉴于我对两院院士情况的深入了解,广泛征求他们的意见,并邀请他们参与到华夏医学奖理事会的管理活动中,那将再合适不过,也再好不过了。考虑到这些,我以华夏医学奖理事长的身份,诚挚地向两院院士广发邀请,希望他们应聘做副理事长。我原以为有十位应聘就相当可以了,结果承蒙大家支持,六十多位两院院士应约担任了副理事长。这无疑增加了我的信心。

接着,我又邀请国内医药大学专业出身的校长、院长,还有那些医学界的顶级专家,重组常委会,使得华夏医学奖的组织管理体系、评审体系力量变得相当强大。

现在的华夏医学奖理事会,由62名两院院士出任副理事长,31所医学高校加入常务理事单位,106所三甲医院担任理事单位,2000余名专家组成评审库,形成了强大的评授奖管理体系。同时,严肃管理规则,坚持公开公平公正的原则,杜绝跑风漏气,在国内评奖体系中带来风清气正的一股新风,形成了非常好的口碑。由此,华夏医学奖受到国家奖励管理委员会的关注,被授予直接推荐国家科技奖资格,产生了很大的影响力。

第三条,全方位进行资源整合,大幅度扩展和整合分会的资源,不断扩大学术引领和学术交流平台,为一线专家服务。

中国医促会原来只有14个分会,现在已经拓展到115个专科分会,分布在七大医学领域,覆盖会员15万人,遍及全国各地,成为涵盖医疗、保健、国际交流的多元化学术服务平台。

专业交流方面，我将所有分会零散的会议名称统一确定为华夏医学论坛，扩大了学术引领性影响，逐渐形成了学术界、社会各界广为知晓的品牌学术会议。

在国内，中国医促会围绕国家发展战略，充分利用丰富的院士队伍资源，组织院士论坛、专科学术会议、各种新技术培训以及博览会，以百余个专科分会为基础，每年开展学术活动逾千次。

国际上，中国医促会先后与瑞典卡罗林斯卡医学院、美国耶鲁大学医学院、俄罗斯圣彼得堡大学等知名高校建立合作关系，并将进一步搭建连通北美、欧洲、大洋洲的全球合作网络，同时积极构建涵盖中亚、东南亚、非洲、拉丁美洲的医疗支援体系，实现医学科技引进和输出的双重发展。

谋求大众福祉方面，多年来我们承接国家新的医疗服务模式的探索任务，组织广大医务人员开展"华佗工程"公益活动，整合国家优质医疗资源，开展面向基层与农村，面向县级医疗机构重点帮扶的社会活动。至今足迹遍布10余个省市地区，受益患者逾万人。这方面的内容，我在后面详细阐述。

总之，将"把握好机遇""做好顶层设计""整合好资源"三方面的工作做好后，中国医促会便进入了全面发展的新阶段，并形成了理想的文化价值观和稳定的管理运行机制。

华佗工程——解除困扰医改的瓶颈

2016年1月，在我的倡导和主持下，中国医促会发起了华佗工程。

华佗是我国东汉末年著名的医学家，他医术全面，发明了"麻沸散"，早于西方医学一千多年开创了全身麻醉腹部手术的先河，是名副其实的外科鼻祖。他早年行走江湖，为黎民百姓治病除疾，不计报酬，也绝不为官恃宠，留下了千古美誉。

据《三国志》记载：华佗有绝技，行走民间，治好了无数的疑难杂症，也曾用针灸之法医好曹操的头风病。后来，曹操想要华佗当他的专人医生，多次派人去召，华佗不愿意，每次都借口妻子有病加以推辞。曹操发怒，查证华佗妻并未生病后，将华佗处死。《三国演义》则说，丞相曹操患"风痫症"，发病时剧烈头痛，慕名请来神医华佗。华佗诊后要开颅除疾，曹操疑心华佗是东吴奸细，要害他性命，将其打入大牢拷打致死。

为了解华佗真实生平，我专程到安徽亳州华佗故里华佗镇做过访问。据当地镇长介绍，华佗真人活到八十多岁。《三国演义》中的故事，是因为华佗名气大，借用名字而已。

看来，真实历史有待考证。不过，华佗走乡串户为百姓治病的精神是当代医学界要认真学习的。特别是改革开放走到今天，城乡间医疗差别如此巨大，整个社会都应负起责任，医疗卫生领域更应该责无旁贷，有所作为。

为此，我经过斟酌，按中国医促会践行健康中国战略的宗旨，组织整合国家优质医疗资源重心下移帮扶基层，探索医疗健康服务新模式，正式发起了华佗工程。

华佗工程是践行健康中国战略，使其真正落地的系统工程，其主要内容包括：

一个理念：践行健康中国国家战略；

二个目标：下沉优质医疗资源，提升基层服务能力；

三个平台：专家学术平台、信息技术平台、金融支持平台；

四个模块：公益活动、学科建设、人工智能、健康小镇。

其主要目的，就是通过适宜诊疗技术下基层，推动城乡一体化专科标准化体系建设，把大城市成熟的医疗技术向县级医疗机构、乡村基层推广，促进建设分级诊疗体系，努力改变农村、基层患者蜂拥到大城市大医院看病求医的窘境,致力于解决中国医疗改革中一直存在的重大难题。

在中国医疗改革的进程中,主导者一直试图解决医患供需矛盾中的各种问题。可是,尽管付出很大代价,成效却不理想。

问题出在哪里呢?我有切身的体会,也有不少深入的思考。

拿北京同仁医院来说,我做了12年院长,迫于来自全国各地潮水般的就诊压力,我组织购买了同仁东区,新建了南区,物理空间比原来要大三倍以上,应该说可以比以前更从容地应对患者的需求了,但是很快,新拓展的空间再次出现人满为患的局面。

为什么会出现这种现象呢?因为大城市的优质医疗无法广泛下沉到基层医院,从而形成优质医疗资源分布的倒三角,就像人体出现了头重脚轻的现象。"头"是什么呢?就是城市大医院。"脚"是什么呢?就是大量的基层医院,大量的基层病人。

由于城市大医院急剧扩张,大量基层医院的技术骨干被虹吸,基层医疗机构的技术服务保障被大面积削弱,我称之为医疗技术服务的"网底破碎"。这种"网底破碎"造成的后果是严重的,会使得民众对基层医疗服务失去信任,导致大量基层病人不断涌向城市大医院。

我们是一个幅员辽阔、人口众多的国家,由于交通和生活环境的限制,长久以来,医疗健康保障服务一直面临严峻挑战。

与此同时,新的挑战不断涌现。

伴随着平均寿命延长,老龄化社会的不断加剧,以高血压等各种心脑血管疾病、糖尿病等各种代谢疾病为代表的慢病患病人口接近3亿人口大关,医疗费用消耗或超过5万亿人民币,我国已进入慢性病的高经济负担期。如果加上恶性肿瘤和交通肇事带来的人员伤亡,我国的医疗健康保障消费将达到天文数字。这笔巨大的经济负担,对社会、对家庭、对个人的幸福感都会带来极大的负面影响。

城市、农村医疗资源分布不均,基层医疗技术服务"网底破碎",老龄化社会的到来,医疗状况不容乐观,这都是我们不能不面对的问题。好在,新时代前所未有的发展给我们带来了强大的力量。只要善于运用新科技、新方法,理清思路,合理布局,群策群力,对症下药,我们就一定会创造条件解决长期以来的医疗服务难题,开拓出一个人人享有医疗保健服务的全新局面。

高质量发展社会对医疗卫生事业也提出了新的要求:以治疗为中心向以健康管理为中心转移。

面对社会进步对医疗健康服务不断提出的更高要求,我应该带领中国医促会承担起一份责任,责无旁贷、迅速行动起来。

过去,在没有大数据服务平台支撑的情况下,也就是在没有手机作为终端服务载体的情况下,高端医疗技术服务到基层、农村与边疆,几乎是不可能的。现在,互联网、大数据时代给我们创造了新的生态环境,很多不可能的事情成为现实。基层、农村、边疆享受到高端的医疗保健服务也将成为可能。

这就是我们要干的事儿——通过新的技术手段,解决以前无法解决的难题。

我深信,提高农村、基层、边远地区的医疗服务能力和大众健康服务管理水平,是功在当代、利在千秋的大事业。

华佗工程,正是整合了国家优质医疗资源,通过互联网、大数据、人工智能手段,把优质医疗资源送到基层,送到边疆,送到最需要医疗健康服务的人群身边。通过我们的努力,做出模式,推广开来,让每一个人都有自己的健康保障服务,提高整个社会的医疗健康服务水平,解除困扰中国医改的瓶颈。

这是我的心愿!任重道远,但是,是可以实现的!而且,我们已经扎扎实实地做了一些工作,正走在实现心愿的大道上!

接受挑战

2017年7月，华佗工程重庆大足区示范基地以韩德民院士工作室的名义在区人民医院挂牌落户。

在此之前，在中国各地开展的华佗工程大多落户在大中城市。这是首次在区县级医院落户，也是在区县级医院落户的第一个韩德民院士工作室。

为什么要这样做呢？

据国家卫健委2020年发布的公报，我国县级医疗机构总数为22492所，覆盖中国人口的50%以上。如果约6亿农村区域人口整体医疗健康水平没有保障，那么健康中国的目标是不可能实现的。由此，也可以看到，中国县级包括区级医疗机构应该是健康中国发展战略落地生根、开花结果的着力点、支撑点和发力点。

为此，我花费了不少心血，从2016年起便在全国各地进行了多次调研，希望寻找一个县级医疗机构做个面向基层的示范基地，进行标准化诊疗体系、标准化诊疗流程的社会实践，体现华佗工程的宗旨。最后，终于决定将大足区人民医院作为华佗工程的示范基地。

重庆大足区人民医院的席家庄院长对华佗工程热情很高，迫切希望做试点，也得到区委区政府的大力支持。由此，我可以完全按照自己的思路、方法和步骤展开一系列工作。

我的整体思路是：缘于我的专业特点，首先按照华佗工程理念对大足区人民医院的耳鼻咽喉科进行帮扶，使其成为标准化诊疗体系、标准化诊疗流程的示范基地和具有核心竞争力的区域医疗中心，成为周围五个县级医院的专科技术诊疗中心与人才培养基地，形成非常好的医疗品牌效应。然后再采取1+X模式，拓展更多学科帮扶合作，把大足区人民医院作为华佗工程区县级医疗机构的示范基地，探索出成功经验，在全国更多地方推广、复制。

帮扶启动之后，标准化诊疗流程开始了，标准化设备进去了，装备水平明显高于重庆市中心医院。众多国家级专家分期分批到大足，我也先后去了六次，讲课、办培训班、进行手术示教，一项一项帮助那里的医护人员掌握中耳置管术、耳部肿瘤切除术等新技术，再加上网络互动，技术帮扶成效显著。

短短两年时间，大足区人民医院的耳鼻咽喉科诊疗水平发生了翻天覆地的变化。门诊量、住院病人量、三四级手术量有了成倍增长，周围县里的病人也大量汇集到那里，不再到城市大医院了。

由于大量病人在当地就可以解决医疗需求，形成了非常好的优质医疗资源重心下移、促进建立分级诊疗体系的帮扶示范效应，带动了重庆地区十余个县级医疗机构纷纷开展华佗工程。

这件事引起了国家卫健委马晓伟主任的重视，委派医政医管局张宗久局长赴大足视察。经过详细调研、了解实际情况，张局长感到十分震惊。由院士团队带领国家队持续帮扶一个基层区县级医院，取得显著成效，实践了健康中国的国家意愿，这在全国绝无仅有。

当张局长将调研结果带回北京后，国家卫健委不久便向全国各省市卫健委颁布政令，推广华佗工程。

说起来也挺有意思，国家优质医疗资源重心下移，产生了极大的示范效应，这应该是好事吧。可是，有些城市大医院的人们紧张了，说基层把大部分病人治好了，我们咋办呢？咋活呀？

我想：这应该是倒逼机制，城市大医院是到了找准定位的时候了。

常见多发病，以县级医疗机构为主要承接单位。难治病、罕见病由大医院承接。这样一来，分级诊疗就建立起来了。

这就是华佗工程的动因：把成熟的技术固定下来，传播到基层、边远地区，尤其是县级医疗机构，支持他们的学科建设，让专项医疗技术服务本地化，修补"破碎的网底"。

我们期望在不久的将来，让不少于百分之九十的病人，留在区县级医疗机构诊治常见病、多发病，不再蜂拥到大城市就医。

这不仅需要大批各专业的医疗专家到基层进行帮扶，更需要用现代科技手段组织一批又一批当代"华佗"进行信息帮扶。通过形成国家机制，通过持续不断的努力，逐渐缓解，直至消除城乡间医疗健康服务水平的巨大差距。这显然是一个巨大的挑战，但我们已经有了很好的开始。

现在，我们已经在全国五六个地区做了试点，但还远远不够。只有真正形成国家意志，在国家政策的支持下，大范围开展多种形式有效的帮扶活动，缩小或消除城乡间的差距，才有可能实现14亿人民人人享有医疗健康保障……

要做的事很多，这条路还很长。

探索医学人工智能服务

接下来，讲讲我在医学人工智能方面的探索与实践。

人工智能（AI）是什么？其实质就是一种超算，通过大数据，把规律和趋势算出来，用更简单的方法、更快捷的手段，达到我们对事物内在规律更高层次的认知。

人工智能离我们有多远呢？实际上我们早已生活在人工智能的社会中了。手机银行便是人工智能支撑下展示的典型服务模式。我们通过手机、电脑进行网上支付、网上购物，这些都是在人工智能的支撑下进行的。我们去超市购物，很多人也开始不用现金，而用手机支付。可以说，我们已经完全进入了人工智能时代。

大数据、互联网、人工智能，就是我们这个时代科技进步的标志。所以，医疗健康服务模式也必将与此同步。

推动广大人民群众全时态、全方位、全过程的健康管理以及对应的医疗保障服务，没有大数据做基础，没有人工智能做支撑，是难以实现的。尤其是面向基层、面向农村，要做到低成本、广覆盖，更是如此。

智能手机的广泛使用，为医疗健康服务新模式提供了基础，也给予我们启发。智能手机为什么能取代电话机？因为它有各种实用功能，而且体积小、好携带，随时都能带在身边，用起来非常方便。如果每个人身边也有一个类似于手机的智能医学设备，来保障其健康并随时能够就诊，是不是医疗健康服务新模式就会最大程度地发挥其效用？由此，可穿戴医疗健康设备方面的研究，成为我的一个重要课题。

可穿戴医疗健康设备的工作原理及其目标是什么呢？我可以简单地介绍一下。可穿戴医疗设备的工作原理，就是将采集到的各项生命体征转为电信号，经过医学人工智能的换算分析，在智能专家诊疗体系的帮助下，得出个性化健康状况分析结果，从而开展各种慢病管理，或进一步提示各种疾病的预判。其目标，就是能使人们足不出户便可以全时态了解自己的健康状况，进行慢病的药物管理。并在此基础上，准确进行疾病分级诊疗，降低大病的发病风险，大规模减少医疗费用。

这样，可穿戴医疗设备就会成为医学人工智能的一个重要抓手。它的成功应用，将使原本存在于不同学科之间的诊疗栅栏荡然无存。大众可以根据穿戴设备提供的便利条件，选择自己的健康管理模式，开展方便快捷的健康管理。

在这些方面，我已经进行了十年的研究。

睡眠疾病穿戴设备的诊疗服务模式便可以做很好的展示。睡眠疾病是一种常见病、多发病，俗称打呼噜憋气，是高血压、高血脂、心脑血管疾病、代谢障碍、脑功能障碍、儿童生长发育迟缓、老年痴呆等各种慢病以及恶性肿瘤的主要诱发因素，我们称为"源头疾病"。作为14亿人口的大国,睡眠疾病的高危人群约有1.5亿人,其中需要治疗的至少有5000万人。如果加上焦虑、抑郁等精神因素,睡眠疾病将波及更大人群。

要解决这样庞大人群的睡眠问题,在以前是没有什么好方法的。而现在,如果通过网络建立标准化的诊疗体系,连接各个医院,进行数据共享,建立新的医疗卫生服务模式,并把穿戴设备推广到家庭与个人,那么,不管你在哪个地方都可以通过装备进行测试,然后通过走云端进行人工智能分析的方式,所有人的睡眠疾病初步诊断都可以一步实现。分析过程五六秒钟就完了,通过数据量的不断扩大,诊断一个病人的速度能提高到0.5—1秒。

同时,有了大数据平台,各种疾病的诊疗标准和分类诊断会很快建立起来,诊断速度也就随之提高。通过可穿戴设备,数据传输到云端,还能够即时获得各种专业的健康小建议,真正实现由治疗模式向预防模式的转变。

所以,无论是健康管理,还是亚健康康复等方面,医学人工智能都将发挥超乎寻常的作用。

这个项目现在已经带起来了。我们建立了穿戴设备技术方面的研发基地,已经研发出最新的产品,非常便于携带。这是我们建立数字化医疗健康服务体系的一部分。

AI时代的现在与未来

在医学人工智能研究方面,我们还有不少正在攻坚的课题。比如,建立数字化医药健康服务体系,就要有一个"高速公路",这个"高速公路"就是"华佗健康网"。这个容器要非常大,因为人的健康管理和疾病管理信息量最大,而且不断完善、不断充实,会越来越大,所以后面基站要是不够的话,容不了那么大的信息。

这个还是要下点功夫，要与一些顶尖的高科技机构互相借力。

我们的另一个重点课题是大众健康医学人工智能管理模式。这是全学科的，要形成一个转型，用新的手段和方法，从以医疗为中心转向以健康管理为中心。现在这个项目正在落地。由科技部、中国医促会牵头，整合清华大学、复旦大学、中山医科大学还有中南科技大学等国家最优质的相关资源，将研究和临床建设整合在一起。

今后的科研，不再是单枪匹马的个人研究，要做多中心的研究，要形成更高的一些学术高地，来针对一些重点问题进行集体攻关。

另外还要建立基地，建立华佗健康小镇……我为什么很忙？因为要干的事太多了。

防聋治聋，是我的一项重要任务

卸任北京同仁医院院长职务以后，在担任中国医促会会长的同时，我还担任着世界华人耳鼻咽喉头颈外科理事会理事长、中国医师协会耳鼻咽喉头颈外科学分会名誉会长、首都医科大学耳鼻咽喉科学院院长、世界卫生组织中国防聋合作中心主任、全国防聋治聋技术指导组组长等职务。这些工作，多数关联我的专业领域，既各自独立，又相互联系。

前面我已回顾了耳鼻咽喉头颈外科方面的不少往事，现再对防聋治聋工作做一些梳理。

众所周知，耳聋是危害人类健康的一种常见多发疾病，它不仅严重影响儿童的智力和言语发育，也严重影响着成年人，特别是老年人的生活质量和社会交流，是诱发加重老年痴呆以及交通肇事等风险的重要成因。

依据2018年中国疾控中心卫生事业发展统计公报，我国患中度以上听力障碍的人占总人口的5.17%，重度耳聋患者达2054万人。随着社会老龄化程度加剧，需要听力康复的人群应不少于7200万人。

我国人口占世界五分之一左右，聋病发病率也是全球最高的。在我国，聋病居七大残疾之首，防聋治聋工作任重道远，是个大事。为此，不知有多少医务人员奉献了自己一生的心血。非常庆幸，我能成为这个团队中的一员。

说起我的防聋治聋工作，话有些长，从我1976年立志做一名耳鼻咽喉科医生算起，至今已长达40多年了。由最初在北镇医疗队治疗急慢性中耳炎，直到后来深入到内耳，开展世界最先进的、已经推广至全国各地的人工耳蜗植入技术，从来没有停止过。

1995年我担任北京市耳鼻咽喉科研究所所长不久，被推荐成为世界卫生组织防聋技术合作专家；2005年当选中华医学会耳鼻咽喉科分会主任委员，在其后两届八年的时间里，组织全国的防聋治聋工作也是我的一项主要任务；2015年我被推选为世界卫生组织中国防聋合作中心主任，随后又担任首届全国防聋治聋技术指导组组长……

可以说，无论是以专家的名义还是组织团队一起向聋病"宣战"，防聋治聋一直是我人生旅程中的一项重要任务。

"铁树开花"的"七彩梦"

"铁树开花，哑巴说话"，千百年来，人们以此来表达聋哑人难以复聪的无奈。

以人工耳蜗植入技术为代表的当代人工听觉技术，突破了传统限界，从研发到推广普及，使成千上万失聪的孩子告别了无声世界。

前面已经提到，我于1997年成功实施了国内首例儿童多导人工耳蜗植入手术。此后的五年内，通过技术人才培养、多单位合作，人工耳蜗植入技术在全国范围内迅速得到了大面积推广应用。2003年我主持制定了全国《人工耳蜗植入工作指南》。至今已培训临床儿科医师、听力师、康复培训师等5000余人次，带领全国开展各类人工耳蜗植入手术逾80000例。

人工耳蜗价格昂贵，非一般家庭经济能力所及。为此，我带队先后五次往返台湾，推动落实台塑集团向大陆捐赠价值不少于40亿人民币的人工耳蜗15000套，并由此带动人民网、北京公益基金会、中国残疾人网等社会团体较大范围的捐助活动，直至推动国家"七彩梦行动计划"落地。

"七彩梦行动计划"是中央财政安排专项补助基金，支持各地实施残疾儿童康复救助项目。资助范围包括听力语言残疾儿童、肢体残疾儿童、脑瘫儿童、孤独症儿童。

其中，"听力语言残疾儿童"被列在最前面，其范围被界定为："为中低收入家庭聋儿购置配发人工耳蜗，并补助人工耳蜗手术、术后调机和术后康复训练经费；为贫困聋儿购置配发助听器并补助康复训练经费。"

为此，从2011年到2015年，国家民政部组织大量资金为新生聋儿免费开展人工耳蜗植入。每年约3370例，五年间一共为16865名中低收入家庭耳聋患儿植入人工耳蜗，补助人工耳蜗手术、术后调机和术后康复训练经费，总计金额16.19亿元。

促进自主研发人工耳蜗

长期以来，人工耳蜗都需要从国外进口，价格高昂。为降低人工耳蜗设备成本，我们组织课题组，积极鼓励、支持、配合人工耳蜗国产化，包括开展共同研究，配合临床实验等。

1997年，上海耳蜗研制团队申请并获批"多道程控人工耳蜗"专利。

2004年，复旦大学与上海力声特医学科技有限公司开始合作，并于2005年研制出达到临床应用水平的多道人工耳蜗。

2011年2月，力声特公司生产的耳蜗获得国内第一个人工耳蜗医疗器械产品注册证，成为具有自主知识产权的第一个国产人工耳蜗，获批19项国内专利，其中发明专利5项。

2009年9月，杭州诺尔康神经电子科技股份有限公司于国内多家医院开展该公司自主研发的人工耳蜗"晨星"的临床验证工作。并于2011年获国家食药监局颁发的医疗器械注册证。

如今，国产人工耳蜗已漂洋过海，在"一带一路"沿线国家推广应用。

"听觉技术"中的康复工作

大量新生聋儿及时植入人工耳蜗，聋哑的发生率大幅度下降，随之而来的术后听力语言康复培训需求大幅度升高。2001年，北京听力语言康复技术学院应运而生。学院首次将培养聋儿语训教师纳入全国高等教育规划，当年招生100名，同时面向基层培养聋儿语训专业人员2000名。

在我的积极推动下，我国正式建立起以学前教育为基础，以听力干预、听觉言语训练、言语矫治等专项技术为支撑的听障儿童全面康复模式；开展了关于听障儿童的康复方法、教材编写、教具制作以及声学环境改善的研究；建立了汉语普通话听觉语言康复效果评估体系；制定了全国通用的听力障碍儿童听觉、语言和学习能力评估方法和标准。

2001年以来，我们大力倡导我国特殊教育学校（聋哑学校）转型成听力语言康复培训机构。至2018年底，共1549所转为听力语言康复培训机构，在岗人员达15万人，实现特教学校的产业转型。

2013年，已建设省级听力语言康复培训机构32个，基层听力语言康复培训机构1014个。资助4288名聋儿免费植入人工耳蜗，4500名聋儿免费配戴助听器，为1万名贫困成年听力障碍者免费验配助听器。

与此同时，在研发临床应用听力康复技术的基础上，我提出的"人工听觉技术"概念应运而生。

"人工听觉技术"是指将系列复杂技术内容概括成比较通俗易懂的语言，包括助听器选配技术、人工耳蜗植入技术、植入式骨导助听器、中耳漂浮传感器以及人工脑干听觉植入技术等。这一概念的提出，对国内正确开展听力康复技术起到了科学规范的积极推动作用。

与此同时，我还提出开展新生儿听力筛查和耳聋基因联合筛查的更高目标，并付诸实践。

新生儿听力与耳聋基因芯片筛查

宋代理学家朱熹有句名言："问渠那得清如许，为有源头活水来。"

从源头着手研究问题，方能从根本上解决问题。新生儿的听力筛查工作就是源头性基础工作。

就个体生命而言，从生命中的第一滴血，就可以筛查出人群中携带的药物致聋基因，警示人们避开使用耳毒性药物，以免致聋……从国家防聋治聋工作的角度看，由人工耳蜗植入到用生命中的第一滴血筛查耳聋基因,不仅仅是国家对听力障碍人群诊疗方式的变化,更反映了从"被动治疗"到"主动预防"观念转变的时代变迁。其背后所承载的是我国防聋治聋领域技术进步及新技术在全国范围推广应用的巨大进步。

为什么会有这样的评价?下面大量事实和数据可以说明。

2000年的一项全国调查资料显示,我国听力残疾人口约2780万,7岁以下的听障儿童约70万—80万,每年新生听力残疾儿童2万—3万。这只是个粗略统计,指的是够上临床诊断的中重度耳聋患者。如果加上老龄化因素,我国听障需要康复的人口不会低于7000万人。数量如此庞大,危害可想而知,是我们完全不可以回避的。

早在1995年,我担任了北京市耳鼻咽喉科研究所所长,研究所延续承担的主要任务是聋病的研究与治疗工作。我想,聋病不仅要治好,预防也是十分重要的。从那时起,我便在研究所组织开展全国范围的新生儿听力筛查,十年间完成新生儿耳聋筛查17.1万例,听力损失率为2.64‰。

新生儿听力筛查工作在耳聋的预防和康复体系中的重要性显而易见,引起了国家相关部委的高度重视,促成了2005年全国新生儿耳聋检查规范的颁布。2003年4月,我主编了《新生儿及婴幼儿听力筛查》,由人民卫生出版社出版。2005年,我被推选为中华医学会耳鼻咽喉科分会主任委员。至此,组织全国同道深入开展防聋治聋的工作得到进一步加强。

中国新生儿数量庞大,仅依靠听力筛查进行早期干预,不仅费工耗时,准确性、可靠性也是有限的。

寻求新技术,在更广阔的视野中寻找同路人是要认真面对的。

2006年的一天,作为国家科技部863计划(国家高技术研究发展计划)重大项目专家组的成员,我前往清华大学国家生物芯片中心考察。看完他们的基因芯片技术,我很兴奋地对中心负责人程京教授说:"可否考虑开发一款专门检测遗传性耳聋的基因芯片呢?"

程京问:"必要性如何呢?"

我回答:"新生儿耳聋患者中有相当一部分是因为基因变异引起的。"

他又问:"如果不做,会怎么样?"

我回答:"不做的话,这些孩子会因为没有听力,导致丧失语言能力,成为聋哑人。如果我们把端口控制住了,早期植入人工耳蜗进行听力康复干预,这部分孩子将有可能恢复到应用听力水平,可以进行听说培训,不会变成聋哑人。"

这次谈话后不久,我和程京教授便开始了更多的合作,博奥国家生物芯片中心也开始了相关的研发。2019年年初,以程京院士为第一完成人的"遗传性耳聋基因诊断芯片系统的研制及其应用"项目荣获2018年国家科技发明二等奖。

不久,程京教授邀请我和几位业内知名专家一起做客央视《对话》栏目。节目中我回顾了中国防聋的不少往事,也回答了主持人提到的一些问题,我谈道:"根据2007年的统计,中国7岁以下的聋儿约80万,且以每年2万—3万的数量递增。一个聋儿的培养,相当于6个正常孩子所花费的精力,对国家、社会、家庭来说负担是巨大的。在耳聋基因芯片研发成功投入临床使用之前,我们没有方法检测遗传性耳聋。如今,通过耳聋基因芯片检测技术可以清晰地了解到大约60%—70%的耳聋是由遗传因素导致的。"

解放军301医院耳科研究所的戴朴教授也是我们团队的主要成员。2009年,程京院士、戴朴教授合作成功研制出全球首款高精度、高通量、高灵敏度和低成本的耳聋基因诊断芯片,可同时检测4个最常见的致聋基因上的9个突变热点。

当年,在北京市卫生局科教处的支持和配合下,我组织免费为北京地区持证聋哑人进行了耳聋基因筛查的临床试验。筛查持证聋人21464名，采集资料完整的DNA血样标本20822例，基因突变总检出率为13.92%，取得了宝贵经验。

同年，我们还开展了采集新生儿足跟血检测耳聋基因的研究。采集样本1372份，发现耳聋基因突变66人（4.81%）。这是以前从未发现过的很高的检出指标，为大规模耳聋基因筛查工作提供了依据。

2012年，在北京市政府的资金支持下，全球首次新生儿足跟血大面积耳聋基因检测项目在北京开展。项目要求把在北京出生的新生儿全数纳入耳聋基因筛查的候选对象范围。北京133家医疗机构参加了新生儿耳聋基因普查工作，采集北京市当期新生儿血片216940份，覆盖率95.9%；筛查检测样品204073份，阳性样品为9320份，阳性率为4.57%。阳性结果分析：遗传性耳聋55例，药物易感耳聋559例，突变携带8706例。这是首次利用我国科学家自主知识产权的创新产品开展的全球规模最大的听力和耳聋基因筛查项目，首次实现了超大型城市新生儿人口全覆盖的联合筛查。

2014年耳聋基因筛查芯片技术升级，筛查位点增至15个。该芯片具有高精度、高通量、高灵敏度和低成本等特点，国外尚未有同等水平的技术。这项技术目前正在广泛推广，为国家科学防聋发挥着不可替代的作用。

我国开展的新生儿听力筛查及耳聋基因筛查工作是全球最大规模使用分子检测技术对遗传性疾病进行筛查和诊断的项目，已纳入国家卫生计划。

截至2021年11月初，全国进行新生儿遗传性耳聋检测人数已超过500余万人，占耳聋基因筛查人数的80%。许多大城市已开展免费新生儿听力筛查，该项工作处于世界领先水平。

三十年来，由我倡导并组织建立的新生儿听力筛查—诊断—干预一体化诊疗模式，已经覆盖全国大部分省市自治区，联合妇幼保健机构形成了多层次、多区域新生儿及婴幼儿听觉监测及保健网络。

相应也取得了不少科研成果。例如,经过长达5年系统随访,2019年,180469例新生儿听力筛查与耳聋基因联合筛查数据研究成果在国际重要期刊——《美国人类遗传学杂志》(AJHG)上刊出。这一研究成果包含了中国防聋的科学方法,为全球听力出生缺陷防控提供了科学依据。

建立国家防聋治聋体系

在中国,如果依据人口比例分析,做好国家防聋治聋工作,重点应该放在基层和农村。由于历史原因,过去防聋治聋工作力量比较薄弱,主导工作只能在城市里,在大医院。

承担起面向基层和农村区域的防聋治聋工作,是落实健康中国战略,实现新百年国家高质量发展的一项重要任务。为此,国家卫健委于2015年组织成立了全国防聋治聋技术指导组,旨在针对我国聋病发生特点和防治需求,制定国家防聋治聋规划,并组织动员全国力量,构建国家聋病防治体系。

1993年,我承担了由国家教育部委托的"中国-澳大利亚联合发展中国听力学教育"项目,为期三年。

1995年,我率队赴澳大利亚考察,引进当时世界上最先进的多导人工耳蜗技术。

1996年,启动首批听力学教育师资队伍培养计划,为我国听力学教育体系建设和听力学专业人才培养奠定了基础。

2000年,在我的倡导下,我国第一个听力学本科教育项目启动。由首都医科大学及附属北京同仁医院和北京市耳鼻咽喉科研究所联合承担组织及教学工作,目前全国范围内已经有15所高校设立了临床听力学专业。

2008年,世界卫生组织中国防聋合作中心在首都医科大学附属同仁医院、北京市耳鼻咽喉科研究所成立,使中国的防聋治聋工作与世界接轨,中国成为全世界防聋治聋工作的重要成员。

从开启听力学教育、引进人工耳蜗项目开展人工听觉技术研发、世卫组织防聋合作中心落户中国,到全国防聋治聋技术指导组成立,经过近三十年的不懈努力,逐步建立健全了国家防聋治聋技术网络。

与此同时,我的研究团队也取得了很多成果,其中,"人工耳蜗技术的临床应用及研究""新生儿听力筛查及干预的研究""重度感音神经性耳聋致病机制及出生缺陷干预研究与应用""遗传性耳聋基因诊断芯片系统的研制及其应用"获国家科学技术进步奖二等奖与国家技术发明奖二等奖。此外,还获10项省部级科技进步奖以及其他奖项。

有了这些技术支撑,正式建立了涵盖全国32个省市自治区的国家防聋治聋工作网络,构建了从源头抓起的全国一盘棋网络化防聋治聋体系。

为推动落实国家防聋治聋计划,在全国防聋治聋技术指导组的组织下,我们还启动了"复聪行动"专项工作,组织全国范围的宣讲和技术培训,为耳科学及听力学可持续发展提供由上而下的人才保障和技术支撑;与此同时,建立了中国防聋大会制度,搭建起与世界卫生组织紧密合作的国际化学术、技术交流平台以及人才培养交流平台,促进我国防聋治聋工作驶入高质量健康发展的快车道。

2019年,全国防聋治聋技术指导组组织撰写《全国耳与听力健康规划(2019—2025年)》,这一工作是"健康中国规划"的组成部分。还开展了一系列与之配套的技术工作,包括组织撰写《老年听力损失诊断与干预共识》、《人工耳蜗植入规范(2006年)》(修订版)、《全国部分地区耳与听力医疗服务能力现状调查》，开展耳科医师与听力师能力建设和听力学技术培训、老年听力损失专家共识的解读和巡讲等。2019年还正式出版发行了国家首套"听力与语言"系列教材，共13册。

在国内外防聋专家的共同努力下，上述系统性工作为世界防聋治聋做出了表率，走在了国际前列，提升了我国防聋事业的国际影响力，发挥了非常好的引领和示范作用。

该领域最重要的一次大会

2017年，中国防聋大会在北京召开。大会由国家卫计委防聋治聋技术指导组、中国医促会和世界卫生组织中国防聋合作中心联合主办，首都医科大学附属北京同仁医院和北京市耳鼻咽喉科研究所承办，是新中国成立以来该领域最重要的一次大会，全面展示了防聋治聋工作的新进展。

大会以"健康中国，共享听力"为主题，围绕全国防聋规划纲要，以县级医院及相关机构为帮扶重点，构建全国耳聋预防、治疗与康复的服务网络展开研讨。会上，我重点传达了世界卫生组织全球防聋工作的统一要求，介绍了我国防聋发展纲要，提出组织各方力量有针对性地对防聋治聋的重点疾病进行联合攻关，以期提高国家的整体水平。

重视"一老一少"，一是与我国老龄化社会的发展趋势密切相关，二是降低新生儿耳聋发病率。同时继续坚持聋病早发现、早干预、早治疗的"三早"原则。

加强对聋病防治的宣传也是一项十分重要的工作。人们或许不了解长期处于噪声环境下——尤其是很多年轻人长期使用耳麦这一习惯——经过一定时间的干扰或到一定年龄后，听力就会受到伤害。但是大部分人不懂或是不注意，到了发病时，治聋难度可就大了。

希望通过互联网、大数据，以及现代媒体的交流平台，开展医学科普，广为传播疾病的预防和科学干预，对于降低聋病发病率，减轻防聋治聋的压力事半功倍。

希望做到的是，人们可以通过使用手机APP的方式，迅速了解聋病防治方法，以健康管理防病为中心，建立大众健康的医学人工智能管理服务模式，而不是有了问题再去寻医问药。

中国防聋治聋工作对人类的贡献

中国防聋治聋工作取得的成就，在全球是有目共睹的。

自20世纪90年代初以来，面对防聋治聋的巨大挑战，在世界卫生组织、国家卫生主管部门的长期支持下，我国针对不同类型聋病的防治工作开展了系列研究，成果在全国范围进行了大面积推广应用。据不完全统计，完成新生儿听力筛查580万例，其中包含上海筛查数353万例；程京、戴朴的资料显示，完成新生儿听力筛查合并耳聋基因筛查470万例；据全国人工耳蜗公司统计，为8.2万例重度神经性耳聋儿童成功植入人工耳蜗，让他们恢复了听的能力。

过去，随处可见的聋哑人，如今已不见踪迹，国家防聋治聋工作发生翻天覆地的变化。铁树开花了，哑巴说话了，耳聋复聪不再是梦。

在国家防聋治聋技术团队带领下，经社会各界的共同努力，2000年国家10部委正式确定3月3日为国家爱耳日。

时隔近20年，2017年3月19日，世界卫生组织基于我国防聋治聋工作取得世界瞩目的成绩，将3月3日中国爱耳日，确定为世界听力康复日。中国防聋治聋工作得到了世界的认可。

2017年11月,我在第三届世界卫生组织防聋合作中心战略计划会议上,代表中国报告了国家防聋规划的核心思想、网络建设以及主要工作。中国在此方面所做的贡献受到了世界卫生组织及与会代表的高度评价。

可以说,中国防聋治聋工作的系统性和持续性为全球做出了表率。

我的生活

我的选择

讲到这儿，我们的话题已经接近尾声了。最后我再简单地谈谈个人的生活状态吧。

我现在已经73岁了，但只要有时间，我仍会出现在医疗一线，为患者排忧解难。我现在的目力、听力、体能都相当好，思维缜密、经验丰富。不少疑难杂症患者也很愿意找我治疗。

需要干好的事变得越来越多，必须有选择才能兼顾。

家国情怀似乎已成为定式，不可能发生变化了。

在国家、社会需要我挺身而出的时候，我依然会义无反顾地站出来，最大程度地发挥我的作用。

比如，盐城一日。

2019年3月21日，江苏盐城化工厂发生特大爆炸事故，600多人受伤，死亡数十人，震惊全国。爆炸案发生后，党中央国务院高度重视，全国4000多名医护人员奔赴盐城，展开抢救工作。习主席还做出批示，要派中国最好的专家，组织医疗队救治。

由于烧伤引起的上呼吸道问题很多，抢救工作中需要我的专业技能,我被选中了。征询我的意见时,我毫不犹豫地答应了。

我心里一直有这样一种情结:经过农村上山下乡的历练,经过多次生与死的考验,老天把你留下了,这便是老天多给你的福利。

按照原来的计划,3月23日举办的中国医促会2019年度主任委员、秘书长工作会议,我将做题为"践行健康中国发展战略"的工作报告,并将全程参加这次会议。

盐城爆炸案救治医疗队出发在即,我很早就到达会场,简短通报了一下情况,并对会议的工作内容做了简要部署,便匆匆离开会场,赶往机场。大约一个半小时以后,医疗队到达盐城市第一人民医院ICU重症病房。然后迅速与北京天坛医院神经外科赵继宗院士、解放军总医院肾脏内科陈香美院士等众多专家一起,对重症患者进行会诊。

有位患者的病情非常特殊。在爆炸事故中,一块飞起的异物穿过了他的后侧颈部,卡在喉上口的声门上区。异物长5.2厘米,宽2厘米,正好卡在气管与食道之间血管密布的地方,位置非常刁钻,横在颈内动脉上。手术稍有不慎即可造成颈内动脉断裂,出现大出血,甚至死亡。

通过影像学检查,很容易看到异物的位置。由于大块玻璃异物由内侧卡在喉上口,病人的脖子一直处在漏气的状态,颈部气肿范围越来越广,呼吸困难不断加重。如果不能及时取出异物,同样性命难保。

病情危急,抢救治疗条件非常有限,手术成功与否,实在没有把握。我不敢有丝毫大意,仔细地了解病情,做了两套完全不同的手术方案,策划着手术的每一个细节。最终,我做出决定:主刀为患者做紧急手术。宣布这个决定时,我察觉到大家惊异的目光,还有善意的担忧。

临时医疗团队很快进入准备状态。问题来了，没有异物钳子可以用。怎么办呢？

指挥中心迅速在盐城市的几家医院进行征集，最后找来一把50公分长的鸭嘴式食道异物钳。没有别的选择了，就它了。

当晚20点10分手术开始，在全身麻醉的条件下用直达喉镜进行观察。

玻璃异物大部分卡在左侧喉上口外侧，只是尖端刺入喉上口。我试着用巨大的食道异物钳夹住异物，但喉腔空间太小，夹持不住，那块锋利的异物很快又弹回原位，一股血流涌出来。眼尖的人马上怀疑是不是颈内动脉破了？我心里也是一紧，再观察时，血流似乎没有那么凶猛，应该是局部小血管出血。

因为异物大头在喉上口外侧，很难直接牵拉出来。于是，我将异物主体慢慢牵拉引导到喉上口右侧。在众人的帮助下，我用尽全身力气想拽出异物，结果滑脱了。现场的气氛紧张啊，掉下一根针怕也能听到。

我再次观察异物，看看卡住的位置，用力夹持住异物向对侧牵拉，再次用尽全身力气拉向口咽部。只听"咔"一声，我以为异物再次滑脱了。

检查喉腔，异物不见了，奇怪！

再检查，发现由于用力过猛，异物从喉上口弹到了鼻咽部。

终于取出了一枚玻璃异物，大小为 $5.2cm \times 2.0cm \times 0.5cm$。

手术成功了，在场的人们情不自禁地欢呼起来。

我一边看着取出来的玻璃片，一边习惯性地做个总结："大型玻璃异物经左颈侧穿入到喉上口，卡在喉内声门上，案例罕见。"

术后12小时，那位患者的生命体征平稳，可以正常呼吸了。

这件事被很多媒体报道，救死扶伤，为国家医疗队争了光。对我而言，这只是医生天职的一部分，不就是吗！

远离精致的利己主义设计

我教了很多学生，不但常年为本科生上课，且已培养出研究生、博士后100多人。其中有长江学者、国家杰出青年、全国优秀科技工作者、新世纪人才等；13人成为博导，30人成为硕导。

我非常重视学生人格、品德方面的培养，重视医德医风的传承，坚持"学高为师，身正为范"，用自己的言行影响学生，既带领学生探索医学知识，更教育学生要努力"立德、立功、立言"，恪守做人做事的高尚情操。

有一年，我被评为"春风化雨 兰桂腾芳"——我最喜爱的老师时，给学生们的寄语是：

励精图治、未雨绸缪；
乘风破浪、激流勇进；
屏息静气、矢志不渝；
居安思危、以德笃志。

还应邀写了如下寄语：

要想成为一名出色的医生，就要从你成为医学学生那一刻开始，将自身时刻处于人本主义和人文主义境界，以天下安康为己任。

学习、领悟哲学和文学艺术之真谛，用辩证思想和慈悲之心感悟社会、服务社会。

在医疗实践中，不断用求真务实的态度，在学术思想和专业技术的探索中努力实现人生价值，体现对人类生命的一份责任。

生命所系、性命相托——医生的职业责任。
甘于奉献、无怨无悔——医生的职业道德。

期待同学们在行医或医学研究领域不断地提炼自己内心的那份纯洁，矢志不渝，童心唯美，为更多的患者解除病痛，为医学事业做出更多的贡献。

我现在仍担任着首都医科大学耳鼻咽喉科学院院长，从事一线教学工作。有的教学是在看病的时候，研究生们在旁边学习，做些辅助工作。我常和同学们一起讨论病例，归纳总结心得体会。有的教学工作在我的办公室做，我们一起做一些课题研究分析。总之，形式灵活多样。学生是医学事业的未来，我希望通过传帮带，把先进的技术和优良的品格传承下去。

我认为医学传承，除了知识和技术的传承，更重要的是培养医生治病救人的职业情怀。试想，如果一个治病救人的医生，是精致的利己主义者，那么，他怎么能成为合格的医生？怎么能够传承我们的事业？所以，我告诫同学们：一定要远离精致的利己主义设计。

我的这些话，学生们应该是听进去了，他们对此还做了记录并整理出来。这篇《远离精致的利己主义》，是其中一位研究生写的。

远离精致的利己主义

时维六月，正值芒种，北方大地金灿灿的麦收时节，恰逢我们毕业。

湛蓝的天，朵朵白云清澈透亮，刚刚清洗过似的。

韩老师面带微笑，稳健刚毅，强壮有力的双手，左手持镜，右手轻柔细致地为门诊患者做鼻腔术后清理，点点滴滴如行云流水。不时的劝慰，温馨的提示，松弛着病人紧张焦虑的心绪。

一位位饱受疾病折磨的病人，在鼻腔功能恢复的轻松感受中离去。我们侍立在旁，感受着满满的职业成就感，手到病除啊！

换好了学位服，等待着老师诊疗结束，留下今生今世最最期待的师生合影。

三年来，老师的言传身教在心头涌起，高山景行，不禁心潮澎湃，难掩激动……

毕业，是人生新的起点。

韩老师来到我们中间，向我们表示祝贺，同时提出了新的要求和希望。

一堂深刻的人生哲理课，居敬养存：远离精致的利己主义。

应该说，利己主义是万恶之源。加上精致的定位设计，就成了注重现实利益，一味追求物质价值的极端行为取向。在如今的社会生活中，特别是年轻知识分子中颇为流行。

为此，韩老师开讲"拒绝精致的利己主义设计"。

年轻人是社会不断进步的希望所在，是今后社会进步的担当者。责任意识、大局意识、担当意识所向，将培养出大批有为的青年才俊。想做事、能做事、做成事正是当代有志青年的责任担当。表象唯唯诺诺，说话吞吞吐吐，做事躲躲闪闪，背后一定会有颗利己主义的玻璃心在作祟。大是大非面前缺少正义立场，事不关己，山谷幽静。在个人利益与集体利益、大局利益、国家利益发生冲突时，精致的利己主义设计即会蠢蠢欲动，行为就会变得污浊，躲躲闪闪，不被人所正目。知识分子应该具有的家国情怀变得苍白，推动社会进步的责任感、使命感、担当精神无从谈起。

对此，我感触良多。老师的教导其实渗透在日常生活工作的方方面面，在为患者检查治疗的每一个精细的动作中，都包含着对患者痛苦的体恤，对病人深切的同情与理解。回顾老师人生长河中许多重要时刻，在进行喉癌全喉连续切片研究以及后续随访时，在签下我国第一例人工耳蜗安全保证书时，在"非典"疫情肆虐临危受命时，在"光明行"、防聋治聋公益项目以及现在的华佗工程中，老师的思想作风、言行举止都体现着深厚的家国情怀和强烈的推动社会进步的责任感。

保持正确的政治站位，让我们感受颇深。是啊，有多少人抛弃了培养自己的祖国而定居他乡。老师不然，放弃国外的"月亮"，1990年底，选择回国，带领共和国的耳鼻咽喉头颈外科事业一路高歌猛进，赢得了世界各国同道们的尊重。

我国正处于实现中华民族伟大复兴的关键时期，百年未有之大变局中，东西方文化激烈博弈。文化自信是一个国家、一个民族发展中最基本、最深远、最持久的力量。坚持立足于骨子里的自信，才能收获尊重。

感谢韩老师高瞻远瞩的教诲，要有大格局、真本领，才能收获知识、收获自信、收获未来。每日三省吾身，远离精致的利己主义设计，砥砺前行，不辱伟大的时代。

2022年6月6日

从这篇文章看，我的告诫起到了一些作用，但以后的路还得他们自己去走，要能经受住人生的考验，时刻不忘医生的天职。

崇尚伟大的人生

诺贝尔先生的晚年，有人问：您一生勤奋工作，放弃了很多休假，很多与家人团聚的机会，是否留有遗憾？诺贝尔答道：工作是我生命的一部分，在我热爱的工作中生活有享受不尽的幸福。

我当然没有诺贝尔先生那样伟大的人生，但我确实有相同的感悟。

在科学研究中，在大量的临床实践中，精力和时间的投入就像泼在沙滩上的海水，常常是无限的。

应该说，上帝给了我很多的眷顾，让我获得了很多荣誉和奖励。回想起来，这些荣誉和奖励都是时代赋予的，是周围的同事朋友们无私奉献的结果。当然，也无不与自己的辛勤付出紧密相连。

从医近五十载，我很少休假。在很长的一段时间，具体说，是到北京市耳鼻咽喉科研究所、北京同仁医院的二十多年时间里，节假日，不是在医院，就是在研究所，或是在追求新知的路上。

多少次成功的喜悦只是一瞬间，付出的努力却是长久而持续的。

我信奉19世纪英国伟大的思想家塞缪尔·斯迈尔斯为我们留下的格言：

一个伟大的人生，尽管会随着生命的结束而终结，但是，它将永远是展示人类力量的里程碑。谁能登上人生职责的最高峰，谁就是他所属族群中最杰出的人物。

豪爽、豁达就是快乐；宽宏大量、与人为善，会带来很多幸福。

战胜无聊的苦闷，最好的办法就是勤奋地工作、满怀信心地劳动。

在人世间，有比快乐、艺术、财富、权势、知识、天才更加珍贵的东西值得我们追求，这就是优秀而纯洁的品德。

生活中有诗有远方

我确实享有着丰富多彩的生活。很多人觉得我那么忙，哪有自己的时间？其实不是，就像鲁迅说的，时间就像海绵里的水，只要愿挤，总还是有的。合理安排自己的时间，也是一门艺术。

我喜欢和家人在一起，陪伴老母，与妻子儿女一起享受天伦之乐，也引导儿女们处理好成长过程中的各种烦恼。

我喜欢与朋友们交流，品茶、饮酒、吃饭、聊天、运动，"不管风吹浪打，胜似闲庭信步"，再忙也不能让心忙。

友好的氛围能增加人的活力，还能无形中促成事业的发展。

我喜欢种菜，院子里的树木花草、茄子、辣椒、西红柿是我的心头好。简单农具一应俱全，生产队长的延续，侍弄花草蔬菜的本事也是一流的。

我喜欢动物，家里的小猫小狗一见我回家，总喜欢到我身边，还要跳到我的腿上玩耍。在沈阳的时候养过鹌鹑，在北京还养过鸡。一个时期，我们家吃的鸡蛋，都是自家的母鸡下的。这里面还有个故事。

前几年，在老奶奶照护下，家里的母鸡孵出一些小鸡，一段时间后连续被小动物们吃掉了几只，老母鸡很凄凉。我一看这情形，心里不忍。一次到雄安开会，托朋友买了20只小鸡带了回来。这可把老母鸡高兴坏了，也忙坏了，一会儿护着这只小鸡，一会儿护着那只，最后竟把所有的小鸡都护养大了。这些鸡多是母鸡，大了以后就产蛋，所以我们家的鸡蛋很多；自家吃不完就打包送朋友。不亦乐乎！

我喜欢运动，游泳、滑雪技术还凑合，也出过小事故。

几年前到崇礼高山滑雪时，下大坡转弯处，前面的人突然摔倒。我躲闪中滑雪板踏到了底下的冰层，很滑，失控摔倒了。顺着陡坡滑出50多米，脑袋摔蒙了，半天爬不起来。由于滑倒时右侧软肋被雪块顶了一下，胸口疼痛，大气不敢出。伴行的朋友扶起我，天旋地转地站不住。我第一个反应就是摸摸剧痛的肋骨，深深地吸口气，判断有没有发生气胸，还好胸腔没漏气，便自己站了起来。回到家休养一段时间，大约三个月胸部疼痛才完全消失，想起来还真有些后怕。

现在，我几乎每天都会做室内活动，做肌肉锻炼，躯体拉伸，保证手术时腰背挺直有力气。有时候也参加室外运动，打打球之类。去年初秋，我在蓉城打过一次球，兴致很高，随手写了一首小诗。

蓉城球趣

秋分时节闻雁鸣，
云卷云舒叙友情。
远看群山近观湖，
抓鸟打趴有输赢。

小的时候我有些文学情怀，喜欢大自然。工作后太忙碌了，很难拿出时间去旅游。这几年，不坐班了，可以劳逸结合，到一些自己想去的地方转转，感受祖国的大好河山。有时候兴致使然灵感瞬息而至，你看看这首小诗，是华佗工程进军营那段时间在林芝去雅鲁藏布江大峡谷的路上写的，有些意境：

巴松湖

绿色的水，
湛蓝透彻，
不尽的那一边，
在雪山云雾之中……

远古松林，

环她耸立,
山风吹起,
穿林打叶……

仿若响起,
不朽的吟咏,
细闻阵阵,
至响彻天地。

"扎西岛",
漂浮湖底之上,
观音携金童玉女,
托起千古不沉的传说。

一树桃松连理,
桃花与青松相映,
印证着世间,
不尽的美好姻缘。

溪水边,
神奇的"求子洞",
得莲花生师加持,
善男信女百世不拘。

西北岸,
天赐巨石一枚,
中心一孔,
得过者可除百疾……

> 三月的巴松措，
> 青苗、桃花、碧水，
> 蒙蒙细雨，
> 宁静中的绝世之美。
>
> 与天最近的地方，
> 不可以踏足轻抚，
> 洗净心中的尘埃，
> 一生一次的追寻。

对美的追求

无论在工作中还是生活中，对美的追求应该是一种品格。

而在美的追求中，健康与艺术既像美之两翼，又常常合二为一，与信念相伴，与真诚相随，共同造就了美好生活的基础。

有一天，当这些感悟突然清晰地出现在我的脑海时，我便以"美的追求"为名，写了一首小诗。

健康与艺术

> 健康与艺术，
> 美的话题，
> 联络心灵的纽带，
> 美好生活的基础。
>
> 懂得艺术，

健康会相随；
有了健康，
艺术会升华。

或许有一天，
艺术成为生活中，
不可或缺的一部分，
美好生活就有了内涵。

健康与艺术，
美的话题，
需要很多很多人，
悉心地细心地去编织。

心里，
有了诚挚的爱，
不是上帝的使者，
传承也是一份真诚。

美的，
至高的追求，
那一定是，
健康与艺术。

期　盼

宋代诗人苏轼曾在《赤壁赋》中感慨"寄蜉蝣于天地，渺苍海之一粟"。我感觉那是对人生比较准确的定位。

人生如同历史大海中漂泊不定、微乎其微的一粒粟，珍惜有生之年奋发进取的每一次机会，才会活得精彩，不枉费一生。

伴随着时代的风风雨雨，我一路走来，不服输的性格让我总是在风口浪尖上，接受各种挑战，经受各种历练，直到今天。

我出生于新中国成立后，是这个伟大时代的沧海一粟，生命中的每一步，都与共和国的发展紧密相连，与祖国的医学事业连在一起。我是一个很大群体中的一分子，汲取着这个群体的滋养，并得以成长与进步；我也有责任把我个人经历写出来，让我们下一代更多地了解：

不同时期发生了什么？

留下了哪些历史印迹？

有哪些宝贵的经验？

或在我们付出的代价中，需要记住些什么？

怎样才能在漂泊不定的人生中做得更好？

………

人类事业是在传承中不断发展的。我的自述，可以视为一种应尽的责任，希望能成为祖国医学事业传承中的点滴。

一路走来，国家、社会、亲人、朋友们给予我的太多太多；我为国家、为大家所做的又非常之有限。

回顾七十余载人生历程，功名利禄已经淡化；

把短暂的人生体会如实地记录下来，供世人品头论足；如能被拾取一二，足矣！

这或许是我的期盼。

后记　无尽的依恋

本书近定稿之际，一件意外的大事沉重地撞击了我。2023年1月31日，我心心念念的老母亲因感染新冠病毒，继发严重肺内感染，并发脑源性高热离世。这让我顿时陷入无限的悲痛中。

老人家享年99岁，称得上高寿。她安详离世，人们也都说是喜丧；可我还是无法抑制难以言表的悲痛，一连许多天，一念起母亲就止不住潸然泪下！

为了我们家，为了我们兄妹三人，母亲一生付出的实在是太多太多了！

她晚年的时候，我已经习惯了一有空就去陪陪她。无论年龄多大，在她面前，我始终是个孩子！我们母子间有着无尽的亲情、无尽的依恋！

1月，母亲患病住院时，我到病榻前照顾，也许是老人有了预感，她拉着我的手久久不愿放下，一遍又一遍地抚摸着我的手，不眨眼地看着我，说："真好看，看不够啊！"我不知该如何回应，像个孩子似的，一声不吭地让老母亲抚摸着……

一个下午，老人的状态很好，也很兴奋，还同我飙了不少句日语。我满以为老母亲病情在好转，就当晚回京忙工作了。

未曾想，第二天老母亲就肺内感染加重，出现高热，很快进入昏睡状态。

一连两天，老母亲病情持续恶化，高热不见缓解。医务人员尽了极大的努力，用尽了各种办法进行抢救。看着老母亲虚弱的样子，体征已经进入了生命的最后时刻，我们多么希望她能再次睁开眼看看我们，再续这份永久的亲情啊！

医院组织会诊后，再次征求家属意见，是否做气管切开，插管呼吸，进重症监护室抢救？

想到晚年的老妈特别害怕离开我们，但更担心自己一旦患病，使用过度治疗会给她带来痛苦。记得两年前她坐在床上跌倒，右前下臂骨折，经过半年时间积极治疗，基本康复。春节我回家看望时，她拉着我的手，很认真地说："我年纪大了，早晚会走的，一旦有了病不好治，就不要连累你们了，我怕疼，害怕躺在病床上被医生五花大绑似的抢救。德民，你可记住了！"

因此，我和弟弟、妹妹商量，决定尊重老母亲的嘱托，维护老人最后的尊严，不再坚持过度消耗医疗资源，只维系有质量生命过程的临终救治。

在遗体告别会上，作为长子，在众多亲朋好友面前，我含泪念着这份反复修改的悼词，想到老母亲的养育之恩，想着她一生经历的艰辛，实在无法控制情绪，数次哽咽，几乎读不下去……

沉痛悼念敬爱的老母亲

各位亲朋好友，各位来宾：

今天，我们怀着十分悲痛的心情送别我们的老母亲。

老妈妈——韩秀娥——生于1926年1月23日（农历1925年，腊月初十）。2022年下半年以来，她因种种慢病加重，经多方积极治疗，终因年迈体衰，于2023年1月31日10时20分（农历2023年，正月初十）离开了我们，享年

99岁。

老妈妈的离世,让我们心都碎了,真是悲痛万分!凝望着老人慈祥的遗容,我想如若时空能回转、光阴能倒流,她所经历的那近百年的漫长岁月,一帧帧一幕幕的画面充满着坎坷与精彩。

老母亲祖籍大连市甘井子区营城子村韩家屯。20世纪初,国家破碎,山河疮痍,民不聊生。尽管如此,母亲有幸得到大家族的宠爱,年幼时有了到大连市内就读学习的机会。其间,她往返于城乡之间,克服了各种困难,有了良好的文化基础,奠定了日后的人生之路。

新中国成立前夕,母亲响应中国共产党领导的大连人民政府的号召,参加革命,积极投身于党的教育事业,从此奉献终身。

老母亲知书达理,性格坚韧,通透温润,一生虽历尽坎坷而不屈。

在新中国成立初期,作为中国典型的知识分子,她满怀家国情怀,忍受着身体上的病痛,以及家庭和社会的多重压力,总是出色地完成教学任务,多次荣获"大连市优秀教师"称号。

在苦难岁月中,母亲一个人不光照顾病患中的父亲,还坚强地拉扯着我们兄妹仨,带领着我们克服种种难以言说的困难,守护着我们健康成长。

在那个难以忘却的特殊年代里,母亲曾因莫须有的历史问题被困扰;在难以争辩是非的岁月中,被降职、被强行劳动改造。尽管如此,她和父亲一样,坚信中国共产党的领导,全身心投身于社会主义建设中。

作为一名群众,母亲一直努力争取成为一名中国共产党员,这成了她一生的追求。

老母亲热爱自己一生为之奋斗的祖国教育事业,她忍辱负重,宁可身子受苦、不可脸上受热,用心总结积累出的教学经验,在教学实践中反复得到验证,培养出一批又一批优秀学生,可谓桃李满天下。她也曾多年被评为各级政府的优秀教师、学校的优秀班主任。

多少年来,她对学生们如同儿女,更胜似儿女。多少个不眠之夜在昏暗的灯光下做教具、批改作业,多少次走家串户不辞辛苦进行家访,记也记不清,数也数不尽。

"文革"后期,母亲拖着病弱的身子,搀扶病重的父亲,带着弟弟、妹妹,下乡接受再教育,历经近十年的酷暑寒冬,早出晚归,每天踏着崎岖山路,往返山乡田间,在农村简陋的教室里教书育人。如今,当年的很多学生已成为国家有用之才。

1978年夏,老母亲承受了二十余年的不白之冤,一朝昭雪。拨乱反正的国策,使母亲从农村回到城市,获得了一段迟来的美好时光。回城后,她不计前嫌,老骥自知夕阳染,夜以继日地拼命工作,受到了师生们的尊敬与爱戴。

老母亲一生育有两儿一女。在她严谨的教导下,每一位儿女都努力奋进,最终在各自行业里都取得了些许成就。大儿子韩德民成为中国医学界的翘楚;二儿子韩德勇坚守信念、矢志不渝地做党务工作,获得了好评和荣誉;女儿韩锦华勤奋努力,在工作岗位上独当一面,成为单位的学科带头人。这些都是老母亲辛勤培育的结果。她生我们育我们,倾其所有,就是希望我们成为国家与社会的有用之人。

老母亲饱经风霜,晚年赢得桃李相报,备受尊重;儿女们也都尽心照护,孝敬无比。在她身体能行能走之时,我们带她游了祖国多处名山盛景,领略了异国他乡的风土人情。多年来,老母亲在生活上讲求细节,穿着也较讲究,我们也都尽其所能使老人得以满足。因此，老人家觉得自己晚年幸福美满。

今天，老母亲驾鹤西去，蓦然间，我们顿失乾坤，茫然不知所措！我们离不开您啊，老妈妈！

如今您的儿女们也渐入古稀之年，我们将不满足于事业有成，一定秉承您的教诲与优良家风，教育好下一代。

老母亲西去是先父的召唤，愿他们夫妻天堂团聚，共叙恩爱之情；愿他们共同护佑子孙后代身体康健，事业有成！

老妈妈，天堂里没有烦恼，天堂里没有病痛，天堂里没有人世间酸甜苦辣与悲欢离合。妈妈，您安息吧！

深深爱着您的儿女子孙们叩首敬上
2023年2月4日

没有母亲，哪有我的一切！

我想将此作为本书的尾声，这是我对母亲一份永远的孝心，更是对母亲永久的怀念。

韩德民于北京
2023年5月4日初稿
2023年12月25日夜定稿